核心素养与课程设计

蔡清田◎著　张咏梅◎审校

Core Competencies and Curriculum Design

北京师范大学出版社

图书在版编目（CIP）数据

核心素养与课程设计／蔡清田著．张咏梅审校—北京：北京师范大学出版社，2018.3（2021.5 重印）
ISBN 978-7-303-21967-4

Ⅰ．①核…　Ⅱ．①蔡…　②张…　Ⅲ．①教育研究－中国
Ⅳ．①G52　②B84

中国版本图书馆 CIP 数据核字（2017）第 020758 号

营销中心电话　010-58805072　58807651
北师大出版社高等教育与学术著作分社　http://xueda.bnup.com

HEXIN SUYANG YU KECHENG SHEJI

出版发行：北京师范大学出版社　www.bnup.com
北京市西城区新街口外大街 12-3 号
邮政编码：100088

印　　刷：北京京师印务有限公司
经　　销：全国新华书店
开　　本：787 mm × 1092 mm　1/16
印　　张：13.5
字　　数：232 千字
版　　次：2018 年 3 月第 1 版
印　　次：2021 年 5 月第 4 次印刷
定　　价：49.00 元

策划编辑：何　琳　　　责任编辑：董洪伟
美术编辑：李向昕　　　装帧设计：锋尚制版
责任校对：陈　民　　　责任印制：马　洁

序

Preface

深入理解和扎实培育核心素养

20世纪90年代以来，“核心素养”（Key Competencies，或者Core Competencies）成为全球范围内的教育政策、教育实践、教育研究领域的重要议题，国际组织与许多国家或地区相继构建核心素养框架。

核心素养的提出具有鲜明的时代性，是为了应对21世纪的挑战。21世纪的社会不同于农业社会和工业社会，而是以知识经济、信息化、全球化为特征的新社会，这个社会更加复杂，变化更快，不确定性更多，要求劳动力有更强的适应变化的能力，有解决复杂问题的能力，有更强的交流与合作能力，有更强的使用现代信息技术的素养。核心素养就是在这种背景下被提出来的。

核心素养就是在21世纪，能够促进个人发展、社会发展的关键少数素养。经济合作与发展组织对于核心素养的界定是“使个人在21世纪能够成功生活、能够适应并促进社会进步的为数不多的(a small set of)关键素养”。个人发展意味着个人能够有效就业、参与政治活动、建立良好的社会关系；社会进步意味着经济繁荣、政治民主、文化多样、社会公正与和谐，以及环境可持续发展。[1]

世界范围内的核心素养热潮实质上是教育质量的升级运动，是国际教育竞争的集中反映。核心素养能发挥明确的导向作用，指明培养目标的重心，

---

1 OECD. The Definition and Selection of Key Competencies: Executive Summary. 2005.Retrieved May 27,2005 from http: //www.oecd.org/pisa/35070367.pdf.

指明教育改革的重点。在教育目标问题上，核心素养的使命，不是解决“全面发展什么”的问题，而是解决在21世纪“重点发展什么”的问题。

核心素养是高级素养或者高阶素养，不同于基础素养。基础素养是指人们在日常生活、学习、工作中所需要的基本素养，包括基础性的知识技能，如基本的读、写、算素养，以及基本的行为规范要求，如学会排队、遵守交通规则、不乱丢垃圾、不随地吐痰、不高声喧哗等。在21世纪，人们只具备这些基本素养，已经不能适应社会变迁的需要，21世纪要求教育目标改造升级。例如，欧盟的一份研究报告指出，对于成功的成人生活而言，掌握读、写、算只是“一个必要但不充分的条件”（a necessary but insufficient condition）[1]。美国特别强调4个“超级素养”，即创新能力、批判性思维、合作能力、交流能力（4Cs），以超越传统的读、写、算（3Rs）这一基本素养目标。

核心素养在本质上是在一个不确定的复杂情境中解决复杂问题的能力，涉及逻辑思维、分析、综合、推理、演绎、归纳和假设等高阶素养（higher-order skills）[2]，也涉及自主自觉的行动、错综复杂的沟通交流，这些都是具有高层次水准心智复杂性的展现。从这个意义上看，核心素养是21世纪个人终生发展和适应社会发展所需要的“高级素养”。“应试教育”所培养的应试能力，也是一种素养，但绝非高级素养，因为这种能力以“简单记忆”“机械记忆”为重心，而不是以“高阶思维”为重心。虽然核心素养凸显了团队合作、自我管理等非认知素养的重要性，但这并不意味着认知素养重要性的削弱。恰恰相反，对认知素养的要求越来越高了，因为简单的低阶认知素养已经被计算机所替代，但计算机目前还无法完全取代分析、批判、创新等高阶认知素养。因此，现代教育应将重心转向高阶认知素养和各种非认知素养的培育上。[3]

---

1 Eurydice. Key Competencies：A Developing Concept in General Compulsory Education. 2002. Retrieved December 30，2007 from http://www.mszs.si/eurydice/pub/eurydice/survey_5_en.pdf.

2 UNESCO. Rethinking Education. 2015. from http://unesdoc.unesco.org/images/0023/002325/232555e.pdf.

3 滕珺.21世纪核心素养：国际认知及本土反思. 教师教育学报，2016(2).

在核心素养的研究与实践中，一个易犯的错误是，把基础素养看作核心素养，纳入核心素养的清单中来。尽管核心素养与基础素养层次不同，但都属于人人都需要具备的共同素养（common competencies），再加上基础素养的确“重要”，人们往往容易把基础素养列入核心素养之中，导致核心素养的数目“膨胀”。使得核心素养的清单名不符实，成为“全面素养”“综合素质”的清单了。

强调核心素养与基础素养的区别，不是否认二者的联系，也不是否认基础素养的重要性。基础素养是核心素养的基础，例如，不以基本的母语、外语的读与写的素养为前提条件，高水平的交流素养就不可能形成。不能因为强调核心素养而在实践中尤其在基础教育实践中削弱基础素养的培育。

迄今为止，国际上已经出现了诸多核心素养的框架清单，其中，有源与流之别、有母体与变种之分。经济合作与发展组织与欧盟的核心素养框架影响较大，成为诸多国家和地区的核心素养基石。例如，新西兰和我国台湾地区的核心素养框架就是典型的经济合作与发展组织的框架的变种，相似度极高；法国的框架则是欧盟框架的翻版。当然，也有一些国家另起炉灶，如美国、日本、新加坡等，但也深受国际组织的影响。

一些国际组织、诸多国家和地区的核心素养框架，尽管在具体素养的分类上有较大差异，但是如果深究这些框架分类之下的“素养细目”，就会发现大同小异，相似率、相同率很高，共识性很强，背后的根本原因在于各家都是以21世纪为背景去选择“关键少数素养”的。在全球化背景下，各国面临的挑战具有共通性和共同性，所以，核心素养的内容也具有趋同性。

2009年启动的跨国研究项目“21世纪素养的评价与教学项目”（Assessment and Teaching of 21st Century Skills Project），在对12个核心素养框架进行比较分析的基础上，于2012年提出了一个共识性的框架，包括10个素养：创造与创新；批判性思维、问题解决能力、决策能力；学会学习、元认知；交流能力；合作能力（团队工作）；信息素养；信息通信技术（ICT）素养；公民素养（地方性与世界性）；生活与职业生涯素养；个人责任与社会责任。[1]

2016年北京师范大学的一个研究团队梳理了全球29个核心素养框架中的素养条目，得到9项超越特定领域的通用素养：（1）高阶认知:批判性思维、创造性与问题解决、学会学习与终身学习。（2）个人成长:自我认识与自我调控、人生规划与幸福生活。（3）社会性发展：沟通与合作、领导力、跨文化与国际理解、公民责任与社会参与。[2]

综合国际上诸多核心素养的框架清单，可以发现以下素养是被各方所共同强调的：创新创业素养、批判性思维、解决问题能力、学习能力、社会与公民素养、交流与合作能力（也包括跨文化、跨国界交流与合作）、自我发展与自我管理、信息素养等。

各方普遍认为，只有具备了这些核心素养，个体才能具有足够的灵活性、适应性、竞争力，才能更好地应对21世纪的挑战。

核心素养至关重要，而培育核心素养，关键在于课程。课程如何设计才能与核心素养有效对接、不同学段课程设计的侧重点如何、不同学段的课程设计如何统整等，都是不能回避的关键问题。我国大陆地区对于核心素养的理论研究才起步不久，对于核心素养与课程设计关系的理论探究，更是凤毛麟角。在华语学术圈，中国台湾地区是核心素养研究的重要地区，而在这一地区，蔡清田教授则是核心素养研究的关键人物，地位举足轻重。蔡清田教授已经发表和出版的研究成果，对于大陆地区核心素养的研究助益良多。

本书《核心素养与课程设计》是蔡清田教授的最新研究成果，内容包括三章：第一章“素养概论”、第二章“核心素养的基本理论”、第三章“核心素养的课程设计应用”，旨在让读者能够“深入理解”何为核心素养，能够通过课程设计“扎实培育”核心素养。既重视深入细致的理论分析，又重视扎实可行的实际操作，是本书的一个典型特点。

本书逻辑严密，浑然一体，有其系统性与整体性，循序渐进地阐明素养

---

1 Patrick Griffin, Barry McGaw, Esther Care. *Assessment and Teaching of 21st Century Skills*. Springer，2012：18-19.

2 师曼，刘晟，刘霞，等. 21 世纪核心素养的框架及要素研究. 华东师范大学学报(教育科学版)，2016(3).

的理论构念，再论述核心素养的理论构念及其课程设计的应用。第一章“素养概论”，阐明素养的理论构念，包括素养的理念、定义、本质、模式；第二章“核心素养的基本理论”，阐明核心素养的理论构念，包括核心素养的理念、理据、特质以及核心素养的培养，第三章“核心素养的课程设计应用”，包括课程设计的架构内涵、特色和重点，以及课程连贯与课程统整的设计原则。

本书具有重要的理论意义和实践价值，理论研究者和实践工作者都可以从本书中获益匪浅。我很庆幸有机会先睹为快，因此不敢独享，希望能与教育界同道共享，故特别为之序，并加以推荐。

褚宏启

2018年1月于北京师范大学寓所

前　言

Foreword

“核心素养”是课程改革的DNA，以“核心素养”为主轴的课程改革，更是个体发展与社会发展的关键，是培养自我实现与社会健全发展需要的高素质公民与世界公民的基础，近年来受到联合国教育、科学及文化组织，欧洲联盟，经济合作与发展组织等国际组织与世界各国的高度重视。

本书《核心素养与课程设计》，包括第一章素养概论、第二章核心素养的基本理论、第三章核心素养的课程设计应用一系列核心素养的论述，有其系统性与整体性，循序渐进地阐明素养的理论构念，再论述核心素养的理论构念及其课程设计的应用。第一章素养概论，阐明素养的理论构念，包括第一节素养的理念、第二节素养的定义、第三节素养的本质、第四节素养的模式。第二章核心素养的基本理论，阐明核心素养的理论构念，包括第一节核心素养的理念、第二节核心素养的理据、第三节核心素养的特质、第四节核心素养的培养。第三章核心素养的课程设计应用，包括第一节以核心素养为指引的学校课程发展与设计的架构内涵、第二节以核心素养为指引连贯各教育阶段课程设计的重要性、第三节核心素养连贯幼儿园到高中阶段的课程设计的特色和重点、第四节各教育阶段核心素养的课程连贯与课程统整的设计原则。

本书阐述核心素养与课程设计的应用，组织架构经过精心设计，具有系统逻辑，分为三章十二节，不同于单篇专论，也不同于单篇期刊论文，各章内容均经过了充实并增加了最新文献而与先前发表的期刊内容有所区别，可谓“整体大于部分之和”，绝非单篇期刊论文所可比拟。本书有系统地针对素养的理念、定义、本质、模式，论述素养的理论构念，再阐明核心素养的理念、理据、特质、培养，进而论述以核心素养为指引的学校课程发展与设计的架构内涵、以核心素养为指引连贯各基础教育阶段课程设计的重要性、核心素养连贯幼儿园到高中阶段的课程设计特色和重点、各基础教育阶段核心素养的课程连贯与课程统整的设计原则，系统地建立核心素养的理论体系，可作为推动“K-12基础教育改革”的理据、研发“K-12年级基础教育课程纲要”的参考。

蔡清田

2018年2月于中国台湾中正大学教育学院

目　录

Contents

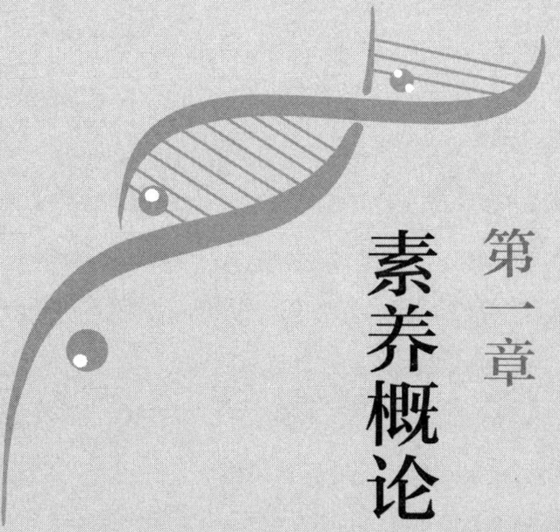

第一章 素养概论

第一节　素养的理念

本书所指的“素养”是一种有理论依据（rationale）的理念，此种理论构念（theoretical construct）或理论的“构念”（construct）与素养的定义、素养的本质、素养的模式有着密切关系。因此，本书第一章素养概论便首先阐明素养的理念、素养的定义、素养的本质、素养的模式。第一节先就素养的理念加以说明，其主要论点包括：第一，素养的理念涵盖了东方传统社会文化的优良素质教育涵养以及现代西方世界常用的competence，literacy，knowledge，ability，capability及skill等概念；第二，以素养为核心的未来课程受到许多国际组织与世界先进国家和地区的重视；第三，宜积极继续深入研究，进一步探讨未来公民所需要的核心素养；第四，宜进一步继续探讨素养的理论构念，建构核心素养的理论构念体系。兹分述如下。

一、素养的理念涵盖内容

素养的理念涵盖了东方传统社会文化的优良素质教育涵养以及现代西方世界常用的competence，literacy，knowledge，ability，capability及skill等概念。素养是指个人为了健全发展，必须通过受教育而学习获得适应社会的复杂生活情境需求所不可欠缺的“知识”（knowledge）、“能力”（ability）与“态度”（attitude）（蔡清田，2011a），个人能“转识为智”并通过行动把素养落实成为“实践智慧”，展现出优良素质教育涵养（或优良素质教养、优质教养）（蔡清田，2011b）。特别是，素养是个人通过教育情境获得能学以致用的知识、能力与态度，而能展现出优良素质的教育涵养，强调非先天遗传的后天教育与学习的重要功能，是教师教学的重要内容，也是学生学习的重要目标，更是评价学生的重要依据。（蔡清田，2012）简言之，素养是指个人经过学校教育课程设计而学习获得优良素质教育涵养的综合状态。（蔡清田，2014）

更进一步地，素养是指一个人接受教育后学习获得知识、能力与态度，而能积极地响应个人或社会生活需求的综合状态（蔡清田，2016），不仅与个人能应用有限资源以解决生活问题的竞争力或软实力或巧实力有密切关系，更蕴含做人有品德、做事有质量、生活有品位的优良素养，与提升个人竞争力有着密切关系。可从多种素养中选择关键的、必要的、重要的素养，即核心素养，这是公民适应现代生活及面对未来挑战所应具备的能将知识、能力与态度等加以统整的全人或全方位的素养（陈伯璋，张新仁，蔡清田，等，2007）。例如，中国台湾地区的教育主管部门于2011年公布的《教育报告书》便强调培养社会好公民、世界好公民，发展多元现代公民素养。教育主管部门推动实施“十二年基础教育实施计划”的子计划——“建置十二年一贯课程体系”，研订“K–12年级一贯课程体系指引”，持续修正、执行2007年公布的《强化中小学课程连贯与统整实施方案》以及2006年公布的《中小学一贯课程体系参考指引》等，强调素养在课程改革中的重要地位。另外，教育主管部门于2011年委托“财团法人高等教育评鉴中心基金会”进行第二周期的大学评鉴，也以基本素养与核心能力作为学生学习成效质量保证机制的一项重要指标。因此，有必要进一步探讨素养与能力（ability）、技能（skill）、知能（literacy）等相关用词的关系，特别是素养的理念较为精确而周延。（蔡清田，2016）人们不只重视知识，也重视能力，更强调态度的重要性。素养要比能力的内涵更宽广，可超越传统的知识，而且已超越行为主义层次的能力（Wolf，1989），能纠正过去重知识、重能力、忽略态度的教育偏失。素养强调教育的价值与功能，素养是学习的结果，并非先天的遗传，是后天努力学习而获得的知识、能力、态度，合乎认知、技能、情意的教育目标。全人或全方位的素养（陈伯璋，张新仁，蔡清田，等，2007）合乎现代西方全人教育的理念（冯朝霖，2016），也具有东方传统社会文化“教人成人”的教育价值特色，本章第二节素养的定义将会进一步详细论述。

此处值得注意的是，一般人在接受传统学校教育以后，似乎获得了学科知识与能力，但是尚未具备现代人所需的素养。因此，本节强调素养的重要性，素养受到许多国际组织与世界先进国家和地区的重视，特别是受到联合国教育、科学及文化组织（简称联合国教科文组织）（United Nations Educational，Scientific and Cultural Organization，简称UNESCO），欧洲联盟（简称欧盟）（European Union，简称EU），经济合作与发展组织（Organization for Economic Cooperation and Development，简称OECD）等国际组织的影响。（蔡清田，2011a）这些国际组织将之纳入其成员的教育改革与课程改革的核心，素养成为许多国家和地区的教育目标的重要来源，甚至成为各教育阶段课程纲要的课程目标与学习内容的重要内涵。（黄光雄，蔡清田，2015）一方面，这彰显由于经济全球化的趋势所及，国际组织对课程的影响日益增加；另一方面，这也彰显了素养在教育领域中是一种非常重要的理念，值得进一步深究。尤其是当今的现代社会及后现代社会所需的素养教育，不同于美国在20世纪90年代之前的传统社会强调专门行业技能的能力本位教育；也不同于澳大利亚在20世纪90年代的工业社会强调职业需求导向的关键能力教育改革。因为过去的教育观念，往往以工业社会的工作需求为主要考虑，已经不能适应经济社会变革的要求，不能满足全球竞争的要求。尤其是在面对Google，Facebook，Plurk，Twitter等推动形成的全球互联网信息沟通的现代社会，人们必须适应复杂多变与快速变迁的云端科技通信新时代与满足后现代社会生活复杂多元的需求，有必要将传统能力的概念加以调整，并将其理念扩展升级、进化转型为素养，尤应强调核心素养是培养自我实现与社会健全发展需要的高素质公民与世界公民的基础（蔡清田，2017），第二章第二节核心素养的理据将会进一步详细论述。

简言之，由于社会变迁快速，许多国家和地区都担心其公民学不到适应社会生活所需的新基本能力（new basics）。因此，近年来，核心素养已成为许多国家和地区共同关注的主题，这些国家和地区纷纷通过学校教育培养学生的核心素养，核心素养已成为追求新经济的新进步主义浪潮下的美国、英国、法国、德国、加拿大、新西兰、澳大利亚、新加坡与中国台湾等国家和地区的课程改革重点。（蔡清田，2016）核心素养不仅可涵盖基本能力、关键能力与核心能力等词，而且可弥补上述用词在态度、情意层面的不足之处。上述国家和地区的学者都强调核心素养是共同素养，是当代每个人获得成功生活与适应功能健全社会所需的素养，一个人终其一生一定需要许多素养，以适应各种社会生活的所需，这些所有社会成员都应具备的共同素养可区分为核心素养及由核心素养延伸出的其他素养，这些最关键、必要而居于核心地位的素养被称为核心素养。（蔡清田，2012）这是近年来联合国教科文组织、经济合作与发展组织、欧盟等国际组织进行课程改革高度关注的议题。（EC，2005；OECD，2005；UNESCO，2003）因为核心素养是培育自我实现与社会健全发展需要的高素质公民与世界公民的重要基础，而且可作为课程设计的垂直衔接与水平统整组织核心，成为连接普通教育和职业技术教育的枢纽，更可全方位地整合知识、能力与态度，应用于生活情境中。（蔡清田，2016）

二、以素养为核心的未来课程受到许多国际组织与世界先进国家和地区的重视

未来的社会是终身学习的社会，未来终身学习社会所需的未来课程是以素养为核心的未来课程，这已经成为许多国际组织与世界先进国家和地区的课程改革所共同关注主题。例如：联合国教科文组织探究“学会求知”（learning to know）、“学会做事”（learning to do）、“学会共处”（learning to live together）、“学会自处”或“学会自我实现”（learning to be）、“学会改变”（learning to change）的终身学习素养。经济合作与发展组织进行“素养的界定与选择”（Definition and Selection of Competencies：Theoretical and Conceptual Foundations，简称DeSeCo）的跨国与跨学科领域研究，探究“能自律自主地行动”（acting autonomously）、“能互动地使用工具”（using tools interactively）、“能在异质社群中进行互动”（interacting in socially heterogeneous groups）的核心素养。（Rychen & Salganik，2003）欧盟执行委员会（European Commission，简称EC）于2005年发表了《终身学习核心素养：欧洲参考架构》，将①母语沟通（communication in the mother tongue），②外语沟通（communication in a foreign language），③数学素养（mathematical competence）以及基本科技素养（basic competences in science and technology），④数位素养（digital competence），⑤学习如何学习（learning to learn），⑥人际、跨文化与社会素养（interpersonal，intercultural and social competences）以及公民素养（civic competence），⑦积极创新应变的企业家精神（entrepreneurship），⑧文化表达（cultural expression）视为终身学习的八大核心素养。（EC，2005）上述国际组织，均经过科学实证调

查、研究分析与召开多次研讨会议，凝聚共识，研发核心素养的架构内涵，参与人员广泛地涵盖了专家学者、政策决策者、实践工作者，规划过程相当严谨。因此，其所提出的核心素养架构内涵，不仅具有公信力，而且具有课程改革的参考价值，本书第二章第二节“核心素养的理据”会进一步详细论述。

此处值得注意的是，经济合作与发展组织从1997年开始至2005年提出总结报告为止，进行了为期将近9年的“素养的界定与选择”研究，整合哲学、人类学、心理学、经济学、社会学等学科长期进行核心素养的学理探究，归纳出“能互动地使用工具”“能在异质社群中进行互动”与“能自律自主地行动”的优质生活所需核心素养。特别是经济合作与发展组织每3年大规模开展“国际学生评价计划”（Program for International Student Assessment，简称PISA）（张民选，2010），评估15岁学生的阅读、数学和科学素养（张咏梅，2015），上述“国际学生评价计划”的进行与“素养的界定与选择”的研究关系密切。核心素养是所有个人获得成功生活与适应功能健全社会所必须具备的关键素养、必要素养、重要素养，是个人生活所必备的素养，也是现代社会公民的必备条件，兼具个人发展与社会发展的双重功能，与人类世界愿景相互呼应，而且不以学科知识及技能为限，关注学习与生活的结合，并与“自发、互动、共好”的基本理念相联结，强调“自主行动”“沟通互动”及“社会参与”三大维度（蔡清田，陈延兴，2013），及“身心素质与自我精进”“系统思考与解决问题”“规划执行与创新应变”“符号运用与沟通表达”“科技信息与媒体素养”“艺术涵养与美感素养”“道德实践与公民意识”“人际关系与团队合作”“多元文化与国际理解”九大项目（蔡清田，2014）。

特别是，以素养为核心的未来课程也被多数先进国家和地区当成课程改革的DNA（脱氧核糖核酸，DNA是Deoxyribonucleic Acid的简称）（蔡清田，2011a），因为素养是一系列多元维度组合而成的理念（蔡清田，2012），每项素养均涵盖知识、能力与态度，具有复杂科学理论、复杂思维的后现代精神，具备促进个人实现与社会发展的多元功能。如同DNA是存在于人体细胞的一种有机化合物，是具有高阶复杂性的基因密码，不只是人体基因构造的关键要素，是由A、G、C、T4个字母组合而成的一种具备多元维度的复合构念，更是人体细胞所构成的各种复杂器官与组织系统的构成要素，其组织绵密且环环相扣而结构严谨，可通过不同组合成为各种不同领域的组织系统，能同时使人体细胞发挥个别功能与群体组织的系统整合功能（蔡清田，2011a，2011b）。核心素养更是通过课程改革促进个体发展与社会发展的核心，一方面可协助个体获得优质生活，另一方面可协助人类适应优质社会的各种生活场域、情境的挑战。（蔡清田，2011b）例如，1990年2月美国劳工部（United States Department of Labor）部长伊丽莎白·多尔（Elizabeth Dole）通过“部长任命的获得必要技能委员会”（the Secretary's Commission on Achieving Necessary Skills，简称SCANS）进行研议，于1991年公布了《职场对学校教育的需求：美国2000年的职场人力需求报告》，期待学校应致力于培养社会公民的成人教育与终身学习系统的建立，为培养未来社会公民素养做准备，通过了《装备未来计划：成人素养和终身学习的改革议程》及《装备未来成人素养和终身学习的内容标准：什么是21世纪成人需要的知识与能力》，培养未来社会公民的五大素养：资源运用素养、人际技能、信息素养、系统素养、科技素养。素养的具体内涵包括：读、写、算、听、说等基本能力；创造、推理、做决定与解决问题等思考能力；负责、自尊、社会能力与自我约束等个人的品德特质。（Stein，2000）

2000年美国国家素养研究院（the National Institute for Literacy，简称NIFL）进一步指出社会公民、学生家长与职场工作者三种角色需要衍生出的四类十六项“技术能力”：①沟通技能，含阅读理解，通过书面写作传达观念，说话清楚使他人理解，积极主动倾听，批判观察；②决策技能，含解决问题和做决定，规划，能使用数学来解决问题并与他人沟通；③人际技能，含与他人合作，引导他人，倡导和影响，解决冲突和协商；④终身学习技能，含承担学习责任，通过研究进行学习，反省和评鉴，能使用信息和沟通科技。（Stein，2000）

美国配合经济合作与发展组织进行的“素养的界定与选择”研究计划，提出沟通与信息处理、规划与管理、系统导向、社会素养与团队合作、公民素养、价值导向、自主行动者的七类核心素养。（Trier & Miller，2001）美国教育部（U. S. Department of Education）及全国教育协会（National Education Association）与著名跨国公司，如苹果（Apple）、微软（Microsoft）、戴尔（Dell Computer）、思科（Cisco Systems）等大公司忧心美国现行教育方式不足以培育21世纪所需的人才，因此组成产、官、学界合作组织——“新世纪技能联盟”（Partnership for 21st Century Skills，简称P21），于2008年发表了《21世纪技能、教育和竞争力报告》（21st

Century Skills，Education and Competitiveness），规划培育21世纪人才所需的技术能力架构，包括：①生活与生涯工作技能，②学习与创新技能，③信息、媒体与科技技能。（Trilling & Fadel，2009）

英国国定课程的核心素养是指普通的、可移动的、对未来生活有关键作用的素养，是完成一项任务时不可或缺的重要素养，可适应社会情境变化（蔡清田，2003），包括知识、能力及态度、情意等人格特质（Qualifications and Curriculum Development Agency，2010）。英国国定课程委员会（National Curriculum Council）于1990年提出“16～19岁的核心素养课程”，强调核心素养在16～19岁教育阶段的重要性；于2000年配合“课程2000”推行核心素养的证书与课程（Qualifications and Curriculum Authority，2000），鼓励学术与职业进修的学生修习（Department for Education and Skills，2006）。英国证书与课程署指出核心素养包括：①沟通能力，②数字应用，③信息技术，④与他人合作，⑤学习和业绩的自我提升，⑥解决问题。（Qualifications and Curriculum Authority，1999）前三项是英国国家职业资格课程必修的核心素养，后三项是广泛的一般素养，对其要求相对较低，虽然这些素养未必涵盖所有素养，但该机构已列出未来生活所需具备的素养作为课程改革参考。而大学毕业生则应具备的素养包括：学习能力、工作独立性、书写沟通技巧、在团队中工作、在压力下工作、正确专注细节、集中力、口语沟通、解决问题、原创力、适应力、容忍力。

德国配合经济合作与发展组织所进行的“素养的界定与选择”研究计划，并依其国情，将素养分为基础素养以及进阶的核心素养。（OECD，2002）基础素养包括理解知识、应用知识、学习素养、使用工具的素养、社会素养、价值导向；进阶的核心素养包括互联网素养、元认知与元知识、沟通素养、媒体素养、经济素养、文化素养、跨文化素养、情绪智慧、动机九项核心素养。

法国根据《为了全体学生的成功》报告书制定了《学校未来的导向与纲要》，法国总统于2005年4月23日正式颁布相当于核心素养的“共同基础”，内涵重点强调：掌握法语、掌握数学基本知识、具备自由行使公民责任的人文与科学文化、至少会运用一门外语、掌握信息与通信的一般技术。

加拿大的跨学科核心素养如下。①知性素养：应用信息、解决问题、批判思考、创新素养；②方法素养：采用有效运作方式、应用信息与通信工具；③个人与社会素养：建立自我认同、与他人合作；④沟通素养：以适当方式与他人进行沟通。（Kim，Youn，Shin，et al., 2007）加拿大魁北克省的幼儿以及初等教育改革计划则提出上述四类跨越科目课程的核心素养，包括语文知能表现、数理，个人和社会以及沟通互动等有关素养，2002年魁北克省建立了初等教育阶段课程素养指标，作为学校课程教学的依据，借此了解学生的核心素养发展情形。在核心素养指标架构中，人们先确定各领域主轴素养，包括跨科目领域、语文、数理科技、社会、艺术与个人发展等七个领域。数理科技分别设定数学、自然及科技的素养维度；艺术则有戏剧、视觉艺术、舞蹈、音乐四类素养；个人发展方面则有体育、道德、宗教教育等各类素养。各类素养项下又区分出六个层次，每一层次都有文字明确叙述，以界定此素养水平。例如：跨科目领域素养指标方面设有运用信息、解决问题、练习批判、运用创造力、采取有效工作方法、运用信息科技、建构自我认同、与他人合作、适切沟通九大主轴（Gouvernement du Québec Ministère de l'Éducation，2002），将各种素养加以层次化，能使学生各项素养的发展有明确依据。

新西兰受到经济合作与发展组织进行"素养的界定与选择"的"能互动地使用工具""能在异质社群中进行互动"与"能自律自主地行动"的影响，其国定课程架构强调核心素养，新西兰教育部公布了四种核心素养：重视思考、能互动地使用工具、能在异质社群中进行互动与能自律自主地行动，特别强调个人自律自主的自我管理、人际关系、社会参与贡献等核心素养（Ministry of Education，2005）。

澳大利亚进行以核心素养为本的教育，于1991年提出"青年人于义务教育后的继续教育与培训参与"，强调实际工作及生活能力是青年人准备就业需学习与职业相关的核心素养，扭转过去知识本位的教育，转而强调解决问题、沟通及信息、团队合作等生活及工作所需的素养，通过学校教育培养公民具备终身学习、职业投入及社会参与的核心素养，以厚植国家竞争力。梅尔委员会提出核心素养报告，指出青年人为有效参与新兴工作组织及形态应具备的七项核心素养，分别为：①搜集、分析、组织信息，②沟通观念及信息，③规划与组织活动，④与他人开展团队合作，⑤数学概念与技术应用，⑥解决问题，⑦应用科技。（Mayer Committee,1992）此七大核心素养各有其详细内涵，并分为三个层次水平，各层次对学生应达成的学习目标有不同水平的描述。澳大利亚所发展出的核心素养内涵已整合于"21世纪国家学校教育目标”，此外加入了自然生态、生命态度及生活规划、公民意识、文化尊重与理解等维度目标，使其架构更完整。2002年，《未来所需就业力技能》白皮书提出了“就业力技能架构”，高等教育的目的在于就业力养成，需具备八项核心素养：①沟通技能、②团队合作技能、③解决问题技能、④原创与进取技能、⑤规划与组织技能、⑥自我管理技能、⑦学习技能、⑧科技技能。澳大利亚各州教育厅长更在2010年12月8日的教育、幼儿发展与青少年事务部委员会（Ministerial Council for Education，Early Childhood Development and Youth Affairs）第七次会议中正式认可了国家中小学统一课程纲要。（MCEECDYA，2010）

就华人社会而言，新加坡强调尊重、责任、正直、关怀、弹性与和谐等价值是其21世纪核心素养架构的核心；其架构的中间层是社会与情绪素养，学生必须去了解并进行情绪管理、发展关怀并关注他人、做出负责任的决定、建立正向积极的人际关系以及有效处理环境的挑战；其架构的外围包括公民素养、全球意识与跨文化能力、批判与创造新思考、信息与沟通能力，协助年轻人获得新数字时代的机会并维持一种强而有力的新加坡精神。（Ministry of Education，2010）中国台湾地区的教育主管部门于2014年2月17日正式函令要求各级学校实施A“自主行动”、B“沟通互动”及C“社会参与”三大维度，及A1“身心素质与自我精进”、A2“系统思考与解决问题”、A3“规划执行与创新应变”、B1“符号运用与沟通表达”、B2“科技信息与媒体素养”、B3“艺术涵养与美感素养”、C1“道德实践与公民意识”、C2“人际关系与团队合作”、C3“多元文化与国际理解”九大项目的核心素养，把核心素养作为课程连贯统整的核心。学校应不只重视为个人行为负责的知识、能力和态度，而且更强调从个人自主行动到人我之间的沟通互动到个人与群体之间关系的社会参与，能展现出中华文化的伦理精神价值与东方哲学思想色彩，重视人类文明的精神价值的提升。中国教育部则于2014年3月30日颁布了《关于全面深化课程改革 落实立德树人根本任务的意见》，把核心素养置于深化课程改革中，以落实立德树人的教育目标，这是核心素养一词首次出现在中国大陆官方的档案当中。（中国教育报，2016a）时任教育部部长袁贵仁更在2015年全国教育工作会议上的讲话中指出“加快研制发布中国学生发展核心素养体系”，《中国学生发展核心素养》（征求意见稿）将学生应具备的、能够适应终身发展和社会发展需要的必备品格和关键能力等综合为社会责任、国家认同、国际理解、人文底蕴、科学精神、审美情趣、身心健康、学会学习、实践创新九大素养。（中国教育报，2016b）2016年9月13日北京师范大学林崇德教授以课题组结果方式发布《中国学生发展核心素养》的总体框架构成，包括文化基础（人文底蕴、科学精神），自主发展（学会学习、健康生活），社会参与（责任担当、实践创新）三个方面六大素养（人民教育，2016），但尚未落实在各级学校的课程标准或课程纲要之中。由此可见，中国台湾地区的核心素养研究起步要比中国大陆早些，值得借鉴学习，详见表1-1中国台湾地区的三面九项核心素养与先进国家和地区的核心素养的对照（蔡清田，2014）。

表1-1　中国台湾地区的三面九项核心素养与先进国家和地区的核心素养的对照

类别	A自主行动	B沟通互动	C社会参与
中国台湾地区的三面九项核心素养	A1身心素质与自我精进 A2系统思考与解决问题 A3规划执行与创新应变	B1符号运用与沟通表达 B2科技信息与媒体素养 B3艺术涵养与美感素养	C1道德实践与公民意识 C2人际关系与团队合作 C3多元文化与国际理解
经济合作与发展组织的三类素养	能自律自主地行动	能互动地使用工具	能在异质社群中进行互动
中国大陆的三面六项核心素养	自主发展: ①学会学习 ②健康生活	文化基础: ①人文底蕴 ②科学精神	社会参与: ①责任担当 ②实践创新
新加坡的三类素养	架构的核心: 尊重、责任、正直、关怀、弹性与和谐等价值	架构的外围: 公民素养、全球意识与跨文化能力、批判与创造新思考、信息与沟通能力，协助年轻人获得新数字时代的机会并维持一种强而有力的新加坡精神	架构的中间层: 社会与情绪素养，包括了解并进行情绪管理、发展关怀并关注他人、做出负责任的决定、建立正向积极的人际关系以及有效处理环境的挑战
美国的七项素养	①规划与管理 ②系统导向 ③自主行动者	④沟通与信息处理	⑤价值导向 ⑥社会素养与团队合作 ⑦公民素养
英国的六项素养	①解决问题 ②学习和业绩的自我提升	③沟通能力 ④数字应用 ⑤信息技术	⑥与他人合作

续表

类别	A自主行动	B沟通互动	C社会参与
德国的九项素养	①元认知与元知识 ②情绪智慧 ③动机	④互联网素养 ⑤沟通素养 ⑥媒体素养	⑦文化素养 ⑧跨文化素养 ⑨经济素养
法国的五项素养		①掌握法语	②掌握数学基本知识 ③至少会运用一门外语 ④掌握信息与通信的一般技术 ⑤具备自由行使公民责任的人文与科学文化
加拿大的四项素养	①知性素养	②沟通素养	③方法素养 ④个人与社会素养
澳大利亚的八项素养	①规划与组织活动 ②解决问题	③搜集、分析、组织信息 ④沟通观念及信息	⑤数学概念与技术应用 ⑥应用科技 ⑦与他人开展团队合作 ⑧自然生态、生命态度及生活规划、公民责任、文化尊重与理解等维度
新西兰的四类素养	①重视思考		
	②能自律自主地行动	③能互动地使用工具	④能在异质社群中进行互动

由上表可见，经济合作与发展组织的“素养的界定与选择”研究的“能自律自主地行动”“能互动地使用工具”“能在异质社群中进行互动”被各国家和地区采用。但由于过去中国台湾地区的课程政策文件对能力与基本能力未加以清楚界定，说明并不明确，许多学者对于能力与基本能力进行了诸多的批评；蔡清田（2016）则进一步归纳出四点疑问，分别为：①十大基本能力从何而来？为何是这十项基本能力？其“理据不清”。②基本能力与知识的“关系不清”。③十大基本能力的“区别不清”。④缺乏对环境生态的保护以及休闲生活素养的课程目标的“范畴不全”，特别是基本能力和行为主义所标榜的能力存在本位的异同，本书稍后在第一章第二节素养的定义与第二章第一节核心素养的理念进一步厘清。

本书延续“界定与选择核心素养：概念参考架构与理论基础研究”“能教学之适文化核心素养研究”“自然科学素养研究”“全方位的核心素养之教育研究”“人文素养研究”等前辈的研究专案成果（洪裕宏，2008；胡志伟，郭建志，程景琳，等，2008；高涌泉，陈竹亭，翁秉仁，等，2008；陈伯璋，张新仁，蔡清田，等，

2007；彭小妍，王瑷玲，戴景贤，2008），采用核心素养一词，以彰显素养的核心地位，并以素养同时涵盖知识、能力与态度，一方面可避免常人误认能力相对于知识且易忽略态度、情意的偏失，另一方面并可强调知识、能力与态度统整的核心素养。值得注意的是，陈伯璋，张新仁，蔡清田，等（2007）进行的“全方位的核心素养之教育研究”，在完成对世界先进国家和地区的文献分析后，归纳出“能使用工具沟通互动”“能在社会异质团体运作”“能自主行动”的全方位的核心素养的架构，内容如表1–2所示，可作为选择与界定核心素养的参考。

表1–2　全方位的核心素养的架构内容

全方位的核心素养的三面架构	全方位的核心素养的二十项内容
能使用工具沟通互动	阅读理解 沟通表达 使用科技信息 学习如何学习 审美能力 数的概念与应用
能在社会异质团体运作	团队合作 处理冲突 多元包容 国际理解 社会参与与责任 尊重与关怀
能自主行动	反省能力 问题解决 创新思考 独立思考 主动探索与研究 组织与规划能力 为自己发声 了解自我

然而，上述全方位的核心素养的内涵有二十项之多，仍有待进一步研究，因此，后来再经研发调整为“自主行动”“沟通互动”及“社会参与”三大维度（蔡清田，2016），及“身心素质与自我精进”“系统思考与解决问题”“规划执行与创新应变”“符号运用与沟通表达”“科技信息与媒体素养”“艺术涵养与美感素养”“道德实践与公民意识”“人际关系与团队合作”“多元文化与国际理解”九大项目。此

后，核心素养经过具体转化成为幼儿教育、初等教育、前期中等教育、后期中等教育等各教育阶段核心素养（蔡清田，陈延兴，2013），作为“K–12年级基础教育课程纲要”各教育阶段课程设计的DNA，垂直衔接各教育阶段，成为各“领域/科目课程纲要”的课程设计核心，以达成课程设计的垂直衔接与水平统整，本书第三章核心素养的课程设计应用各节会进一步论述。

三、宜积极继续深入研究，进一步探讨未来公民所需要的核心素养

当前新经济时代与信息社会的科技网络时代生活所需的自主行动、沟通互动、社会参与的现代社会公民生活所需的素养，可同时涵盖知识、能力、态度等，更可弥补过去传统社会与工业社会的能力不足，因此，有必要适应时空改变与社会变迁，培养当代及未来生活所需的核心素养。面对知识经济社会的来临，终身学习时代的数位学习方兴未艾，为适应转型社会的殷切需求，未来课程的改革必须配合教育改革趋势，人们应评估社会环境变迁，经济全球化趋势，互联网，使用电子云端科技产品、手机短信、信用卡、数字科技工具等当代社会需求，反思学校课程现状与应该教而未教的“悬缺课程”[1]等问题，以培养现代公民所需的素养。特别是，由于在经济全球化的趋势之下，跨国企业兴起、人力流动快速、信息科技发达，个人或企业可自由地从事跨国家和地区的经济活动，以及进行技术创新，通过贸易及资金流动加深经济整合过程。另外，在知识经济社会的发展趋势下，知识及能力的拥有、资源生产以及资产配置与使用成为最重要生产因素的经济形态，因此，宜积极继续深入研究，进一步探讨未来公民适应社会变迁所需具备的核心素养。

有鉴于此，本书《核心素养与课程设计》将从课程学理研究维度切入，系统地探究公民需要何种核心素养，努力共同建构未来理想的社会。本书旨在系统地探究核心素养的理论构念及其在课程设计上的应用，希望通过课程学理研究，了解公民在社会、文化与历史脉络下，需要具备哪些核心素养，并可进一步地回馈到获得成功的个人生活与适应功能健全的社会；特别是通过课程研究发展的相关学术理论研究，从哲学、心理学、社会学、经济学、教育学与跨领域的整合研究

1　意指依据课程计划，应该开设而未开设的课程。

来界定与选择公民应具备的核心素养并进行课程设计的应用。本书稍后的章节将指出，核心素养如同人体构造要素的DNA组织，绵密且环环相扣、结构严谨，可加强各教育阶段课程的垂直连贯，使幼儿园、小学、初中、高中教育阶段的课程前后连贯，也可使中小学九年一贯课程向下扎根到幼儿教育阶段，并向上衔接到后期中等教育阶段，促成K–12年级基础教育课程的“继续性”（continuity）、“顺序性”（sequence）、“统整性”（integration）、“衔接性”（articulation）与“连贯性”（coherence）。（黄光雄，蔡清田，2015）本书稍后将会循序渐进地阐明素养的理论构念，再论述核心素养的理论构念及其课程设计的应用。

四、宜进一步继续探讨素养的理论构念，建构核心素养的理论构念体系

过去许多问题的产生，常源于未厘清与问题最直接相关的理念。一方面，是因为过去的相关研究并未针对素养的理念进行严谨而明确的界定，甚至将competence，ability，skill，literacy，knowledge等概念用词混为一谈或交互使用；另一方面，人们也未曾认真地将素养的理念当成一种理论的构念或理论构念进行严谨的探究。因此，有关素养的理念有待厘清，而素养的理论构念体系也正在萌芽发展之中，均有待进一步加以建构。

素养这种理论构念，是涵盖知识、能力与态度等认知、技能、情意、价值、动机等要素的复合构念（complex construct），是具有理据的理论构念，亦即素养是由知识、能力与态度三者不可或缺所组合而成的复合理论构念（complex theoretical construct）。（蔡清田，2011a）本书第一章第二节素养的定义将会进一步论述。而且素养是个体基于生活环境、脉络情境的需求，激发个体内部情境的社会心智运作机制的认知、技能、情意等行动先决条件，以展现主体能动者的行动，并能成功地适应生活情境的复杂任务要求的一种整体适应行动体系，本章第三节素养的本质也会进一步论述。特别是，素养是个体的一种适当的或已准备妥当的状态或潜在特征，个体具备某种知识、能力或技能、态度等行动先决条件，以胜任某种生活环境、脉络情境或职业工作场域的任务要求，从而获得成功的生活与建构功能健全的社会。本章第四节素养的模式也将会进一步论述人们如何通过学习而获得学校、职场或社会生活所需的素养。

素养是一种理念，也是一种有理论根据的理论构念，特别是根据课程相关学术理论所建构的理论构念，可分别就素养的定义、素养的本质、素养的模式等论述素养的理论构念。在此基础之上，本书更进一步地建构了素养、核心素养、教育阶段核心素养等理论构念，它们具有循序渐进的三层次关系。作者将在第一章素养概论的各节阐明素养此种理论构念的重要性，并采用素养的鉴界方法、途径，明确地界定素养，并将素养与能力、技能、知能等其他相关用词划清界限，如此将可避免相关理念的混淆不清，可清楚界定素养的理念及其理念所进一步衍生的素养定义、本质、模式的理论构念体系。作者更将在第二章核心素养的基本理论各节阐明核心素养的理念、理据、特质、培养的理论构念，在第三章核心素养的课程设计应用各节，论述以核心素养为指引的学校课程发展与设计架构内涵、以核心素养为指引连贯各教育阶段课程设计的重要性、核心素养连贯幼儿园到高中阶段的课程设计特色和重点、各教育阶段核心素养的课程连贯与课程统整设计原则。以下分章节循序渐进地加以阐述。

第二节　素养的定义

本节是建立在上一节素养的理念基础上进行素养的界定，以便将素养与其他相关用词加以界定、厘清，一则避免相关理念的混淆不清，二则清楚定义素养的理念（蔡清田，2011a），进而据此建立素养的定义、本质、模式的理论构念体系（蔡清田，2011b）。素养的定义，是指个体为了发展成为一个健全个体，必须适应生活情境的需求，而学习所不可欠缺的知识、能力与态度，素养不只是知识，也不只是能力，更有态度的内涵。（蔡清田，2014）素养的定义包括五个重点：①素养是个体为了发展成为一个健全的个体，必须适应生活情境需求所不可欠缺的知识、能力与态度的统整。②素养要比能力的内涵更宽广，不但可超越传统的知识和能力，更可纠正过去重知识、重能力、忽略态度的偏失，不仅合乎西方的“全人教育”理念，也具有台湾地区传统教育“教人成人”的东方教育色彩。③素养要比知能的内涵更宽广，不只重视知识，也重视能力，更强调态度的重要性；素养是知能再加上态度、情意的价值判断。④素养要比技能更广泛，不只是单一的知识，也不等于单一的能力，而是包括知识、能力与态度多层面统整的整体。⑤素养的定义，已超越特定职业/工作的工业社会经济框架的技能，已升级转型为包括终身学习、参与社会及公民责任等各种生活情境及社会场域范畴所需的素养。（黄光雄，蔡清田，2015）

素养是一个不易被理解的理念，需加以界定，并被赋予时代意义，需要不断地“去皮、植皮”，去除过去不合时宜的边界，但同时又必须配合时代的需要复位边界。（蔡清田，2016）本节采用素养的鉴界或鉴定边界的方法，采取从外向内的途径，划出外围界限以厘清素养的定义，并将素养与相关用词如能力、技能、知能等划清界限，以便界定素养，建构合乎当代社会及后现代社会的意义，以响应第一章第一节素养的理念指出的：素养虽受到东西方先进国家和地区的重视，公民在接受各级学校的教育后，虽然获得了部分学科知识与基本能力，但是似乎尚未具备现代公民所需要的核心素养，宜进一步厘清素养的定义。

素养在西方国家和地区经常与能力（ability）、技能（skill）、知能（literacy）等词交互使用（Wolf，1989），但可进一步将素养与能力、技能、知能等划清界限，界定素养，以避免理念混淆不清。首先，素养要比能力的内涵更宽广，不只重视知识，也重视能力，更强调态度的重要性，不但可超越传统知能，更可纠正过去重知识、重能力、忽略态度的偏失。其次，素养也比知能的内涵更宽广（蔡清田2011a），是知能再加上态度、情意等价值判断。最后，素养比技能更广泛，素养的内涵包括知识、能力、态度的统整；素养的定义已超越特定“职业/工作”的工业社会经济框架的技能，已扩及至终身学习、参与社会及公民责任等各种生活情境社会场域、范畴所需的素养。详细而言，可从下述五个重点重新厘清素养的定义，分述如下。

一、素养是个体为了发展成为一个健全的个体，必须适应未来混沌复杂的生活情境需求所不可欠缺的知识、能力与态度之统整

本文采用素养的鉴界方法，厘清素养的定义，并将素养与能力、技能、知能等相关用词划清界限；素养包括知识、技能、态度的统整，不只是知识，也不只是能力（OECD，2005），更有态度的内涵。就素养的定义而言，素养是个人接受教育历程后，经过学习而获得知识、能力与态度的复合构念（complex construct），亦即素养是由知识、能力与态度三者不可或缺所组合而成的复合理论构念（complex theoretical construct）（蔡清田，2011a）。如图1–1素养的定义图示，严谨地定义，素养是知识（认知）、能力（技能）与态度（情意）多层面要素统整的整体，知识、能力与态度都是素养的重要内涵。知识是素养的基础，能力是知识应用在问题解决的过程中产生的，情意、态度及价值判断则是行动的重要先决条件，当个人接受教育训练之后，可以经过学习获得素养，以整体适应外在环境、脉络情境的需要，能够获得成功的个人生活与适应功能健全的社会。本章稍后的第三节素养的本质、第四节素养的模式会进一步加以深入阐述。

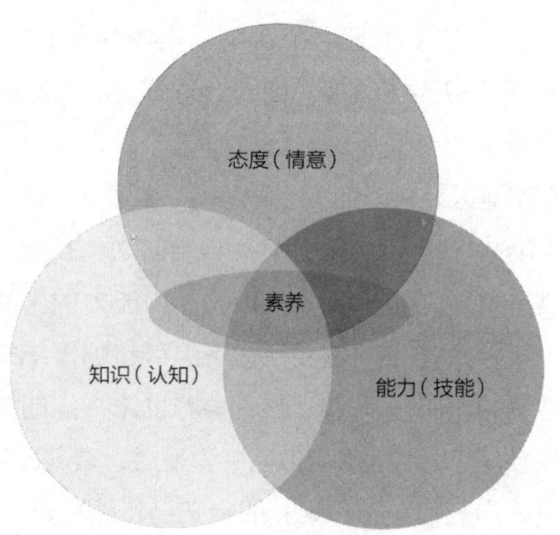

图1-1　素养的定义图示

这呼应联合国教科文组织、欧盟、经济合作与发展组织所指出的素养涉及知识、能力与态度等维度。根据经济合作与发展组织进行的“素养的界定与选择”的研究，其界定的素养是指一个人在特定的情境中，能成功地满足情境中的复杂要求与接受挑战，并能顺利地执行生活任务，进而获得成功的生活或优质的生活的理想结果。例如，经济合作与发展组织每3年大规模开展的“国际学生评价计划”的目的在于评估15岁青少年的阅读、数学和科学素养，包括生活情境、知识、能力与态度等框架构成。其知识框架包括了解自然世界的科学知识与了解科学本身的知识；能力框架包括形成科学议题能力素养、科学解释现象能力素养以及科学举证能力素养等项目；态度框架指对科学的兴趣，对科学探究的支持以及负责任地对诸如自然资源、自然环境等采取行动的动机。而学生在生活情境脉络中所表现的知识、能力与态度正是其素养的展现。

又如，“国际成人素养评价计划”（Programme for the International Assessment of Adult Competencies，简称PIAAC）所界定的素养为：现代公民所需为了达成有效的社会参与的各种素养，特别是个体适当运用“社会-文化工具”，包括信息科技和沟通工具，以取得、管理、统整和评估信息，建构新知识，以及与他人沟通的知识、能力和态度。由此可见，素养的定义具有知识、能力与态度多元层面统整的整体性。

二、素养不但可超越传统知识和能力，更可纠正重知识、重能力、忽略态度的教育偏失，不仅合乎西方的“全人教育”理念，也具有“教人成人”的东方教育色彩

素养要比能力的内涵更宽广，不但可超越传统知识和能力，也可纠正过去重知识、重能力、忽略态度的教育偏失。特别是素养具有东方的中华文化价值特色，如古有明训——“勤能补拙”，可见素养可以弥补能力的不足，但徒有能力而缺乏正向的态度、情意的价值是有所缺憾的，因为拥有知法犯法的能力或作奸犯科的能力，有违社会文化价值，不足以称为拥有素养。能力是指个体所拥有的实力，这种能力往往强调技术能力或实践工作的技能，可能忽略能力所需具备的知识基础与态度、情意，可能会沦为忽略知识而缺乏态度教育的情意的价值引导（蔡清田，2011a），其后果堪忧。如修车厂的技工有修车能力却态度不当，不当更换汽车零件或浮报价格，大敲顾客竹杠；或食品商人有能力在食物中添加起云剂，却为了节省成本不当地添加有毒的塑化剂以赚取利润，这些商人有能力却态度不当，缺德而做出伤天害理的事，造成公民身心健康严重受伤。因此，具有上述这些能力的人，都不能称为具有素养。

一般人经常将素养与能力（ability）混为一谈，但两者有明确的区别，从素养定义的鉴界而言，可从内涵定义、外延定义、先天/后天、适用社会、理论依据、实例范畴六个维度鉴定素养与能力的界限，如表1–3素养与能力的比较。

第一，就内涵定义而言，一方面，素养的内涵定义比较精确，素养包括了知识、能力与态度的统整，素养范围较周延完整，不仅能反映外部所见的知识、能力特征，而且能展现态度的内在潜藏特征。另一方面，能力的内涵定义比较不精确，能力的范围较狭隘，能力是指个人具有能够胜任某项任务的才能的实际能力与潜在能力，但往往未涉及态度、情意的价值，只能反映能力的外部特征，不易彰显内在特征，容易使人产生能力相对于知识的误解，事实上能力的本质包含了知识的内涵。

素养是个体学习吸收学科知识后，经过认知、技能、情意的内在机制，将知识加以统整成为有意义的整体，加以转化应用成为学以致用的能力，一方面，“以知识为能力之本”，另一方面，“以能力为知识之用”，将知识与能力加以统整为一体

的两面，流露出合乎情、理、法的行动态度倾向，并在适当社会情境之下，以合乎社会文化的价值情意方式，展现出合乎情、理、法的行动。

表1-3　素养与能力的比较

名称	内涵定义	外延定义	先天/后天	适用社会	理论依据	实例范畴
素养	素养的内涵定义比较精确，优良素质教育涵养包括知识、能力与态度的统整，不会引起能力相对于知识的误解，能反映外部表面所见的特征，尚能展现态度的内在潜藏特征的重要性	素养的外延定义较为严谨周延，能厘清知识、能力与态度的差异，不易引起与能力、态度的混淆，而且所谓"诚于中而形于外"，因此素养能"知行合一"，不仅有能力，而且态度适当	素养强调教育的价值功能，素养是学习结果，并非先天遗传，是后天努力学习而获得的，合乎认知、技能、情意的教育目标	素养适用于复杂多变的新经济时代与信息社会的科技网络时代的各种生活场域，可积极地响应生活情境下的复杂需求，特别是适应当前后现代社会复杂生活所需的知识、能力与态度	兼重小我与大我，超越行为主义的能力，具有哲学、人类学、心理学、经济学、社会学等不同的理论根据，可促进个人发展与社会发展	例如，语文素养、人文素养、伦理素养、科学素养、民主素养、信息素养、媒体素养、美感素养、国际素养、多元文化素养、环境生态素养、自主行动、沟通互动、社会参与
能力	能力的内涵定义较不精确，能力的范围比较狭隘而不完整，只能反映能力的外部表面特征，不易彰显能力的内在特征，容易使人产生能力相对于知识的误解	能力的外延定义过于宽松、较不周延而不够准确，未能厘清知识、能力与态度的差异，易引起能力包含态度的混淆	能力的形成是经由先天遗传与后天努力学习获得的	能力偏向于过去传统社会与工业社会所强调的技能、职能等	重视小我，偏向个人工作谋生，偏向个人主义的功利导向，易陷入能力本位行为主义的争议	听、说、读、写以及操作简易的机器设备，如会使用打字机、传真机、收音机、随身听、电视、电话、洗衣机等能力

精确地说，素养是个人与内外情境互动，尤其是与外界进行合理而有效的沟通或互动所需具备的条件，隐含了传统与现代社会文化的新潮价值与复古道德的复合构念，是指好的修养与优良素质教育涵养的优质教养状态，合乎教育目标的认知、技能、情意等规范。（蔡清田，2016）引申而言，这种优质教养是指培养个人发展成为社会的一个独立个体的过程中，通过学习以建立其人格发展基础的知识、能力、态度，涵盖认知、情意、技能等多元维度。（陈伯璋，张新仁，蔡清田，等，2007）就此而论，素养是能统整知识、能力、态度等教育要素的实践智慧，可协助学习者适应未来生活所需的复杂要求。（蔡清田，2012）

素养这种优良素质教育涵养，是包含知识、能力与态度的认知、技能、情意要素的三维螺旋结构复合构念，这种优良素质教育涵养呼应了所谓素养=$(\text{知识}+\text{能力})^{\text{态度}}$（蔡清田，2014）。由此可见，一方面，素养不等于单一的知识，也不等于单一的技能，素养包括知识、能力与态度多层面统整的整体性理念；另一方面，态度这个因素是用乘方来链接知识与能力的，如果态度是正数，一切知识与能力皆会产生相乘倍数的效果，如果态度是负数，一切知识与能力皆会产生负面效应。如此可见，态度比知识、能力更为重要，特别是热诚的态度远比专业知识来得重要。这种知识、能力与态度的三维螺旋结构合乎课程设计的继续性、顺序性、统整性，是课程改革的DNA（蔡清田，2011a，2011b），可促成课程设计的衔接性与连贯性。

第二，素养的外延定义较为严谨周延，不易引起与能力、态度的混淆，所谓“诚于中而形于外”，因此素养能“知行合一”，不仅有执行能力，而且态度适当。具有开车的素养表示不仅拥有开车能力，而且态度上一定要遵守交通规则，一定要具有礼让行人的知识、能力与态度的行动实践智慧，同时兼具内隐的及外显的表现水平。（蔡清田，2011a）另外，能力的外延定义过于宽松、较不周延而不够准确，未能厘清知识、能力与态度的差异，容易引起混淆。事实上有执行能力并不包括态度是否适当，有能力开车但态度上不一定遵守交通规则，有能力开车但态度上不一定会礼让行人。如一个人有能力撰写书信，但却态度不当，撰写不实黑函，这不是能力不足，而是态度不对，这样的能力不配称为素养。由此可知，素养比能力的内涵更宽广，素养可超越传统的知识和能力，并能纠正过去重知识、重能力、忽略态度的教育偏失。（蔡清田，2011b）

素养特别强调在能力之上，再加上心向的态度的重要性，因此素养就不只是一种新能力，而是在能力之上再加上用心的态度。如教师与学生不用心而欠缺适当的态度、情意的价值，从而载浮载沉或沉沦于能力的洪流当中，形成态度、情意的价值失调、偏颇，甚至道德沦丧，则语文能力与科学知能等也将残缺不全，淹没于“智育挂帅”的“语、英、数、自、社”考试洪流中，甚至忽略“德、智、体、群、美”等公民生活所需的素养内涵培养，导致“五育病重”。更进一步地，就素养、知能、能力的关系而言，素养包括知识、能力与态度，因此素养包括知能（知识与能力），也包括能力，但素养强调后天人为的学习，是一种学习结果，也是一种教育成果，更是对生活态度与社会文化价值的展现。能力则有先天的能力及后天的能力，偏向个人主义的能力，易流于能力本位的行为主义，能力虽是指个人具有胜任某项任务的才能的实际与潜在能力，但并未涵盖态度、情意，因为能力无法包含态度、情意维度，能力仅为素养其中的一部分，而非全部。

第三，就先天遗传与后天学习而言，素养强调教育的价值功能，素养是学习结果，也是教育成果，并非先天遗传，更非先天遗传的能力（张春兴，1991），素养是后天努力学习而获得的知识、能力、态度，合乎认知、技能、情意的教育目标，重视教育过程与结果，彰显了素养具有“可教、可学”的本质（蔡清田，2011a）。能力的形成可能是经由先天遗传，不一定都是经过学校教育的后天努力学习，未能充分彰显后天的教育价值功能。站在教育工作立场而言，要强调素养的后天学习，而非强调先天遗传的能力，要通过教育引导学生学习，培养公民的素养。

素养必须和人为教育与后天学习，才有可能产生“教养”的价值，不仅说明了素养具备“可教学”“可学习”“可评价”等特质，而且彰显了素养的模式与个体所处的生活环境、脉络情境有着整体的密切关系。（蔡清田，2011b）素养涉及主体能动者的行动实践智能的知识、能力与态度等多元维度，统整个体的知识、能力与态度，扮演反思实践者，个体通过行动反思与学习，展现了主体能动者的负责任行动及知行合一。

第四，就其适用社会而言，素养适用于复杂多变的新经济时代与信息社会的科技网络时代的各种生活场域，可积极地响应生活情境下的复杂需求，特别是适应当前后现代社会复杂生活所需的知识、能力与态度。能力往往比较偏向于过去传统社会与工业社会所强调的技术能力、技能、职能等用语，较偏向个人主义的功利导向，人们可能沦为“有能无品”或“有能缺德”，亦即“有能力没有品德”，如会开车却不守交通规则或不愿礼让，因此容易陷入能力本位行为主义的争议。（方德隆，2011）

素养比能力的内涵更宽广。素养较强调人的“主体意义”与“生命价值”，不只可以促进个人发展，更可强调“从我到我们”的社会意识，以培养出负责任、有担当、能参与社会的新时代公民，以促进社会发展。（蔡清田，2016）素养合乎“全人教育”理念，具有传统社会文化“教人成人”或“成人之学”的东方教育思想，重视中华文化精髓的传承，结合“善”“仁”“义”的儒家精神（蔡清田，2014），因此在展现上会比较具有东方教育思想色彩。素养更强调人性问题与人类文明精神内在内隐价值的层次提升，包括个体在其生活环境脉络的人与自己、人与社会、人与自然等范畴的修养，格物、致知、诚意、正心、修身、齐家、治国、平天下，显得更为深邃与宏观（彭小妍，王瑷玲，戴景贤，2008）。

而且素养的理念具有和世界接轨与本土研究的丰富意义。一方面，素养包含competence的拉丁文词根与英美人士使用literacy所衍生的内涵，competence一词源自于拉丁文cum（with）和petere（to aspire），是指伴随着某件事或某个人的知识、能力与态度的实践理性行动智慧。德国学者Weinert（2001）指出competence的拉丁文词根可被理解成是认知觉察与勇于负责，因此competence可被理解成具有知识的认知觉察、履行义务的能力与勇于负责的态度、情意的价值，更是明智地具有为人处世的实践理性行动智慧。因此，把competence译成素养颇为适切。（洪裕宏，2008；胡志伟，郭建志，程景琳，等，2008；高涌泉，陈竹亭，翁秉仁，等，2008；陈伯璋，张新仁，蔡清田，等，2007；彭小妍，王瑷玲，戴景贤，2008；顾忠华，吴密察，黄东益，2008）

另一方面，素养相当接近《辞海》的“平日的修养”，《汉书·李寻传》的“马不伏枥，不可以趋道，士不素养，不可以重国”，宋朝陆游的《上殿札子》的“气不素养，临事惶遽”，以及元朝刘祁的《归潜志》的“士气不可不素养……故一时士大夫，争以敢说敢为相尚”。可见素养包含识见、德性、态度、情意的价值观等，指的是优质的修养，近乎华人社会所谓“成人之学”的东方教育修习涵养。

第五，就理论依据而言，素养的范畴已经超越行为主义层次的能力，具有哲学、人类学、心理学、经济学、社会学等不同的学术理论根据（蔡清田，2012）；而能力偏向个人工作谋生，偏向个人主义的功利导向，易陷入能力本位行为主义的争议。

特别是所谓“全人”素养或“全方位”的素养，将素养界定为“在培养一个人成为一个独立个体的过程中，所建立的作为其人格发展的基础”，而这个人格发展的基础假设一组可发展或学习的素养，并将素养放置在人性问题与整体人类文明的演化历程架构下来看。这种素养的定义，着眼于适应全球化与本土化，学校内与学校外的环境变迁，过去、现在与未来社会。（陈伯璋，张新仁，蔡清田，等，2007）

第六，本书所指出的素养实例范畴，包括语文素养、人文素养、伦理素养、科学素养、民主素养、信息素养、媒体素养、美感素养、国际素养、多元文化素养、环境生态素养、自主行动、沟通互动、社会参与。一般人所通称的能力范围比较狭隘而不完整，如听、说、读、写以及操作简易的机器设备，如会使用打字机、传真机、收音机、随身听、电视、电话、洗衣机等能力。大多数人往往认为掌握能力是为了个人的工作谋生，比较偏向个人主义的功利导向。而素养则较强调人的主体意义与生命价值，事实上，优良素质教育涵养不只可促进个人发展，更可促进社会发展。因此，不宜再沿用传统社会与19世纪工业革命讲求标准化、大量生产的工业社会教育模式，防止教育内涵与生活脱节，例如，传统社会所需传统能力如使用打字机的能力，已不足以适应当代社会生活的所需，因此，在面对当前新经济时代与信息社会的科技网络时代生活复杂多变的需求时，会因社会变迁与时空改变而有不合时宜的批评。这是因为有能力却缺态度（缺乏心）的人，不能称为具有素养。

虽然素养在西方世界的英美语系国家和地区，经常与能力（ability）交互使用，但是它们的意思不尽相同，而这是可以进一步加以厘清的，更精确地说，素养可以被理解成认知、能力或技能，包含情感、情绪及价值判断与选择的能力。因此，素养要比能力有较为广泛的内涵。能力是指个体所拥有的实力，属于个人所具备的内在潜能，可以使人胜任任何被赋予的行动任务或很好地适应生活情境的挑战，以及具备潜在的才能与可展现的实力，但能力并不完全等同于有效处理事物的行动展现，因为能力通常指的是具备行动的表现潜能。由此可知，能力的概念接近中文“竭尽所能”之意，是有效的素养展现行动的基础与先决条件，如果没有内在的潜在能力，便很难期待个体能产生有效的行动以展现素养，本章第三节素养的本质与第四节素养的模式会进一步详细说明。

素养一词的意义，是指一个人平日的修养状况，是否具备某种权限或资格条件，足以胜任必要的行动，其理念合乎西方“全人教育”理念。有学者将素养解释为“knowledge × experience × power of judgement”。（洪裕宏，2008）知识是素养的基础，经验则为知识应用在问题的解决过程中产生的，判断力则是行动的依据。由此可见，素养的理念涉及认知、技能、情意、态度、价值观、有效知识管理和技能等。素养，一方面重视外显的能力或技能的表现水平，另一方面也强调对内隐的理念、态度、情意等深层维度的培养，要能从外显行为来检测能力，更强调人类精神或内在层次内隐内涵的提升。由此可见，素养要比能力的内涵更宽广，能力是一般大众皆需具备的生活能力，如学会沟通、决策、解决问题等，基本能力是学习者获得进阶的基础。中小学九年一贯课程强调十项基本能力，学生在接受中小学九年一贯课程之后，可获得这十种“带得走”的能力，然而，当学生进入大学或毕业后进入社会职场时，如果只具备这十种基本能力，应该不足以适应未来多变的社会生活。因此，为了加快个体适应社会快速变迁，学校教育应该强调个体适应社会变迁所需要的知识、能力与态度（OECD，2002），本书稍后将对此深入讨论。

三、素养要比知能的内涵更宽广，不只重视知识，也重视能力，更强调态度的重要性；素养是知能再加上态度情意的价值判断

本节采用素养的鉴界方法，厘清素养的定义，并将素养与知能（literacy）等相关用词划清界限。（蔡清田，2011a）素养不只重视知识，也重视能力，更强调态度的重要性；素养是知能加上态度情意等价值判断，如同在个体的生命与社会的生命之中注入生命的灵魂。

素养在西方世界的英美语系国家和地区，经常与知能（literacy）互用，但素养要比知能的内涵更为宽广，素养是知能再加上态度、情意等价值判断。换言之，素养不只是知能，素养还包括态度、情意的道德价值，知能注入态度之后才可以被称为素养，素养除了知能之外，还包括态度、情意的道德价值。素养是一种学习的结果，也是一种教育的成果，更是对生活态度与社会文化价值的展现。早期的知能原意是指识字的知识与能力，因此联合国教科文组织有所谓针对文盲（illiteracy）进行识字教育的扫盲运动。后来的知能则进一步包括“3R”（reading，writing and arithmetic，指读、写、算）之中的读和写的知识与能力，而广义定义则包含了一个人接受教育的状况及一般知识与基本能力或共同技能，或可勉强称之为最低限度的或基本的素养。但知能没有涵盖态度、情意的价值维度，无所谓好坏或善恶，和中文的素养一词有差距，知能缺乏适当的态度、情意，只是素养其中的一部分而非全部，两者并非对等，徒有知能却缺乏正向态度、情意的人不具备素养。如计算机黑客知法犯法的知能，或小偷、强盗的作奸犯科的知能，往往有违社会文化价值，也是法理所不容的，不足以称为素养。特别是当学生毕业走出校门进入社会之后，首先被检视的不是知识，而是能力，更是态度，虽然每个时代的思维各异，但是唯一

不变的是重视态度。(黄昆岩，2009)

一般人将知能当作素养，并不贴切。狭义的知能是指，如脱盲或扫盲所需识字的基本的能力及“传统3R”等基本的知识与能力，或基本的知能(OECD，2000)，甚至特别是指语文的知能或识能，包含识字、阅读与写作等基本的知能。广义的知能，则包含了一个人接受教育后的状况，是指学习者具备日常基本生活所需的最低知能的水平，但未包括态度、情意等价值判断的范畴。素养仍比知能的内涵更为宽广，素养的理念除了有知能的知识、能力之外，尚包括态度、情意的内涵与价值判断。例如：近年来，“国际学生评价计划”已经逐渐将知能这个概念运用到传统的听、说、读、写、算以外的基本知能及社会参与的知能，因此，经济合作与发展组织进行的“素养的界定与选择”专案研究建议以素养的理论构念取代知能概念(洪裕宏，2008)，更强调核心素养的重要性(蔡清田，2011a)。

相对地，知能通常没有牵涉情意、态度，无所谓好坏善恶，和中文的素养有些差异。知能是指个人为了生活必须与外在情境进行沟通与互动所需的听、说、读、写、算等基本的学科知能。但是，如果更进一步地期望这些基本的学科知能是合理有价值的、有效的、有质量的、具有社会功能的，而再加上态度、情意的价值的构成要素，将有助于个人成功追求优质生活的目标与有效参与优质社会生活。如此一来，基本的学科知能将可扩展并升级、进化转型为素养，兹将两者的比较(蔡清田，2011a)列表，如表1–4所示。

素养，不只是知识，也不只是能力，更有态度的内涵。如美国第一任总统乔治·华盛顿(George Washington)，诚实到不“知”撒谎为何物，有趣的是，美国幽默大师马克·吐温(Mark Twain)曾对此事发表评论：“我的道德勇气比华盛顿还高一节，因为我知道怎么撒谎，但我不肯。”(转引自黄昆岩，2009)就此而论，华盛顿似乎具有诚实不撒谎的知能，而马克·吐温则具有诚实不撒谎的知能与态度的素养。

经济合作与发展组织进行“素养的界定与选择”研究时，其素养定义涉及知识、能力与态度的统整，而不只是知能，更强调以核心素养涵盖并取代核心能力与基本能力。(OECD，2005)核心素养指每个人都需要的必要素养，也是完成个人的自我实现与发展、社会参与与沟通互动所需的重要素养，而且核心素养此一名词包括基本能力与核心能力，却又超越其范围，而且可以弥补其在态度、情意的价值

表1-4　素养与知能的比较

名称	定义	要义	内涵	功能	实例
素养	素养是个人与内外情境进行合理而有效的沟通或互动所需的知识、能力、态度，隐含道德价值是指好的修养与优质状态，合乎教育目标的认知、技能与情意价值	素养是指适应优质社会的优质生活所需的素养，重视个体的知识、能力与态度的统整，特别强调适应优质社会的优质生活所需的核心素养的重要性	素养是在知能之上加上态度，内涵泛指个体展现出合理有效地适应生活情境所需的知识、能力与态度，不只是知能所涉及的学科知识及基本能力，尚包括个人与社会生活情境互动所需展现出来的优质情意、态度。而且素养是可教、可学的，特别是可以经过学校教育的课程设计、教学引导、学习获得的优良素质涵养的优质状态	素养较强调具有功能性的关键的核心素养的个人功能与社会功能，能有助于个人成功追求生活目标与有效参与社会生活，个人得以积极参与政治、经济、社会、科技、文学与艺术、休闲等各种社会场域的活动，成功地响应生活情境下的复杂需求，特别是适应当前新经济时代、信息社会网络时代的复杂生活的需要	语文素养、数学素养、科学素养等学科素养及人文素养、民主素养、信息素养、媒体素养、法律素养、国际素养、多元文化素养、环境生态素养。 能自律自主地行动，能在异质社群中进行互动，能互动地使用工具
知能	知能在狭义上是指读写的知识与能力，在广义上包含了一个人接受教育的状况及一般知识与基本能力或共同技能，或可勉强称为基本的素养，但未牵涉情意层面的道德价值，和素养一词有差距	知能是指适应基本生活所需的基本的知能或基本的学科知能或勉强称之为基本素养，例如，语文、数学、科学等基本学科的知识与能力，但未涉及态度、情意价值	第一类知能为狭义的传统的知能，包括听、说、读、写、算和辨识记号的基本能力，特别是指语文的听、说、识字、阅读与写作等基本知能；第二类为广义的功能性的知能，指个人经营家庭和社会生活及从事经济活动所需的基本知能	知能较重视知识与能力，较偏向个人相关的基本知能，个人可通过基本的读、写、算等解决个人日常生活、学习、职场等基本生活及工作场域的问题	知能如扫盲所需识字的基本的知能，语文的听、说、读、写等基本的知能、“传统3R”、数学与科学的阅读理解与演算、写作等基本的学科知识能力

等层面的不足之处。这种核心素养，亦可涵盖中小学课程纲要的基本能力、关键能力，以及中小学课程一贯体系参考指引的一般能力，甚至可以涵盖高中课纲的领域（学科）能力、核心学科能力，也可以作为高级职业学校课程的群科能力、群核心能力、科专业能力等专门素养与专业素养的重要基础，也是后期中等教育共同核心课程的共同基本素养的重要基础，本书稍后的第二章第一节核心素养的理念会进一步说明。

四、素养要比技能更广泛，不只是单一的知识，不等于单一的能力，而是包括知识、能力与态度多层面统整的整体

本节采用素养的鉴界方法，厘清素养的定义，并将素养与技术能力或技能等其他用词划清界限。素养要比技能更为广泛，素养是一项整体性的理念，包括知识、能力与态度多层面统整的整体。素养不只重视知识，也重视能力与技能（Rychen & Salganik，2000），更强调态度的重要性。素养在英语中经常与技能互用，但精确地说，素养要比技能更广泛且更复杂，素养不只是单一的知识，不等于单一的能力或技能。以下列出三个要点加以说明。

（一）素养要比技能更广泛，素养的内涵包括知识、能力、态度的统整

素养在西方世界的英美语系国家和地区，经常与技能（skill）等词互用，例如，美国教育部及全国教育协会与著名跨国公司组成的“新世纪技能联盟”发表的《21世纪技能、教育和竞争力报告》，规划培育21世纪人才所需的技术能力架构，包括：①生活与生涯工作技能，②学习与创新技能，③信息、媒体与科技技能。但严谨来说，素养与技能两者的定义不尽相同，skill是技能，其所谓技能是指从操作性动作中所展现出来的技巧或技术，并与态度、知识综合构成了素养的内涵。

就素养的意义而言，素养是指一个人日常生活的修养状态，具备某种知识、能力、态度等行动的先决条件。例如：经济合作与发展组织便从较为宏观的观点来厘清素养的定义，强调终身学习涵盖个人从摇篮到坟墓的过程，个人所从事的一切有目的的学习活动的目标在于促进知识、能力与态度的统整。（OECD，2005）素养不只包含认知的内涵，也包含非认知的技能与情意的内涵，是发展成为一个健全的个体所不能欠缺的“全人”素养，包括知识、能力、态度三者加以统整的“全方位的”素养。（陈伯璋，2010）

难怪在亚洲国家和地区中特别重视教育的新加坡教育部便特别指出态度价值的重要性，强调21世纪新加坡国民素养的知识与技能必须以态度价值作为根基，因为态度价值会影响个人的品格、信念与行动，因此是21世纪新加坡国民素养的核心。（Ministry of Education，2010）经济合作与发展组织进行“素养的界定与选择”研究计划时，采用素养而舍弃技能一词，并以核心素养涵盖并取代基本能力、核心能力

和核心技能，以用来指涉每一个人完成个人的自我实现与主动参与社会发展的就业所需的素养。（OECD，2005）

（二）素养不只是单一的知识，不等于单一的能力，也不等于单一的情意态度

首先，素养不只是单一的知识而已；其次，素养也不等于单一的能力，能力仅指一些技术、行为或实际表现，而技术能力是所谓技能，是指从操作性动作中所展现出来的技巧或技术，技能是一种能轻松而准确地展现的能力，也可能是一种难度水平相对较低的能力，通常称为基本能力，也是构成较为复杂素养的基础。（Rychen & Salganik，2003）和单一的知识或低阶的技能相比，素养是一种更为复杂的行动体系，知识与能力固然重要，但是良好的态度、情意与品格的教育行动更为重要，这也是人们所强调的素养必须和教育结合之后，才有可能产生教养的价值。（黄昆岩，2009）不过值得注意的是，素养也不等于单一的情意、态度，例如：诚实、正直、责任感等个人的情意、态度，虽然与个人的素养有关，但这些个人的情意、态度只是素养的构成要素之一，尚不足以构成素养的完整定义。详言之，知识、能力与态度三者综合构成素养的内涵，而技能只是构成素养的要素之一，不宜与素养混为一谈。作者将在以下的段落加以阐述。

（三）素养包括知识、能力与态度多层面统整的整体

素养是个人接受教育历程后，经过学习而获得的知识、能力与态度的复合构念，亦即素养是由知识、能力与态度三者不可或缺所组合而成的复合理论构念（蔡清田，2011a），而技能只是构成素养的要素之一，不宜与素养混为一谈。素养包括知识（认知）、能力（技能）与态度（情意）多层面要素统整的整体，知识、能力与态度都是素养的重要内涵。知识是素养的基础，能力则为知识应用在问题解决的过程中产生的，情意、态度及价值判断则是行动的重要先决条件。当个人接受教育训练之后，可以经过学习获得素养，以整体适应外在环境、脉络情境的需要，能够获得成功的个人生活与适应功能健全的社会。

例如："能与人协同合作"是一种素养，而不只是一种技能，因为"能与人协同合作"涉及认知、技能与情意等复杂心智先决条件需求的整体观点，而不只是一种单一的技能。相对地，如果焦点是单一的动机，就不是素养，因为未能完整地描

绘素养的统整的理念的整体内涵。例如，分析技能、解题技巧等单一的技能是指处理单一具体、特定事物的技能，又如，学生学习之后所展现的分析能力，或任职于公司客服部门的员工应具备适应顾客抱怨的技能，这些单一的技能都未能描述个体如何整体适应生活环境的需求，只是素养的构成要素之一，未能完整地描绘素养的整体内涵，因为素养的定义必须同时涵盖知识、能力与态度三个维度。

联合国教科文组织、经济合作与发展组织与欧盟均明确指出，素养要比技能还要宽广，素养的定义同时涵盖了知识、能力与态度三个维度，欧盟甚至更明确地将各项核心素养所应达到的知识、能力与态度层面的水平进行了具体陈述。（EC，2005）由此可见，技能只是构成素养的要素之一，不宜与素养混为一谈，若能将素养看成整体性的理念，比较能掌握教育过程中的学习者的知识、能力与态度、人格形成的动态复杂内涵。（OECD，2005）

五、素养的定义已升级转型为包括终身学习、参与社会及公民责任等各种生活情境及社会场域、范畴所需的素养

早期的能力与技能，是建立在传统社会与工业社会的工商职业出发点之上的，但近年来，在面对互联网信息流通快速的信息社会，为了适应复杂多变与快速变迁的新时代与后现代社会生活的复杂多元需求，能力与技能已不足以适应当前与未来社会的需要，素养应运而生，而且素养已超越特定“职业/工作”的传统社会与工业社会经济框架的技能。（蔡清田，2016）

Stein，McHenry，Lunde，et al.（2001）曾经从特定“职业/工作”的工业社会经济框架提出素养的定义，但近年来，其他各国家和地区的相关领域学者后续所提出的素养定义，已超越特定“职业/工作”的工业社会经济框架的技能，进而扩及至终身学习、参与社会及公民责任等各种生活情境及社会场域、范畴所需的素养（陈伯璋，张新仁，蔡清田，等，2007）。例如，Delamare-Le Deist，Winterton（2005）指出，英国注重职业的价值，强调功能性素养的标准建立及其在实际工作场所的应用性；法国与德国则强调多元维度的素养，兼重外显的行为素养和功能性素养，兼重隐性的潜在知识和外显行为，而且不再以特定专门职业技能要求作为建立标准。

尤其是，为了适应未来学习社会及终身学习所需，欧盟执行委员会于2005年提出《终身学习核心素养：欧洲参考架构》，将①母语沟通，②外语沟通，③数学素养以及基本科技素养，④数位素养，⑤学习如何学习，⑥人际、跨文化与社会素养以及公民素养，⑦积极创新应变的企业家精神，⑧文化表达视为终身学习八大核心素养。（EC，2005）经济合作与发展组织于2011年进行的“国际成人素养评价计划”的成人素养调查，更将原先的知能内涵升级转型为现代公民所需的素养，这是指为了达成有效的社会参与的各种素养，特别是在面对互联网信息流通快速的信息社会，为适应复杂多变与快速变迁的新时代与后现代社会生活的复杂多元需求，个体必须适当地运用“社会–文化工具”，如信息科技和沟通工具，以取得、管理、整合和评估信息，建构新知识以及与他人沟通的知识、能力和态度。上述这些调查能呼应大多数学者一致认为的素养理念具有多元维度的内涵。这与素养的本质有着密切关系，作者将在下一节中详细说明。

第三节　素养的本质

本节素养的本质是在上一节素养定义的基础之上，进一步论述素养的本质。作者在上一节，对于素养鉴界所采取的是从外向内的途径，划出外围界限以厘清素养的定义，并将素养与其他相关用词如能力、技能、知能等划清界限，界定素养。本节则更进一步地，从素养的鉴界的另一条途径，亦即从内向外的鉴界途径，厘清素养的本质，从内向外渐进推衍，指出素养这种有待进一步探究的理念，是经由后天学习获得的，也是可教、可学、可检验的理念，而且素养具有可教、可学的内隐的与外显的表现水平的本质，具有有待探究的性质，具有可测量的性质。（黄光雄，蔡清田，2015）

换言之，素养具有两种本质：第一，素养是后天习得的，素养具有可教、可学的本质，是一种可教、可学的理念（蔡清田，2014），具有研究假设的性质。这种有待检验的研究假设性质的理念，从广义上将素养定义为认知、技能和情意的复合构念，而且这种复合构念是有待进一步探究与检验的理念。第二，素养具有内隐的与外显的表现水平的“类似冰山”本质，不仅具有有待进一步探究的性质，而且具有可测量的性质（Spencer & Spencer，1993），可以通过测验评价来测量此种研究假设性质的理念。因此，素养的表现水平是可经过推测而得知的，具有可测量的性质，而且探究推测所得的素养的表现水平，可能是一个持续发展的连续体的状态，代表不同教育阶段的个体素养相关构成要素的高低水平，素养的学习系统需要有一套持续的个人素养表现纪录，以便长期培育与追踪评价。（蔡清田，2016）

一、素养具有可教、可学的研究假设的理念本质

就素养具有可教、可学的研究假设的本质而言，首先，素养是涉及个体社会

心理机制的认知、情意和技能的复合构念，而且素养是后天习得的（黄光雄，蔡清田，2015），素养是可以从学习中获得的，经由社会的、动机的、教学的触动引发，是可教的、可学的理念（OECD，2005），这也呼应了胡志伟，郭建志，程景琳等（2008）所进行的“能教学之适文化核心素养研究”的研究成果发现。素养是一种具有研究假设性质的理念，这种具有研究假设性质的理念本质，是一种有待检验的研究假设，素养这种有待进一步探究的理念，视未知为未来研究领域中求知的方式，人们以探究质疑的精神面对素养这个有待探究的理念。换言之，素养的本质包括两项要点，一是素养不是先天的或遗传的，素养是经由后天学习而获得的，素养是可学与可教的；二是可以通过每个教育阶段的课程设计与教学实施来培养素养。

更进一步地来说，素养不仅可以用来规划、设计、实施教学与评价，而且必须经由学习的过程加以培养。从人力资源或教育培训机构的观点来看，它们主张素养是可以教导的，必须经由学习的过程加以培养，而且通常教育专业人员会基于其教育目的为素养下定义，而使素养的内涵与表征显现其独特性，并使素养的理念更加明确（Stoof，Martens，van Mrriënboer, et al., 2002）。例如：可以通过学校教育与课程规划，教导学生培养自主行动、沟通互动、社会参与等素养，甚至可以通过学习评价来了解学生在经过学习之后所达到的素养水平。详细说明如下。

（一）素养不是先天的或遗传的，素养是经由后天学习获得的，素养是可学与可教的

从联合国教科文组织、经济合作与发展组织与欧盟等国际组织所进行的跨国研究观点来看，素养的范畴更广于知识及能力的范畴。由于有些能力是先天的，有些则是后天学习而获得的，因此，能力是个人的行为所表现的实际能力与潜在能力，而能力则是经由先天遗传与后天努力习得的。值得注意的是，先天能力的开发与后天能力的学习过程有很大的差异。这个区别在素养的定义与选择上具有课程设计理论的特殊意义，因为素养必须是后天习得的，即使某些是对先天潜能的发展，这些发展也一定是可以教学的、可以开展的。（洪裕宏，2008）换言之，能力可为先天的，亦可从后天习得，但素养则不是先天的或遗传的，素养并非与生俱来，而是需要通过有意的培养与发展从学习中获得。总之，素养是后天习得的，有别于部分非经学习的先天能力，而且素养强调可以通过有意的人为教育，加以规划设计与实

施。此外，素养会随着学习经验、教学指导而不断地发展，人们重视学习的情境，以增进学习者与生活情境的互动，进而形成一种交互作用的、动态互动的素养观点。（Rychen & Salganik，2000）

素养是个体基于生活环境、脉络情境的需求，激发内部情境的社会心智运作机制的认知、技能、情意等行动的先决条件，以展现主体能动者的行动，并能成功地适应生活情境的复杂任务要求的一种整体适应行动。换言之，素养的本质像“变形虫”一样（蔡清田，2011a），素养是动态发展的，而且可以在一定的情境脉络之中调整其内涵与范畴，使人们能有弹性地适应后现代社会各种复杂多变情境的应用需要（蔡清田，2011b）。例如：欧盟便将素养定义为知识、能力与态度的统整，以运用于特定的情境之中，当个体入学后，开始学习接受正规的学校教育及训练，便可接受培养而发展出素养，以能适应成人生活（Rychen & Salganik，2003），因此，素养应该持续发展、维持与更新，并且成为终身学习的一部分。甚至，有许多学者主张，学习历程是学习者经过学习以获得素养的重要条件，亦即学习者必须经过学习历程才能获得认知、技能与情意等行动的先决条件（Weinert，2001），也才能成功地适应生活环境、脉络情境的复杂需要（Canto-Sperber & Dupuy，2001）。

从教育的观点而言，素养是指一个人接受教育后的状态，又称为教育素养，或简称为教养。（蔡清田，2014）素养或教育素养使人们了解自己的志向、爱惜生命、领悟生活，知道自己在宇宙与社会的定位，始终不渝地根据利他主义的原则成为对社会有贡献的社会人。能了解素养的理念、定义而朝此目标不断努力的人，就可以被称为有教养的人。（黄昆岩，2009）特别是可以通过课程规划、设计实施，引导学生学习获得知识、能力、态度等教育素养，因为教育的目的之一正是协助学生获得社会生活或工作世界所需的知识、能力与态度等教育素养。就个人的观点而言，教育素养可视为增能赋权与自我实现，并且包括与异质性社会群体进行互动的素养；就社会的观点而言，教育素养可视为具备社会参与及贡献的知识、能力与态度，教育素养能够运用在不同的生活情境中，协助个人胜任扮演工作者、家庭成员与社会公民的角色。换言之，教养的理念是将人视为社会的成员，人要有教养，社会才会有文化以及品格内涵。（彭小妍，王瑷玲，戴景贤，2008）

素养是指学生应该具备的重要知识、能力与态度，以适应社会生活的需要，并拥有个人的优质人生。素养不仅强调学生在经过学习之后的表现，而且重视学生可能需要学习获得的素养。素养并非只单独针对某一特定学校教育阶段的特定需要，而是针对不同人生发展阶段的不同生活领域情境，学生可能需要学习获得不同复杂程度的素养，以适应不同生活情境的需要，以适应社会生活的需要，并拥有个人成功的生活与优质的人生（Canto-Sperber & Dupuy，2001），进而能适应功能健全的社会。由此可知，教育素养可作为确保教育质量、提升个人生活与教育质量的重要依据。

个体的认知、技能、情意等内在心理特质会与所处的社会生活情境进行互动而产生知识、能力、态度等行动的先决条件，例如：在富有宽裕的生活环境中，个体较容易流露出善良仁慈或浪费懒散的行动、态度特质，在穷困潦倒的匮乏生活环境中，个体较容易流露出坚毅勇敢或凶悍残暴的行动、态度特质，这也呼应了东方社会文化中的儒家思想，正如《孟子》所描述的“富岁，子弟多赖；凶岁，子弟多暴”。但是这种态度的情意价值倾向，可以通过教育的学习历程加以因势利导，具有善良仁慈态度特质倾向的学生，如能通过受教育而学习获得俭朴勤奋，就不会展现出过度铺张浪费与慵懒散漫的行动；具有勇敢果决态度倾向的学生，如能通过受教育而学习获得善良仁慈，就不会展现出过度凶悍残暴的行动。当然，传统华人的善良诚信、俭朴勤奋、乐善好施、诚实正直等高尚价值的优质行动素养，不是来自先天遗传，而是必须经过人为用心学习，特别是必须经过后天的教育引导。

如图1-2素养的本质所示，素养是发生在有意义的情境脉络之下，为了适应个体所处生活情境的复杂需求，可以通过教育建构，经由课程教学的规划与设计，引导学习者主动参与学习而获得的。素养适应当代生活情境的复杂需求，这也彰显了素养具有动态发展的本质，是可学与可教的，是不断成长与改变的，而且素养会伴随学习经验而不断发展，人们必须重视学习的情境，以增进学习者与情境的互动。这种论述也呼应了情境学习论所强调的情境对于学习的重要性与学习活动的真实性的论点。由此可见，素养是可教导的，必须经由学习的过程加以培养的知识、能力与态度。而如何充实学习者的素养便与课程规划及教学内容和方法的引导有着密切关系。因此，素养与特定情境下的复杂需求有密切的关联，而且素养包括使用认知、技能以及情意等多维度的“隐而不显”的内在机制与心智运作过程，以协助个体成功地响应特定情境下的复杂需求（Canto-Sperber & Dupuy，2001），并通过动态的方式来进行运作，以使学习者能获得特定素养的内涵。

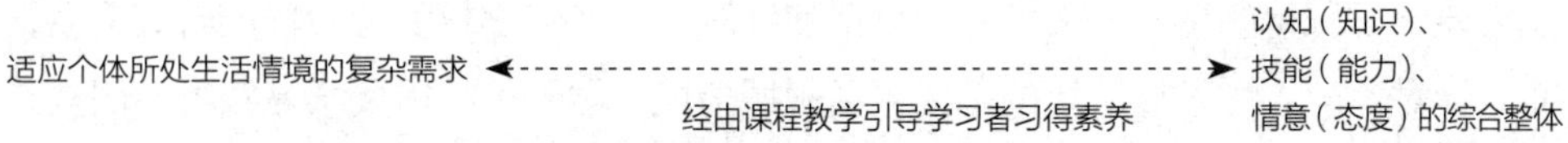

图1-2 素养的本质

（二）素养可以通过每个教育阶段的课程设计与教学实施加以培养

特别是，素养可以规划设计学生在义务教育结束时所应具备的有效参与社会生活所需的知识、能力与态度、情意，以便使人们有效地获得个人的成功生活与适应功能健全的社会。（蔡清田，2012）这正好呼应了本节上一段所提到的素养的本质像“变形虫”一样，甚至像“变形金刚”一般，素养是动态发展的而且可以在一定的情境脉络之中被调整，通过各教育阶段加以培养，因此，素养并非单独只针对某一特定教育阶段的学习，素养可以在幼儿教育、初等教育、前期中等教育、后期中等教育、高等教育、成人教育等不同的教育阶段有不同的课程规划设计与学习要点，第二章第四节核心素养的培养会进一步阐述。

素养可以通过每个教育阶段的课程设计与教学实施，加以培养，这项素养的本质，更呼应本书所指出的：素养如同人体构造要素的DNA组织，不但绵密且环环相扣、结构严谨，可加强教育阶段课程的一贯性，使幼儿园、小学、初中、高中教育阶段的课程前后连贯，也能使中小学九年一贯课程向下扎根到幼儿教育阶段，并向上衔接到后期中等教育阶段，促成K–12年级课程的继续性、顺序性、统整性、衔接性与连贯性。（黄光雄，蔡清田，2015；蔡清田，2008）特别是通过培养“K–12年级基础教育课程纲要”的核心素养，学生能弹性地适应后现代社会各种复杂多变情境的需要。

二、素养具有“类似冰山”本质

素养具有“类似冰山”本质，亦即素养像一座冰山一般，表面看到的外显部分只是整体的一小部分而已，其余许多内隐的潜在属性是不容易被看到的。例如，道德实践与公民意识是一个人经由学习后的内在认知气质与外在表现的情形，是个人与环境交互作用下，经由长期模仿、观察而内化形成的稳定持久的学习结果。可由个人的品格与社会参与的人际互动道德的端倪去推估其道德实践与公民意识。特别是本书第二章核心素养的基本理论所论及的核心素养的理念、特质、培养以及第三章核心素养的课程设计应用探讨的，以核心素养为指引的学校课程发展与设计的架构内涵所论述的核心素养，能展现出中华文化的伦理精神价值与东方哲学思想的色彩，也更强调人性问题与人类文明的精神或内隐层次的价值提升，因而显得更为深邃。（洪裕宏，2008）

同样地，西方学者Spencer & Spencer（1993）也明确地指出，素养是一种个人内隐的潜在特质，素养不仅具有有待进一步探究的性质，而且此种内隐的潜在特质会导致个人在工作和生活情境中产生相关参照标准的效能和杰出的表现。Parry（1998）认为，素养是指个人工作需要的相关知识、态度与技能，这与工作上的绩效表现有关，除了可用来作为评价的标准，亦可经由训练和发展来提升。由此可见，素养是可教、可学的，也具有可测量的性质，虽然不容易直接观察和测量，但可以根据相关理论所建构的严谨研究工具加以探究推测而得知其存在，并可通过适当的测验评价以检验前述研究假设性质的理念。

具备素养可以使人们胜任任何被赋予的行动或应对生活情境的挑战，具备素养是指个体具备足以完成某种行动的内外在状态，包括个体内在内隐的潜在本质，亦包括个体可以有效解决问题或达成任务的外显行动展现。例如，Sawardekar（2002）便强调以工作任务或工作责任为基础的素养，因而强调外显的可见的行动的展现，希望素养是可观察的、清楚且容易理解的、与社会生活相关的、可以被具体陈述的。Delamare–Le Deist & Winterton（2005）亦强调，探讨素养的理念时，若涉及素养的本质与评价时，素养的外显的行动展现就有其不可忽略的重要性。

然而，有趣的是，本质往往难以眼见。个体可能在外显的面貌之下，有着内隐的浪漫情怀或梦幻灵魂，这是一体两面，也说明了素养同时具有内隐的与外显的本质。一个人所具备的素养，就如同是一座冰山，同时包括外显的和内隐的本质。如图1–3所示，素养具有内隐的与外显的“类似冰山”本质，包括常人容易观察到的外显的表象，也包括常人不易观察到的一切潜在内隐内涵。其中，外显的本质往往是比较容易描述而且容易观察到的知识、能力、行动，内隐的本质则是指个人人格中较深层、持久的自我概念、态度和情意、价值、动机等深邃内涵。即使人们从事不同的工作，也可通过这些本质来解释或预测其思考或行动表现。（Spencer &

Spencer，1993）虽然素养的内隐的本质不易直接观察和测量，但是可以根据相关理论所建构的严谨研究工具加以探究推测而得知其存在，通过因果关系预测行动，并利用效标参照加以评价、推测、检核，可以作为行动表现或判断的标准，特别是人们可以通过对行为事件的访谈，来辨识或确认各种内隐的潜伏素养。（McClelland，1998）因此，素养的本质已经从外显的知识、技术能力的表现水平，演变到重视内隐的态度、情意等深层维度，不仅强调外显的行为训练，更强调人类精神等内在层次内隐的内涵提升。特别是本书强调要能展现出东方社会文化的教育色彩，必须重视内隐的人性问题与人类文明精神等内在层次价值的提升。

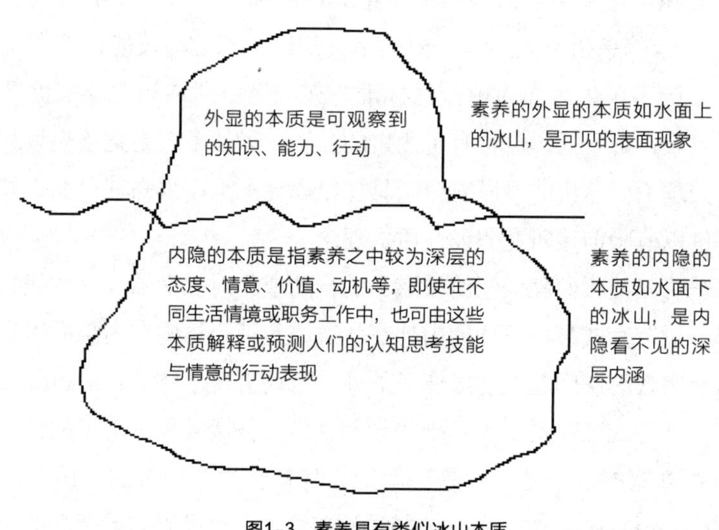

图1-3 素养具有类似冰山本质

总而言之，素养是可以测量的，其表现水平是经过推测而得知的，而且探究推测所得的素养表现水平，可能是一个持续发展的连续体的状态，代表不同教育阶段的每个个体素养相关构成要素的高低水平，也说明了素养不只是可学与可教的，也是可以测量的。素养这种具有有待进一步探究的性质的内隐的与外显的表现水平的“类似冰山”本质，包括三项重点：①素养具有可测量性，可加以评价与评鉴；②素养的表现水平是经过推测而得知的；③素养是一个连续体的状态，代表个体素养相关构成要素的高低水平。更进一步地来说，就素养的内隐的与外显的表现水平而言，素养可以指导各教育阶段与领域/科目的学习重点；就构成关系而言，素养也是各教育阶段与领域/科目的学习重点逐渐累积的最终结果。素养是一种上位的课程设计概念，作为下位概念的领域/科目学习内容，则必须依据教育阶段而规划设计。换言之，素养应具有高层次的课程设计性，但素养的下位概念的领域/科目学习内容则应是可变的，会因时因地而变，因此，未来规划设计素养的相关课程设计与评价工具时，也应因时因地而制宜。

（一）素养具有可测量性，可加以评价与评鉴

素养具有外显的本质，也具有内隐的本质，这两种显性与隐性的本质都具有可测量性，可加以评价与评鉴，可以通过适当的工具转化为具体且可被观察及评价的项目，甚至进而可发展为可评价的指标。换言之，素养具有可测量性，可加以评价与评鉴，亦即素养是可以测量评估的，然而，并非每一项素养均容易以目前的工具或方法测出，对于不易测出的部分，也不见得不属于素养内涵。光凭纸笔测验来评价学生的学习成效，将难以获知学生素养的整体成效，可能需要设计适宜的评价方式，并拟定适宜的评价标准，甚至是在真实问题情境中才有可能评价素养的整体面貌。例如，近年来的“国际成人知能调查”（IALS）、“国际学生评价计划”、“成人知能与生活能力调查”（ALL）等也都是针对人们参与社会所需的重要知识与能力等知能进行调查。特别是“国际学生评价计划”“成人知能与生活能力调查”，这些调查在20世纪90年代早期以最基本的知能为主；到了2000年以后，成人素养调查扩大到包含生活所需的技术能力的各主要层面；2011年进行的“国际成人素养评价计划”的成人素养调查，更将成人知能加以扩展并升级进化、转型为现代公民所需的素养，包括语文素养及数理素养，并加上了在科技环境中的问题解决的素养。

上述国际计划的实施乃与“素养的界定与选择”的专案研究紧密相关。“素养的界定与选择”是经济合作与发展组织整合“国际成人知能调查”和“成人知能与生活能力调查”两种大型国际成人素养调查的研究发现，并适应世界情势变化及成员需求所设计的全新跨国的成人素养调查计划，主要的目的在于检视教育投入如何转换为成人的素养，而成人的素养又如何反映在经济及社会成果上，调查及测量的结果将作为经济合作与发展组织制定教育政策以及协助各成员发展的参考。由上述可见，素养具有可测量性，即可加以评价与评鉴，但是必须要有具体可行的评鉴的方式。有些素养无法于短期之内培养完成及可测量，如团队合作的素养，前述素养

虽然不容易被直接观察和测量，但若在校内实施核心素养的培育工作，应可根据相关理论所建构的严谨研究工具，力求发展每一种核心素养的测量方式及工具，再加以探究推测而得知其存在，更可通过因果关系预测行动，并利用效标参照加以评价、推测、检核，作为行动表现或判断的标准。（陈伯璋，张新仁，蔡清田，等，2007）换言之，就评价观点而言，素养难以被全面具体地评价，因为素养此种复合概念的多种构成要素是无法被直接测量或观察而得知的，但可以通过观察许多真实生活情境之中的个体实作表现行动，而间接地推测教育素养及其构成要素。例如："国际学生评价计划"便已针对阅读、数学、科学等"能互动地使用工具"的素养，进行国际的学生评价，但是，针对涉及跨文化情境因素的"能自律自主地行动""能在异质社群中进行互动"等维度的素养，则考虑到跨文化情境的效度问题，过去并未进行国际的学生评价。

2009年的"国际学生评价计划"评比结果显示，上海15岁青少年在阅读、数学、科学三个项目都以高分在全世界排名第一。此结果公布当天，"上海高分震惊教育界"就登上美国《纽约时报》教育版的头条，美国人将此和1957年苏联发射世界第一枚人造卫星的震撼相提并论。值得注意的是，"国际学生评价计划"可以说明各国比较有科学数字实际证据的学校教育的可能问题，进而可以提出改善学校教育的可能方向，成为制定教育政策并调整中小学教育内容及方法策略，以进行课程改革的参考依据。例如，上海在中小学教育改革中所进行的教材教法的大幅改变，是其素养能全面大幅提升的关键因素。同样地，在"国际学生评价计划"评比成绩中，中国香港的阅读在全世界排名第四，数学与科学则在全世界排名第三，因为中国香港自2003年便开始进行中小学课程改革，将知识取向与教师主导的课程改为素养取向与学生主导的课程。香港中文大学课程与教学系教授刘洁玲指出，这是因为中国香港的课程改革理念和"国际学生评价计划"吻合，尤其是一方面中国香港保留华人对学习的正面态度，重视文学欣赏、背诵习惯，运用考试引导教学，但另一方面也增加了实用性文本练习，以及从不同层次评价学生阅读能力的方法，以合乎"国际学生评价计划"重视素养取向的课改方向。

值得注意的是，1997年经济合作与发展组织的成员所发起的"国际学生评价计划"的目的在于监控、了解15岁青少年学生在义务教育年限结束之前，是否获得了参与社会所需的重要知识与能力，尤其是阅读、数学、科学等学科内容的分析、推理与沟通的学科知能。（OECD，2005）这些评价都是通过纸笔测验进行的，而且其焦点大多集中在“能互动地使用语言、符号与文本”等维度的素养之上，由此显示评价人们参与社会所需的素养方面已有可观的进步。但是，学生的个人成功生活与社会的健全发展所需要的是更为宽广的素养。（Canto-Sperber & Dupuy，2001）因此，在这些努力基础之上，“国际学生评价计划”所定义的阅读、数学、科学等知能的评价，已经针对自身的不足，开始参考采用经济合作与发展组织的“素养的界定与选择”架构，以扩展上述评价的范围，使人们能够长期地进行相关素养领域的评价，探究个人素养相关知识与学习的思考反省、判断的情形，尤其是评价跨学科的素养，或针对学习动机、信念、策略等进行评价，可以协助各国了解其在学习目标方面的进步情形。例如，在“国际学生评价计划”调查中，个人的终身学习能力方面，已经开始重视个人的自主学习与学习动机两个层面的测量。其中，自主学习系指个人能够掌控本身的学习，自主良好的人往往其学习绩效亦较佳；至于学习动机的测量结果显示，大多数15岁的学生对于学校具有隶属感，然而，在有些学生成绩高的国家和地区，却有很多学生觉得在学校并不快乐，而这可能会影响日后的学习。（OECD，2005）

另外，若要对素养有更精确的理解，情境要素就愈显重要，从基本能力评价跨国家和地区的发展经验的比较研究，亦发现此种趋势，特别是在“国际学生评价计划”中，情境是有关阅读、数学与科学的评价的重要成分。如果要针对生活当中实际需要的协同合作的素养进行评价，往往必须在真实情境中通过观察才能进行。Hoffmann（1999）指出若将素养作为重要内涵，则不可忽视工作或任务的情境特殊性。由此可见，情境会影响个体素养的展现，本章下一节素养的模式会再加以详细阐述。

（二）素养的表现水平是经过推测而得知的

经济合作与发展组织为提高各成员在全球知识经济体系中的竞争力，并且能有效地发展人力资本，特别自2007年开始实施“国际成人素养评价计划”，并于2010年前建构完成了调查工具与计算机平台，能够在2011年正式施测以及至2013年完成“国际成人素养评价计划”报告书。“国际成人素养评价计划”主要关注的是成人成功参与21世纪经济与社会所需要的核心素养，这些核心素养与终身学习紧密关联，成人能力评价的范畴则包括科技环境中的问题解决能力、识字能力、数学能力以及阅读能力等。

值得留意的是，素养的表现水平，亦即个体所具有的素养的水平，基本上是经过推测而得知的，是基于行动表现的观察所获得的证据而间接推测得知的。而且人们也可以通过设计许多不同环境、脉络情境之中的评价，以测量得知个体适应该环境、脉络情境所需要的行动表现。本书作者将会在下一节素养的模式进一步加以阐述。但是，此处值得注意的是，究竟需要通过何种证据来推论某种素养的存在呢?如果能在许多不同的情境之中，进行多次的相关行动表现的观察，将可强化素养存在的证据。当然，必须根据构成该素养的认知、技能、情意等行动的先决条件的重要层面而进行对该素养的推测。（Rychen & Salganik，2003）特别是，传统的学校教室考试与大规模的校外考试及联合考试，往往都只重视素养当中的认知要素，而忽略了技能要素与情意要素的层面。因此，也要注意素养的认知层面与非认知层面的评价，这些都是值得进一步探究的。

将素养这种理念看成具有有待进一步探究的性质的内隐的或外显的表现水平的"类似冰山"本质，比较能确实掌握在教育过程中的学习者的复杂且动态的知识、能力与态度、人格的成形，不过，这也增加了评价推测的困难程度。对有关素养的评价，应该要考虑到素养是同时涵盖知识、能力与态度的整体层面，因此，应该同时考虑到对认知与非认知的能力与情意的评价，或是针对高层次的心理复杂性，如批判思考能力、反思统整能力等的评价。

（三）素养是一个连续体的状态，代表个体素养相关构成要素的高低水平

"国际学生评价计划"已经针对其不足，开始参考采用经济合作与发展组织的"素养的界定与选择"的研究架构，使人们能够长期地进行相关素养领域的评价，以便探究个人素养相关知识与学习的反省情形，尤其是评价跨学科的素养，或针对学习动机、信念、策略等进行评价，可以协助各国家和地区了解其在学习目标方面的进步情形。换言之，"素养的界定与选择"研究专案与"国际学生评价计划"是有所联结的，其目的在于提供一个完善的架构以明确界定素养，并且强化国际调查评价15岁青少年与成人的能力素养的水平，提供一个全新的架构，长期地引导对有关素养的评价。而个人的成功生活与功能健全的社会究竟需要哪些素养，乃是其所

关注的重要议题，其强调素养的概念更广于知识与技能，不但涉及了在特别的情境中能够利用社会心理资源以适应复杂需求的素养，还包括了态度。换言之，个人需要具备广泛的素养以面对今日世界的各种复杂挑战，从而能够适应变动、复杂与相互依赖的世界。

当然，要完整地评价学生如何在相应动机驱动下去反省思考地使用知识，是相当不容易的，一开始的起点是，评价学生是否有能力去反省书面文本的深层意义，进而由低层次的知识取得和辨识信息提升到评估与反思。因此，“国际学生评价计划”的阅读评价报告，不只是报告学生是否能定位并解释信息，而且可以使人们了解学生是否能反省并评鉴其所阅读的内容。特别是“国际学生评价计划”的阅读评价报告，将学生的阅读表现分为六种不同的精熟程度水平，一位学生如果只能进行文本当中的信息与日常知识之间的简单连接，则会被归类为该量表上的“第一级”，一位学生如果能批判地评鉴研究假设并处理被认为是对立的概念，则可被归类为量表上的最高级，亦即“第五级”。（OECD，2005）由此可见，素养的相关构成要素是一个连续体的状态，因此个体的素养代表个体某种专长素养的相关构成要素的高低水平。从测验评价的观点而言，可以建构一个由低到高的理论量表，或可采用操作型指标的定义，进而界定其素养表现的明确范畴与具体指标，如可分为低、中、高三等第，或初级、入门、中级、进阶、专家等精熟水平程度，或差、可、中、良、优的五等第的阶梯，以描述个体面对情境时所需的素养的高低水平。因此，个体的素养的表现，可能不是有无的问题，而是程度高低的问题，此外，素养取向的学习系统还需要有一套持续的个人素养表现纪录。

进一步来说，若要超越认知要素的评价，便要针对态度、情意进行评价。“国际学生评价计划”已经开始实施了，其主要是通过另一份的问卷调查表，询问学生的学习态度与动机，这可以提供某些相关的信息，例如：显示学生在学习方面能运用自律自主以控制学习历程的程度，来检核其所学习的内容。而2006年的“国际学生评价计划”的科学评价，除了评价学生的认知能力之外，也同时以问题的形式探讨了学生对于科学议题的相关性与重要性的态度、看法。另外，“成人知能与生活能力调查”也已经开始进行实验，评价学生个人与他人的协同合作能力，并以小组进行团队工作。

对于经济合作与发展组织的“素养的界定与选择”专案研究整体架构的价值，

本书可以提供一个参照点，以获得更为完整的对所有核心素养的评价。这些未来的可能努力方向包括：一方面，要建立所有素养的档案，以反映出事实上每一种素养都不是被单独孤立地使用的，在任何一种情境当中，人们都需要一系列的素养。其中的一个方法是，可以详细建立某位学生的学习成果档案，而不是单独孤立地看个别的素养。另一方面，在测验中，能扩大运用信息与沟通科技，以产生更方便彼此互动的测验工具，并且要多加探讨核心素养对人类社会与经济福祉的贡献。

“国际成人素养评价计划”的成人素养调查测量包括两大部分：一部分是对成人素养的直接测量，所测量的主要素养有语文、数学以及科技环境中的问题解决，其中，科技环境中的问题解决是新增的项目，主要是测量成人公民使用各种类型的信息以解决问题的认知技能。另一部分则是自陈报告式的大规模调查，内容除了背景变项资料、社会经济结果（例如：就业、所得、经济成长率、公民投票率等）之外，最重要的是新增的职场实际所需素养调查。这种从实际需求面进行的调查是“国际成人素养评价计划”与之前调查最大的不同。另外，欧盟执行委员会所提出的《终身学习核心素养：欧洲参考架构》于2006年正式被欧洲议会采用后，成为欧盟成员的实践策略。（The European Association for University Lifelong Learning，2009）然而，对素养的评价远比对知识的评价更为困难，因为素养并非仅是知识与能力的总和而已，素养尚且包含态度，而且态度对于能力的发展具有加乘的效果。因此，如何发展出一套客观可行的素养量表，进而建立素养评估机制，乃成为一项重要的课题。

素养不仅具有可教、可学的研究假设的本质，更具有内隐的与外显的表现水平的可测量性，而且素养的表现水平是经过推测而得知的，素养是一个连续体的状态，代表个体素养相关构成要素的高低水平。此外，素养取向的学习系统需要有一套持续的个人素养表现纪录，以便于长期培育与追踪评价，这与下一节素养的模式有密切关系，作者将进一步说明。

第四节　素养的模式

本节在前节素养的本质基础上，进一步建构了素养的模式。素养的模式，与个体所处的生活情境有着密切关系，包括了个体所处外部生活情境之中的各种社会场域复杂的任务要求，个体内部情境的社会心智及其运作机制的认知、技能以及情意等行动的先决条件，个体展现的行动等素养的构成要素，以及其间的整体复杂关系。素养的模式具有四个重要的构成要素：素养的模式的构成要素之一是个体所处的外部生活情境，特别是指个体必须适应生活情境的各种社会场域的复杂需求；素养的模式的构成要素之二是个体内部情境的社会心智及其运作机制，特别是指个体内部情境的社会心智及其运作机制的认知、技能以及情意等行动的先决条件；素养的模式的构成要素之三是个体的行动，特别是指个体展现的负责任的行动；素养的模式的构成要素之四是整体互动体系，特别是指个体在生活情境任务要求下，展现行动所需的知识、能力、态度的一种整体适应互动体系。这些素养的模式的构成要素，彰显了本书上一节素养的本质所指出的：素养具有可教、可学的研究假设的本质，素养是可教、可学的，也是必须通过后天学习而获得的；同时，素养具有内隐的与外显的表现水平的“类似冰山”本质，这些都是进行核心素养课程设计时不可忽略的重要因素（蔡清田，2017）。

素养是个体的一种适当的或已准备妥当的状态或潜在特征，个体具备某种知识、能力或技能、态度等行动的先决条件，以胜任某种生活环境、脉络情境或职业工作场域的任务要求，有助于个人获得成功的生活与适应功能健全的社会。特别是，素养是个体基于生活环境、脉络情境的需求，激发个体内部情境的社会心智及其运作机制的认知、技能、情意等行动的先决条件，以展现行动，并能成功地适应生活情境的复杂任务要求的一种整体适应行动体系。素养是行动主体与生活环境、脉络情境进行互动过程当中，具有主观能动性的行动实践智慧（Giddens，1984），其中涉及个体内部情境的认知、技能与情意等复杂心智的行动先决条件，人们通过行动反思与学习（Schon，1983），促成个体展现负责任的行动。

就素养在课程改革中的意义及角色而言，本书第一章第一节曾指出素养受到联合国教科文组织、经济合作与发展组织、欧盟等国际组织所进行的跨国研究的重视，它们通过研究进行素养的定义与选择，并据以培育并提升其成员的素养，协助其公民在社会参与、公民生活、国家发展和终身学习上发挥功效。科技日新月异、新形态的经济与社会活动促成生活情境变动不已，而具备素养使个体面对生活情境的实际问题与可能挑战时，能应用知识、能力与态度，采取有效行动，以适应生活情境的复杂需要，达成目的或满足解决问题的需要，具备素养是个人生活必备的条件，也是现代社会公民必备的条件。（蔡清田，2010）

素养被联合国教科文组织、欧盟、经济合作与发展组织等许多国际组织的美国、英国、法国、德国、加拿大、新西兰、澳大利亚、新加坡等许多先进国家和地区，当成课程改革的DNA、优质教育改革的DNA，素养亦即教育基因改造的核心，更是通过课程改革以促进个体发展与社会发展的核心，用以协助个体获得成功的个人生活，进而适应功能健全的社会。（蔡清田，2012）另外，素养可以协助人类适应信息社会及优质社会的各种生活场域的挑战，发挥作用的关键是素养的各项要素所组合而成的模式。特别是可以通过了解个体以及所处的情境脉络与个体所采取的主体行动等要素，阐述个体与其所处的制度、结构之间的动态关系，以探究素养的模式，亦即探讨素养如何协助个体弹性地适应不同环境、脉络情境，使个体调整其行动，以适应不同情境的各种社会领域的需求与任务的挑战。这不仅说明素养的模式，适合各种多元的社会环境、脉络情境的需要，有助于个体成功适应社会情境的需求。同时，这也彰显了素养的模式是一种社会行动的转型模式（蔡清田，2011a），一方面强调社会情境脉络的制度、结构的重要性，另一方面重视个体自律自主的行动与个体的社会参与行动等素养，以增加出现改善社会情境脉络的制度、结构的可能性。

成功是指个体行动与情境互动的结果，与个体所处的生活环境、脉络情境有着密切的整体关系。素养是激发个体内部情境的社会心智及其运作机制的认知、技能以及情意等行动的先决条件，不仅促成个体展现负责任的行动，更能通过互动的历程，以适应外部生活情境的各种多元社会场域的复杂需求，这是个体生活所必须具备的条件，也是现代社会公民的必备条件。这也是一种所谓修正的素养展现模式，而这种修正的素养展现模式，重视较为内隐的素养与运作历程的素养，更重视实质展现的素养，亦即更为重视较为外显的特定技能或能力的素养，特别强调一般日常生活所通用的问题解决能力、批判思考能力、一般日常生活情境所通用的各种社会领域与特定领域的知识、务实积极的自信心、沟通互动及社会参与等行动素养。此外，这也是一种以需求功能取向与整体观点来界定素养的模式，其焦点是个体根据在生活情境之中的各种社会场域所需要适应的选择、决定等行动（蔡清田，2016）。

详言之，素养是个体成功地适应外部生活环境中的各种社会场域的复杂任务的要求，激发个体内部情境的社会心智及其运作机制的认知、技能与情意等行动的先决条件，展现个体行动所需的知识、能力、态度的一种整体适应互动体系，如图1–4素养的模式所示：

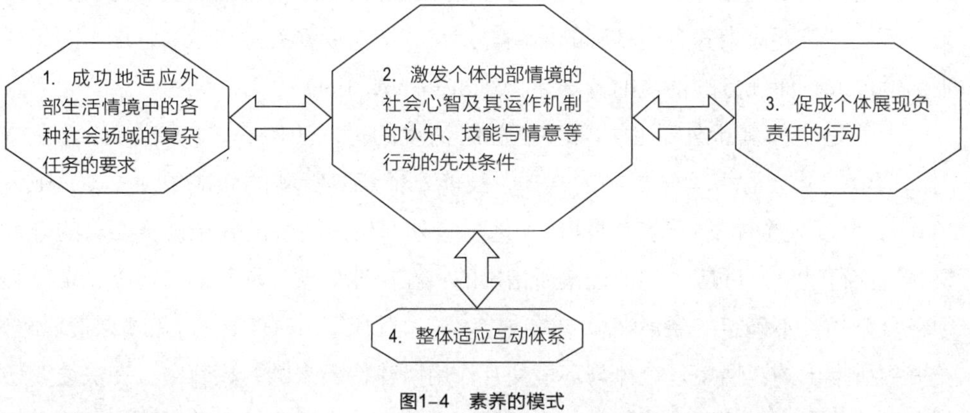

图1–4　素养的模式

这种素养的模式强调对于与素养相关的各项内部与外部因素都尽可能有所关注，并进一步以有机联结方式呈现其整体性样貌，是具有系统性的生态整体论。因此，这种模式呼应了经济合作与发展组织于2009年正式公布的“国际学生评价计划”评价框架，强调能在情境中进行自主行动、社会参与与沟通互动的核心素养的重要性，同时也合乎“中小学课程纲要雏形拟议之前导研究”的“中小学课程纲要系统图像之研究”强调整体与部分、系统与环境之间的辩证或复杂关联性，尽可能地以有机联结方式呈现其整体性样貌，并非单纯强调描述性，而同时具有规范性、

反思性与想象性、期待性等多元特质，符合后现代理论的基本立场。（冯朝霖，范信贤，白亦方，2011）

一、素养的模式的构成要素之一是个体所处的外部生活情境，特别是指个体必须适应生活情境的各种社会场域的复杂需求

素养的模式的构成要素之一是个体所处的外部生活情境，特别是指个体必须适应生活情境的各种社会场域的复杂需求，而且素养能协助个体成功地适应外部生活情境的各种社会场域的复杂需求。其中，情境牵涉个体置身所在环境的人、事、物所构成的生活问题与工作挑战任务（Stoof，Martens，van Mrriënboer，et al., 2002）。Wolf（1989）也指出，若将素养视为能力的展现时，素养虽然可能被视为是一种知识、能力与态度，却难以被直接观察，因为有素养的个体拥有许多内在的知识、能力与态度，但不是每一项知识、能力与态度都能适应问题情境的需要而可以展现出来。因此，若要对素养有更精确的描述与定义，情境要素就愈显重要，更不能忽视生活世界或工作任务的情境的特殊性。（Hoffmann，1999）

素养是个体基于外部生活环境、脉络情境的需求（Keen，1992），激发个体内部情境的社会心智运作机制的认知、技能、情意等行动的先决条件（Weinert，2001），以展现个体的行动，并能成功地适应外部生活情境的复杂任务要求的一种整体适应行动。这呼应了混沌理论所指出的：在快速变迁、混乱的条件下，个体必须在复杂的、不确定的生活情境中做决定。这也呼应了Pinar（1995）在《课程理解》一书中所指出的：情境是个体与环境交互作用所建构出来的；换言之，在快速变迁与发展趋势愈来愈测不准的年代的生活情境中，个体为适应情境的不确定性，必须学习获得知识、能力与态度的素养，方能适应未来混沌复杂的生活情境需求。

从复杂科学的观点而言，生活是一种参与，而参与是一种创造，因为生活不会发生在真空状态中，它总是发生在交互回溯行动与组织的网络中，以及在秩序、混乱、组织、不断学习的持续互动之中。（冯朝霖，范信贤，白亦方，2011）就素养的模式而言，素养不只是消极地适应外部环境刺激的需求，而是个体与所处生活情境的一种有效互动，事实上，素养与生活情境的关系相当密切，例如：“国际学生评价计划”的2006年的科学素养的内涵与评价框架就包括了生活情境、知识、能力

与态度四个彼此相关的框架构成，因为知识、能力、态度与生活情境无法脱离，而学生在生活情境中表现的知识、能力与态度正是其素养的展现。

素养的模式是需求取向的，必须符合个人的生活情境的需要或挑战，也可能和专业的工作职位、社会角色、个人计划有关（Stahl & Wild，2006）；生活情境牵涉个体所处外部环境脉络广大的人、事、物所构成的各种生活问题与工作挑战（Stoof，Martens，van Mrriënboer, et al.，2002），不过各种生活问题与工作挑战所构成的各种多元社会场域任务属性并不相同。

例如：经济合作与发展组织进行“素养的界定与选择”的研究，其所定义的素养强调一个人在特定的情境中，能成功地满足情境中的复杂要求与挑战（Canto-Sperber & Dupuy，2001），以及顺利地执行生活任务，强调个体在复杂的环境中，获得成功的生活或优质的生活的理想结果（Rychen & Salgank，2003）。又如：“国际学生评价计划”之中的素养内涵与评价架构包括了生活情境、知识、能力与态度等彼此相关的框架构成。（林焕祥，刘盛忠，林素微，等，2008）2009年的“国际学生评价计划”更清楚地指出，其旨在测量各国课程中的知识、技能、态度，特别强调素养与生活应用的结合，并指出阅读、数学、科学等素养是在生活应用中最重要的关键素养。“国际成人素养评价计划”所界定的素养为：现代公民所需的为了达成有效的社会参与的各种素养，其素养的适用情境包含了个人家庭、健康、消费、休闲、职场、教育与训练以及社区和公民。而素养能协助个体成功地适应外部生活情境所需要的各种多元社会场域的复杂需求（Canto-Sperber & Dupuy，2001），使个体获得社会兴趣、规范、权力关系、社会互动等为基础的一组社会地位动态组合的社会资本（Bourdieu，1983）。特别是在面对互联网信息流通快速与交流互动频繁的信息社会，素养要适应复杂多变与快速变迁的新时代与后现代社会生活的复杂多元需求。

又如，德国教育与趋势专家莫妮卡与佩特拉（Monika，Petra）便从未来时代所需的全方位素养观点出发，撰写了《8个孩子一定要有的未来能力》一书，他们指出，父母们都很清楚自己的孩子即使在数学、英文、历史、地理、计算机等方面样样都棒，也不足以在明日世界中生存。孩子不只需要有优质的学校教育，还需要具备八项素养，包含：应变能力、沟通协调能力、媒体使用能力、创造力、团队合作能力、冲突处理能力、组织能力、抗压性，以适应未来生活情境的需要。同样地，

2006年，《大专毕业生就业力调查报告》提出三个类别的就业能力：一是有利于就业的工作态度与良好合作能力的工作态度，包括：稳定度及抗压性、团队合作能力、了解并遵守专业伦理及道德；二是职业生涯规划管理与积极学习进取，包括学习意愿及可塑性、职业生涯规划能力、了解产业环境及发展、求职及自我营销能力、创新能力、领导能力；三是具备专业知识，并能运用于工作上，包括表达沟通能力、发现及解决问题的能力、专业知识与技术、基础计算机应用技能、外语能力、能将理论应用到实践的能力。

诚如本书第一章第三节素养的本质所提到的：素养的本质像“变形虫”一样，甚至如同“变形金刚”，能有弹性地适应后现代社会各种复杂多变情境的应用需要。McClelland（1998）更进一步地指出，不同专业需要不同的素养内涵，即使利用对某专业领域的优秀人士进行研究以建立素养的表现标准，也不能代表实践现场的真实表现状况，同时，其所得的素养内容是过去的表现，未必能符合未来该专门行业的需求，如此更可说明素养与情境因素的相互呼应，情境是素养模式中的重要因素。

个体常常需要结合运用不同的素养来达到情境的要求，不同的情境所要求的素养的组合亦有所不同（Keen，1992），这些情境的变异来源可能包括：文化的规范、科技的普及程度、社会和权力关系（陈伯璋，张新仁，蔡清田，等，2007）。因此，若要对素养有更明确的理解，则情境因素就有其重要性。（Wolf，1989）情境的意义在于观察、引导素养的学习与展现，以及通过问题情境的挑战使个体素养的知识、能力、态度转化展现成为具体的行动。（Weinert，2001）不确定性是复杂多变的世界其中的一种结果，对个体具有许多启发。当生活世界愈来愈复杂多变，情境就愈来愈具有不确定性，因此个人与社会都必须通过学习以获得核心素养，并运用工具来装备自己，以便能以有意义而能管理的方式来适应情境的复杂性与不确定性。（Callieri，2001）

素养的模式可以协助个体在特定的情境中，成功地满足外部情境的各种多元社会场域的复杂需求，并能顺利地执行生活或工作任务。（胡志伟，郭建志，程景琳，等，2008）因此，用需求取向或功能取向的论点来定义素养（Rychen & Salganik，2003），可以成功地响应个人或社会的复杂需求，强调广泛及整体的观点，不限于学校教育或职业生涯所需取得的核心素养，前瞻性地探索在未来各种多元社会场域当中，个人应具备哪些核心素养，进而获得社会兴趣、规范、权力关系、社会互动等为基础的一组社会地位动态组合的社会资本，同时获得成功的个人生活及适应功能健全的社会（Canto-Sperber & Dupuy，2001）。

素养的模式，十分重视个体生活所遭遇到生活情境的各种多元社会场域的复杂需求及其所带来的挑战与冲击，这的确需要通过课程理论、评价模式、职业调查、工作分析、生活情境分析提供有价值的信息（Salganik & Stephens，2003），来协助个体与社会面对并适应处理这些需求类别的特质与素养的指标。经由观察学习者所处的生活情境的各种多元社会场域需求以及学习者的行动等，不但可以发展出一套关于素养的理论，并可将此理念付诸实践，以成功地适应科技快速变迁、经济全球化、知识经济的发展。

换言之，这是采用需求取向或功能取向的论点，强调个体在各种多元社会场域的复杂情境中，如何通过自我思考、选择、行动，来获得成功人生或优质生活等理想结果（洪裕宏，2008），以培养社会好公民、世界好公民，让公民生活得更好。另外，从满足个体的前提出发，强调每个社会若能尽可能地达到不同社会成员生活所需的基本门槛，这样的社会场域可以说是相对正义的情境（Sen，1985），也是一种令人喜爱的情境（Rychen & Salganik，2003）。

素养的模式的基本假设是，个体与所处的生活情境之间的关系是辩证的、动态的。（Keen，1992）素养是个体内部情境的社会心智运作机制与置身所处的外部生活环境脉络进行情境互动的产物，因此，仅从单一的个体角度难以有效地解释个体在情境中所采取的行动。个体并不是生活在真空当中，个体的行动是发生在生活环境的政治、工作、健康医疗等社会文化脉络的各种多元社会场域的复杂需求之中，亦即将素养视为是生活环境、脉络情境不能分割的一部分，这种论述也呼应了情境学习理论强调的情境对于学习的重要性与学习活动的真实性的论点。（Lave & Wenger，1990）换言之，人们可以从生活环境脉络的情境中学习获得素养，并且可以在生活环境脉络的各种多元社会场域情境中加以运用，因此，素养与生活情境的关系密切。（Oates，2003）

特别是在多元文化主义社会与后现代主义社会当中，个体必须面对与处理的情境往往是充满差异与矛盾冲突的情境。（Haste，2001）面对复杂情境，个体的反应往往是设法降低问题的难度，并且避免采用艰难的方式，而是采取趋易避难的方法或变通的策略，以适应差异与矛盾冲突的情境。在许多情境之中，这种适应策略并非不实用，而且通常代表着个体能对情境有一个整体性的了解，因而能与所处的生活世界进行互动。个体在面对这个复杂多变的世界所充满的各种不同复杂的需求时，不宜急着去追寻便利又快速的唯一问题解答或非此即彼的单一解决途径，以避免掉入二元对立的绝对极端之中，而是要去学习面对紧张对立的情境，例如：对于自由与均等、独立自主与社会关联、效率与民主、生态与经济、差异与统一、创新与传统等，个体宜将看起来似乎矛盾冲突、对立不一致而彼此不兼容的目标，加以统整成为一个整体的不同维度。举例而言，对于经济成长与生态保护之间的紧张关系，其可能的问题解答是永恒发展的理念，个体亦承认其间的复杂性与动态性以及互动影响，而非将其视为分离而不相关的或彼此对立而相互排斥不兼容的目标。另一个例子是个人与社会的关系，同样地，两者的关系也是如此，个人是独立的个体，但是个体与社会的关系是辩证的、动态的，两者关系是十分紧密、相互依存的（蔡清田，2017）。

二、素养的模式的构成要素之二是个体内部情境的社会心智及其运作机制，特别是指个体内部情境的社会心智及其运作机制的认知、技能以及情意等行动的先决条件

素养的模式的构成要素之二是个体内部情境的社会心智及其运作机制，特别是指个体内部情境的社会心智及其运作机制的认知、技能以及情意等行动的先决条件。而且素养能激发个体内部情境的社会心智运作机制的认知、技能以及情意等行动的先决条件。这种论点合乎人文主义教育学者所强调的，要适应学生学习是知识的获得与组织、心智技能的发展及扩展等，借着有趣的问题，鼓励探究，引导其运用其心智并进行各种学习体验与响应。（Adler，1982，1984）

素养的学习有其不同的广度与深度，就广度而言，素养的内部结构涵盖了广大范围的属性，包括知识、能力、态度等行动的先决条件，已经超越行为主义层次的能力，其内涵比一般的能力较广，也包括认知的技能与非认知的技能与情意。（Weinert，2001）此外，素养也统整了认知的技能或心智慧力，诸如分析或批判技能、做决定的技能、问题解决的技能，以及结合了以认知为依据的个体内部情境的

社会心智运作机制，并激发其动机、情绪与价值（Haste，2001），以促成个体的主体性的展现，有助于激发个体行动的成就动机，提升其工作的质量，并同时强调生活情境的需求与功能。就深度而言，素养涉及个体内部情境的社会心智运作机制的认知、技能以及情意等较高阶的复杂心智，而非低阶的单一认知或技能，以知识、能力与态度为一体，使人们能够整体掌握知识、能力与态度，而能在适当时机响应生活情境的复杂需求的任务行动。

三、素养的模式的构成要素之三是个体的行动，特别是指个体展现的负责任的行动

素养的模式的构成要素之三是个体的行动，特别是指个体展现的负责任的行动。就素养的模式而言，素养能促成展现负责任的行动（Rychen，Salganik，2003），而且个体所展现的言行举止等都是个体内部情境的社会心智运作机制的认知、技能以及情意等行动的先决条件的投射与行动展现，亦即所谓“诚于中而形于外”。这也说明了苏东坡与佛印和尚之间的故事，大意是：佛印内心有佛，所以佛印看到苏东坡像一尊佛；而苏东坡内心有牛粪，所以苏东坡看到佛印像一坨牛粪。

素养的模式更强调其构成要素之三的个体的行动，这是指个体展现负责任的行动，尤其是素养的模式重视素养的行动展现：素养与一般行动的差别在于，其展现的行动能否有效地解决问题或达成任务，以及是否可以使个体素养的知识、能力、态度转化成为具体的行动。（Weinert，2001）这也更进一步地呼应本书第一章第三节素养的本质所提出的素养具有“类似冰山”本质，强调外显的可见的行动展现，希望素养是可观察的、清楚且容易理解的、与社会生活相关的、可以具体陈述的。Delamare-Le Deist&Winterton（2005）便强调，探讨素养的理念时，若涉及素养的内涵与评价，则素养的外显的行动展现就有其不可忽略的重要性。其中，负责任的行动是指，个人有行动力去建构一个优质生活架构的重要基础，并能发现哪些行动价值是重要的，而经由参与社会生活的群体性与个人生活自律自主的个别性进行两者之间的相互调整。（Canto-Sperber & Dupuy，2001）

这是一种修正的素养实际表现模式，不仅重视认知层面与技能层面的运作历程的素养，更重视行动层面的实际表现的素养。（Herling，2000）这种素养实际表现

模式也展现出个体的能动性与责任，需要将个体视为社会生活趋向和变革的行动者，来彰显自己作为行动主体的主观能动性。（冯朝霖，范信贤，白亦方，2011）

行动主体的主观能动性，系指行动主体能够具有自主行动力与所处环境主动互动，包括积极学习与成长。而责任包含三个层面：对于所属社群的义务与职责，关心和关怀与自己相关的人，以及重视个人承诺与价值的自律自主性。综合而言，有素养的个人具有自我效能、能注意到未来发展且进行规划、能对改变进行调适、具有责任感、相信个人的影响力与态度、情意的承诺。（Haste，2001）因此，负责任的行动主体，会根据他们的个人的与社会的目标以及整体生活的观点，去反省检讨并评鉴其在所有的生活层面的行动，并假定其对事物、行动、事件、经验的意义与重要价值有一个整体的理解。此种人类对创造、开展、应用意义、知识、规则与价值等历程的学习与反省，都是为了适应不同环境、脉络情境的许多复杂需求。

从社会建构论的学理而言，素养同时涉及个体对生活情境的事件、客体及问题的界定，以及当时的行动情境，必须对于个体如何在特定的情境中与对象互动以及何以如此做出说明，才能了解日常生活及其社会问题。行动必须依循其所置身的特定情况而定，这些特定的情境正是完成行动所需要的必要条件。（Herling，2000）因此，若要了解行动，必须要了解行动者如何建构出行动的进行过程，而且在此过程中，必须考虑到在行动实际运作之际，行动者所身处的条件，以及所置身的情境。（陈伯璋，张新仁，蔡清田，等，2007）

总而言之，素养强调个体展现的行动，Mansfield（1989）指出，素养包含①能够扮演完成整体工作任务的角色；②能够达成职业工作预期标准的行动；③在真实工作情境中的行动。Winterton & Delamare-Le Deist（2005）指出，由工商职业所强调的观点来看，必须区分达到工作任务需求与具有胜任表现的个人属性。Hoffmann（1999）则强调素养的内涵包括：可观察的行动展现、个人行动展现结果的标准或质量、个人的潜在属性。在与生活情境的互动当中，个体的行动与情境是辩证的关系，是相辅相成、彼此建构的，个体扮演反思的实践者，在反思实践工作情境当中，通过行动反思与学习，个体的行动会受到情境的影响而改变，同样地，个体也会通过主观的能动性而改变其所处的情境。

此一素养的模式所强调的具有素养的个体，是能在多元民主的社会与自由经济社会中运作良好的个体（Carson，2001），其所强调的价值是积极创新应变的企业家精神、承担个人的责任（OECD，2005），个人不仅要具有适应力，更要有创新性、创造力、自律自主、自我激励等知能，以承担家庭父母、伙伴关系、雇主或雇员、公民、学生、消费者等各种多元社会场域之中做出决定与采取行动所应该承担的责任。此一素养的模式所强调的具有素养的个体，不只是遵守别人的教导，更要有成熟的道德与心智，以建构其知识与行动指引，能够具有独立思考的判断能力。在此，所谓负责任的行动，是指个体必须适应来自各方不同的期望，愿意去质疑理所当然的问题（Canto-Sperber & Dupuy，2001），并将社会化的压力化作反省与检讨改进的事项，有时甚至可加以重组。在此，所谓负责任的行动是指，观点的创始者负起应该承担的责任，并根据自己的目标加以修正（Haste，2001），但是，这并没有否认个人仍是社会中的一员，因为个体与社会的关系是一体两面的，个体自我认同的意义仍与个体所处的社群关系十分密切。

更进一步地，此一素养的模式与个体所处的生活情境有着密切的关系，而且个体的素养虽能适应旧情境所需，却不一定能适应新情境的需要。因此，个体必须通过类化过去既有经验的迁移以及调适（Oates，2003），才能成功地适应新环境、脉络情境的复杂需要（Canto-Sperber & Dupuy，2001）。一方面，个体可以通过学习获得素养与类化迁移，以适应生活情境的需要，不过个体原先所具备的素养以及个体面对新情境所需要的素养之间可能存在着差异。另一方面，个体必须通过调适，将原先所具备的能适应旧情境的素养加以调整转化，来适应新情境的需要。此种适应新情境所需的素养的调适，不同于类化旧情境的素养，而这种调适是相当重要的，这种调适的观点也呼应了心理学者皮亚杰（Piaget）主张的个体所具有的素养与新情境之间存在动态辩证历程。在调适的过程当中，个体可以分析新情境的需要，将其原有的知识、能力、态度等素养加以主动反省地运用，再加以调整转化，以适应新环境脉络之所需，并应用到各种不同场域的生活情境中。（Rychen & Salganik，2003）

素养能促成个体的负责任行动，素养也能协助个体采取行动以成功地适应生活情境的各种多元场域的需求，这种论点合乎法国哲学家马里坦（Jacques Maritain）所主张的，教育的目的是引导人发展其进化的主体能动性，经由此一过程，可将自身培养成具有人性的人，即以知识、能力和态度装备起来的人。这种论点与Weinert（2001）所描述的素养的行动模式理论相当一致，显示了个体可以统整认知、技能、情意等行动的先决条件，代表了一种自律自主的复杂控制体系，以促成个体的主体性的行动展现。换言之，素养的模式统合了个体的知识、认知技能、特定内容的策略、动机倾向、个人价值取向、社会行动等，而成为一种复杂的行动体系。

值得特别注意的是，素养是指从事一项任务时所需的认知、技能、情意价值观等行动，行动有其意向意义，行动是指有意义的行为，也是计划行为的实现，而行动的意义是人们通过行动逐步实现计划。（蔡清田，2008）在行动进行之前，个体心中对所要进行的行动具有一个图像，因此，行动是计划的行为，也就是说，这样的行动是有意识的；换言之，行动是有认知的、有技能的、有情意的素养。素养在特定脉络中发展并且拥有意义和目的的价值；素养为连续体，是人们由生手变为专家的过程中所具备的。素养能够适应新的脉络，素养也可与其他素养结合运用，其内涵要比一般的能力更广，为多维度的理念，而且各种素养之间是互相关联的，学习需要脉络性的意义理解，例如：个体往往要先了解自己表达的内容和如何去表达，才能达到有效的沟通。

素养的模式合乎人文主义教育学者强调的：所有学习是主动的而非被动的，必须运用心智而不是记忆而已；换言之，学生是主角，学生学习是发生在有意义的情境脉络之中的，这样才能确保学习者的主动参与以及获得适应现在生活的机会。素养是互相关联影响的，应通过动态的方式来进行运作，以使学习者能获得特定素养内涵。由此可见，核心素养，是在外部情境触动下，牵动个体内部情境的社会心智运作机制的认知、技能以及情意等所发展出来的行动先决条件。（Weinert，2001）总而言之，素养是个体与“情境”进行“合理”而“有效”的沟通、互动所需具备的行动先决“条件”。“情境”意指人、事（包含社会文化道德、组织制度）、物（包含自然环境与科技工具）等人与己、人与人、人与物的各种多元社会场域的生活情境；“合理”则蕴含了态度、情意的道德价值判断；“有效”则意味着素养的水平可以有程度性的差异；“条件”则包含了认知、技能及情意三方面行动的先决条件。

更进一步来看，当素养被界定为个体具有的某种功能时，例如，去做或达到某种状态的潜能，个体就会被视为是行动主体的能动者，例如，个体可以努力避免饥饿，但也有可能会选择断食或绝食。另外，从功能运作的角度来看，功能运作存在着各种不同的可能，会随着每一个人自己想要做的事以及想要的自我实现存有方式的不同而有不同结果。因此，素养即为一种潜在的功能运作，教师可以通过教育培养学生的行动主体的能动性，使其具有未来的教育潜能，促成个体展现行动，而素养不一定是实际已经完成的功能作用。（Sen，1985）

四、素养的模式的构成要素之四是整体互动体系，特别是指个体在生活情境任务的要求下，展现行动所需的知识、能力、态度的一种整体适应互动体系

素养的模式的构成要素之四是整体互动体系，是建立在前述三种构成要素的部分之上的总和。值得注意的是，整体大于部分之和。素养是个体在生活情境任务要求下，展现行动所需的知识、能力、态度的一种整体适应互动体系，而不只是单一的情境，也不是单一的知识、能力或态度，更不是单一的行动。而且各种多元社会场域情境的复杂任务要求、个体内部情境的社会心智及其运作机制的认知、技能、情意等行动先决条件、个体的行动等，都不是独立于个体所处的环境、脉络情境之外的，而是与个体所处的外部环境脉络的各种多元社会场域情境密切相关的，这些都是素养模式的组成要素（蔡清田，2016）。

当代多元社会生活的复杂性、动态性与多维度的问题，通常可用一种整体的途径加以响应，个体处理模糊不清与矛盾冲突的立场与行动本身并不会遇到太大的挑战。真正的挑战是，个体必须在其核心素养当中表现出反省与学习，个体必须有技巧并反省地呈现多元的、动态的、冲突的维度，并且了解可能不只有一个解答问题的方法或解决途径。我们了解世界的复杂图像所需的素养，便是能以具有创造力的适应方式来管理差异与不一致性，避免掉入不成熟的相对主义。（Haste，2001）因此，个体必须学习思考，并采取一种更为统整的方式来行动，并且要经常考虑到表面看似矛盾不兼容的理念、逻辑与立场以及其多维度背后的相互关联与彼此关系。

素养已被国际组织的许多先进国家和地区当成课程改革的DNA，更是促进个体发展与社会发展的核心。就个体而言，素养可以协助个体成功地适应外部生活情境所触动的各种多元社会场域的复杂需求，激发个体内部情境的社会心智运作机制的认知、技能以及情意等行动的先决条件（Weinert，2001），包括认知的与非认知的技能与情意等，以促成个体展现负责任的行动。就环境、脉络情境而言，素养

是经由激发个体内部情境的社会心智及其运作机制的认知、技能、情意等行动的先决条件，包括认知的与非认知的技能与情意等，而使个体能成功地适应外部生活环境、脉络情境之中的各种多元社会场域的复杂任务（Canto-Sperber & Dupuy, 2001），展现行动所需的知识、能力、态度的一种整体适应互动体系。

素养的模式，强调整体与部分、个体与情境之间的辩证或复杂关联性，包括个体所处外部生活环境、脉络情境之中的各种社会场域的复杂任务要求，个体内部情境的社会心智及其运作机制的认知、技能以及情意等行动的先决条件，个体展现的行动等素养的构成要素，以及其间的复杂关系。这种素养的模式具有学术理论的基础，作者稍后将在第二章第一节核心素养的理念与第二节核心素养的理据进一步详细说明。

第二章

核心素养的基本理论

第一节　核心素养的理念

本书第二章核心素养的基本理论，旨在阐明核心素养的理论构念，包括第一节核心素养的理念、第二节核心素养的理据、第三节核心素养的特质、第四节核心素养的培养。本节核心素养的理念，首先阐明核心素养的理论构念，其次定义核心素养，进而论述核心素养的功能。

一、核心素养的理论构念

就核心素养的基本理论而论，核心素养的理论构念，包括核心素养的理念、核心素养的理据、核心素养的特质、核心素养的培养，本书第二章会在第一节核心素养的理念、第二节核心素养的理据、第三节核心素养的特质、第四节核心素养的培养，循序渐进地系统论述核心素养的理论构念。此处先就核心素养的理念而言，本节稍后将论述核心素养是一系列多元维度组合而成的理念（蔡清田，2016），每项核心素养均涵盖知识、能力与态度，不仅可将知识、能力加以升级转型，也可将学科知识、基本能力与核心能力加以升级转型，使核心素养具备促进个人实现与社会发展的多元功能（蔡清田，2012）。本章第二节核心素养的理据会进一步指出核心素养的理论依据。第三节核心素养的特质将讨论核心素养的“三多一高一长”特质。第四节核心素养的培养，将阐述核心素养可通过学校教育阶段的连贯与统整的规划，转化成为幼儿园、小学、初中、高级中等教育的四个关键教育阶段的核心素养（蔡清田，2014），甚至可进一步转化成为各教育阶段的语文、数学、自然科学、科技、社会、艺术、健康与体育、综合活动等学习“领域/科目”核心素养。

首先，就核心素养的理念而言，在第一节素养的理念的基础上，进一步指出核心素养乃是个人参与社会生活所不可或缺且必须具备的基本的、基础的与核心的素养。核心素养意指个人为了健全发展，并发展成为一个健全个体，需适应社会的复杂生活情境需求所不可欠缺而需具备的核心且关键必要的素养，包括使用知识、认知与技能的能力，以及态度、情意、价值与动机等。（蔡清田，2012）核心素养不只包含学科知识、基本能力与态度、情意的统整，更强调以公民作为终身学习者的主体。（蔡清田，2014）如图2-1核心素养的适用范畴所示，核心素养统整了知识、能力、态度，是在学科知识、基本能力、核心能力与关键能力基础之上，加以扩展进化、升级转型成为公民面对当前与未来社会生活世界所需的素养（黄光雄，蔡清田，2015），包含了台湾地区幼儿园及中小学的基本能力、高中职学科的核心能力、社会发展与个人生活与就业所需的关键能力等用词，但又超越其范畴，可弥补上述用词在态度、情意、价值等维度的不足。核心素养可适应社会需求，适用于复杂多变的新经济时代与信息社会的科技网络时代的各种生活场域，可积极地响应生活情境的复杂需求，可同时涵盖学科知识、基本能力与核心能力、态度、情意等，更可弥补过去传统社会与工业社会的基本能力的不足，因此，有必要适应时空改变与社会变迁，培养当代及未来生活所需的核心素养。（蔡清田，2016）

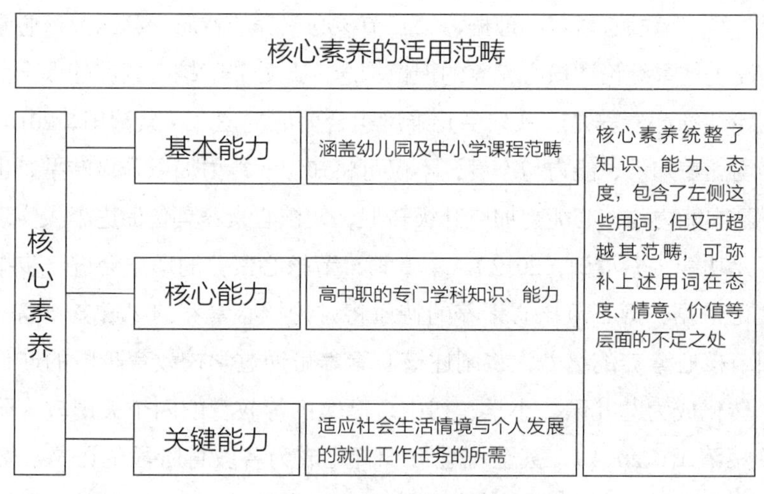

图2-1 核心素养的适用范畴

就核心素养的理念而言，核心素养要合乎关键的、必要的、重要的核心价值，换言之，核心素养的理念可分为三个要点，论述如下：第一，核心素养具有关键的核心价值，不仅有助于个人发展潜能，而且可以产生社会与经济效益，而且超越特定“职业/工作”的工业社会经济框架，进而扩及至终身学习、社会公民责任等各种关键的价值。（OECD，2005）第二，核心素养具有必要的核心价值，必须能够有助于个人将其应用在各种生活情境、社会场域、学校教育类别与学习领域/科目当中。第三，核心素养具有重要的核心价值，不是单独针对专家很重要，而必须是对每一个人都很重要，具有共同的重要性，不只是单独针对特定教育阶段很重要，而是针对每个教育阶段都很重要。如图2–2核心素养的理念所示，核心素养是关键的素养、必要的素养、重要的素养，而且要量少质精，详细分述如下。

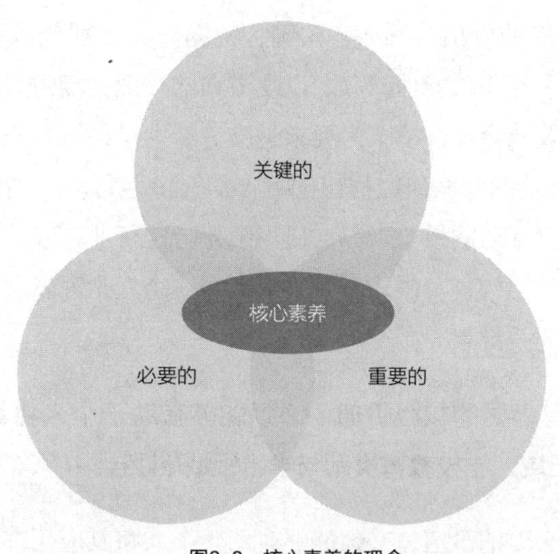

图2–2　核心素养的理念

（一）核心素养具有关键的核心价值，不仅有助于个人发展潜能，而且可以产生社会与经济效益，而且超越特定“职业/工作”的工业社会经济框架，进而扩及至终身学习、社会公民责任等各种关键的价值

核心素养是一种同时有助于个人发展与社会发展的关键素养，就如同是居于核心地位的关键要素的关键核心，也是同时有助于个人发展与社会发展的关键的要素

与关键的核心。核心素养的人力资本的投资，不仅有助于经济发展，更有助于个人的健康、亲子关系、社会福祉、社会与政治参与。（OECD，2001）从强调社会人力资本对个人、经济、社会的关键的核心价值而言，核心素养是关键的素养，必须具有关键的核心价值，不仅有助于个人发展潜能，而且可以产生社会与经济效益，有助于产生对个人与社会关键的价值结果。

过去的教育观念往往是建立在以工业社会的工作需求为主要考虑的关键重点之上的，已经不能适应经济社会变革的要求，不能满足竞争的要求，例如，过去英美等国相当注重“职业/工作”的价值，重视功能性素养的培养，强调实际工作场所的应用性。但是，近年来世界各国关于素养的论述，早已经超越特定“职业/工作”的工业社会经济框架，进而扩及至终身学习、社会公民责任等各种广泛的社会场域、范畴等关键的价值，不只可以产生社会与经济效益，更可产生终身学习与社会公民责任的关键的价值。例如，法国、德国与奥地利等国强调多元维度的素养，兼重具体行动素养和功能性素养，以及潜在的知识、能力与态度，不再以特定“职业/工作”的工业社会经济框架为要求基准。特别是经济合作与发展组织进行的“素养的界定与选择”的专案研究提出的能自律自主地行动、能互动地使用工具、能在异质社群中进行互动的核心素养，已不限于特定行业与职业工作，而是着眼于整个教育体系的共同架构，着眼于个人终身学习、个人生涯发展、社会参与、公民责任等方面所需要的关键素养。

（二）核心素养具有必要的核心价值，必须能够有助于个人将其应用在各种生活情境、社会场域、学校教育类别与学习领域/科目当中

核心素养具有必要的价值，必须能够有助于个人将其应用在各种生活情境、社会场域、学校教育类别与学习领域/科目当中，以适应生活情境的各种社会场域的必要而复杂的需求与挑战，并且可以带来效益。这种必要的特质，也就是身为一个人在作为人及在生活中行动，应有共同生活的原则。（陈伯璋，张新仁，蔡清田，等，2007）

核心素养是个人为了发展成为一个健全个体，必须适应生活情境需求所不可欠缺的必要素养。核心素养是所有社会成员共同必须具备的必要素养，而且是居于最核心地位的必要素养。个人参与许多不同层面的活动，为了运作良好或表现成功，

以承担消费者、学生、雇员或雇主、家人等不同生活领域的角色，都必须具备必要的素养，以适应广大生活情境、社会场域、学校教育类别与学习领域/科目的个人生活的与社会生活的复杂需求。换言之，核心素养具有必要的价值，有助于个人有效地去探索并跨越多种不同生活情境的社会场域边界，如经济层面、政治活动、社会关系、家庭生活、公共与私人人际关系以及健康休闲领域、各种学校教育类别与不同学习领域/科目边界等；这代表核心素养具有必要的价值，核心素养是跨领域的，可以应用在许多不同的生活情境、社会场域、学校教育类别与学习领域之中。（蔡清田，2011b）这呼应了联合国教科文组织先后在《学会发展》与《学习：蕴藏宝藏》两份重要报告书中强调的学习应该贯穿一生，核心素养的学习乃是水平的整合学习与生活，跨越家庭、社区、学习、工作、休闲及其他生活领域的学习历程。特别是，联合国教科文组织教育研究所在2003年所出版的《开发宝藏：愿景与策略2002—2007》一书中提到，为适应社会不断变迁，现代人必须具备“学会求知”“学会做事”“学会共处”“学会自我实现”“学会改变”的终身学习的核心素养，而且为了能充分发展阅读、思考、生活与创造能力，学习已经成为终身的持续历程。

（三）核心素养具有重要的核心价值，不是单独针对专家很重要，而必须是对每一个人都很重要，具有共同的重要性，不只是单独针对特定教育阶段很重要，而是针对每个教育阶段都很重要

核心素养具有重要的核心价值，核心素养必须是对每一个人都非常重要，必须是对每一个人的成功生活都非常重要，换言之，核心素养具有重要的核心价值，不是单独针对专家很重要，而必须是对每一个人都很重要，具有共同的重要性。联合国教科文组织甚至强调具备核心素养是基本人权（UNESCO，2004），对每一个人均有其重要性，而非仅止于对生手或专家很重要，而且应该本着人人平等的原则提供核心素养的学习机会，以协助其能持续发展。这彰显了核心素养有助于个人获得成功的生活与建立功能健全的社会的功能。主管部门应积极促使每一个人皆能够具备与持续发展核心素养，例如，欧盟强调个人在义务教育结束后，应该能够适应社会生活与成人工作生活，并且日后能在生活与职场中持续强化素养，而且主管部门必须承诺与确保为公民提供培育发展核心素养的平等机会，弱势团体则需有较多的教育支持。换言之，主管部门需要创造出适宜公民发展核心素养的机会。核心素养

的获得与发展，乃是每一个人生活必须具备的重要权利，主管部门对此必须有全盘完善的政策规划，促使公民在一生中能够拥有适当的资源与机会，在各种社会与生活领域中持续发展核心素养。

核心素养不是来自先天遗传，而是经过后天学校教育所学习获得的知识、能力与态度（蔡清田，2012），以便人们日后能有效适应社会生活的所需。故核心素养是预期可通过以素养为本的课程，通过以素养为核心的课程，经由学校教育后可习得的素养，将来可有效地使人们获得成功的个人生活，进而建构功能健全的社会。学校教育的正式课程可培育人们所需的核心素养，而且“K–12年级课程纲要”宜将核心素养列为课程目标的重要来源，并将基本能力的范畴扩大为公民所需的核心素养。（蔡清田，2008）核心素养彰显出教育是社会发展的根本基础，而素养是教育的具体展现，可促成公民在知识、能力、态度上的统整，对个人发展的积极人生及社会发展的健全功能影响深远（蔡清田，2012），而且课程的教材与教法，不只是改变心智的工具，更是提升素养的重要媒介。因此，以核心素养为本的课程设计，可提升核心素养，有助于个人发展的自我精进与社会发展的凝聚团结，受到联合国教科文组织、经济合作与发展组织及欧盟等国际组织的高度重视，上述国际组织成员莫不努力通过优质教育培养优质核心素养，建设优质国家和地区（蔡清田，2017）。

特别是核心素养的课程改革，是个体发展与社会发展的关键，更是培育能自我实现与社会健全发展的高素质公民与世界公民的重要基础（蔡清田，2012），更是当前联合国教科文组织、经济合作与发展组织及欧盟等国际组织与先进国家和地区所强调的教育改革重点。尤其是联合国倡导的《人权宣言》便说明了联合国对发展成员的教育和公民素养的决心，联合国教科文组织更强调具备素养是公民的基本人权。从对“国际学生评价计划”“科学、技术、工程、数学”（Science，Technology，Engineering and Mathematics，简称STEM）等大型的学力评价的比较可以发现，测验分数较高的都是欧美与亚洲先进国家和地区，因此特定智力发展可通过改变环境来提升公民素养。而第一个改变的重点是教育年限必须延长，因为每增加一年的正规教育，公民的智商就提高2.7%；第二个改变的重点是让学生提早入学；第三个改变的重点是课程必须创设学以致用的情境；第四个改变的重点是要打破封闭的状态，尽力吸收多元文化的观点。可见，通过延长教育培养公民素养，以提升中小学教育质量、成就每一个小孩，具有教育发展的重要性。（蔡清田，2012）然而，过去台湾地区的教育由于“升学主义挂帅”，强调学科知识，过度重视智育，导致教育标榜“德、智、体、群、美”的“五育并重”沦为“语、英、数、自、社”的“五育‘病’重”。中小学九年一贯课程改革强调可以带得走的能力，而不是背不动的书包，但是学校师生仍疲于奔命地应付升学考试，未能有效统整所学的知识、能力与态度，公民缺乏素养的习得与展现，引发学者关注并一针见血地指出，台湾公民接受各级学校教育后，似乎并未具备现代公民所需的核心素养，可见，核心素养似乎是台湾地区教育的“悬缺课程”。（黄光雄，蔡清田，2015）因此，本书稍后将进一步厘清核心素养的理据、特质、培养等理论构念，以作为核心素养的课程设计应用的依据。

二、核心素养的定义

本节进一步从概念重建的鉴界途径，探讨核心素养的理念，界定核心素养，并厘清其与基本能力的关系。本书所定义的核心素养是指个人为了健全发展，并发展成为一个健全个体，必须适应社会的复杂生活情境需求所不可欠缺的知识、能力、态度。（蔡清田，2011a）核心素养不只包含学科知识、基本能力与态度、情意的统整，更强调以公民作为终身学习者的主体（蔡清田，2016），是在学科知识、基本能力与核心能力等基础之上，加以扩展进化、升级转型成为公民面对当前与未来社会生活世界所需的素养，且各教育阶段的核心素养可与各领域/科目的学科知识、基本能力、核心能力及态度、情意价值进行统整，有助于培养终身学习者的健全公民。

特别是，核心素养是核心的素养，是经过社会贤达精心挑选出的适应当前与未来社会生活所需的素养。可通过课程设计将学科知识、基本能力与核心能力加以扩展、升级转型并统整成为精密组织的螺旋结构，成为可教学、可学习、可评价的核心素养，合乎课程设计的继续性、顺序性、统整性，可促成各学习领域/科目课程设计的衔接性与连贯性，进而建构各教育阶段课程的连贯体系，促进各教育阶段课程衔接，提升教师的课程设计与教学实施效能并提升学生学习效能，达成教育功能，促进个人发展与社会发展，因此核心素养被誉为课程发展与设计的关键

DNA。（蔡清田，2016）上述有关核心素养的理念，合乎选择核心素养的关键的、必要的、重要的核心价值（蔡清田，2012），也呼应核心素养具有个人发展与社会发展的双重功能，可作为教育目标的重要来源，具有课程改革的深远内涵。若核心素养被翻译为基本能力或核心能力，较容易被狭隘地误解为技能，不能完整表示包含知识、技能、态度、价值观等的较为广泛的内涵，且无法与其他国家和地区的学者的定义一致。因此，如表2–1核心素养与基本能力的比较所示，可从理念定义、实例内涵、先天/后天、适用社会、理论依据、教育功能进一步澄清核心素养与基本能力的异同。（蔡清田，2014）

第一，就理念定义而言，素养必须经过选择以精心挑选出核心而关键必要的核心素养，以作为课程设计的核心。每一个人终其一生一定需要许多的素养，如学会听、说、读、写等语文沟通、解决问题等日常生活所需的素养，以适应一般大众社会生活的所需，而且这些所有社会成员都应该具备的共同素养，是可以再区分为比较关键的、必要的、重要的且居于最核心地位的核心素养，以及由核心素养所延伸出来的其他相关周边外围素养，这些关键的、必要的、重要的而且被认为是最根本、不能被取代的关键少数且居于最核心地位的素养叫作核心素养。（蔡清田，2012）

联合国教科文组织、经济合作与发展组织、欧盟等国际组织以及西方各国学者倡导的“core competencies”相当接近中国台湾学者所研究的核心素养的理念。核心素养是“核心的”素养，是从一般社会生活所需的素养当中选择出来的一些关键少数而重要的素养，可作为核心学习领域/科目的重要内容，可成为学生学习所必修的关键内容，这种核心素养是每个学生都必须学习获得的重要内容，也是所有学生所要共同学习的核心内容。相对地，外围的素养则是不同的学习对象所需要具备的素养，异于所有学生所需的核心素养，外围的素养不像核心素养那样相对稳定，外围的素养会随着学生对象、学习领域/科目、学习环境、年代的变迁等不同条件情境的改变而有差异。

第二，就实例内涵而言，台湾地区于2014年实施的十二年基本教育，是在中小学九年一贯课程强调培养学生的基本能力基础上，将基本能力加以升级、进化转型为适应未来生活所需学习获得的核心素养，可兼重促进个人发展与促进社会发展的双重功能，不只可提升公民素养及个人竞争力，协助个人获得成功的个人生活，更

表2-1 核心素养与基本能力的比较

名称	理念定义	实例内涵	先天/后天	适用社会	理论依据	教育功能
核心素养	核心素养，定义较精确而周延，核心素养是个人参与社会生活所不可或缺、必须具备的素养，是个体为了发展成为一个健全的个体，必须适应未来混沌复杂的社会生活情境需求，所不可欠缺的知识、能力与态度	自主行动: ①身心素质与自我精进、 ②系统思考与解决问题、 ③规划执行与创新应变 沟通互动: ④符号运用与沟通表达、 ⑤科技信息与媒体素养、 ⑥艺术涵养与美感素养 社会参与: ⑦道德实践与公民意识、 ⑧人际关系与团队合作、 ⑨多元文化与国际理解	核心素养强调教育价值功能，素养是学习的结果，并非先天遗传，是后天努力学习而获得的，合乎认知、技能、情意的教育目标	核心素养适用于复杂多变的新经济时代与信息社会的科技网络时代的各种生活场域，可积极地响应生活情境下的复杂需求，特别是适应当前后现代社会复杂生活所需的知识、能力与态度	核心素养已超越行为主义的能力，具有哲学、人类学、心理学、经济学、社会学等不同学科的理论根据	核心素养兼重促进个人发展与社会发展的双重功能，特别是强调为了发展成为一个健全个体，必须适应未来混沌复杂的社会情境与优质生活的需求
基本能力	基本能力，定义比较松散含糊不精确，基本能力是指个人具有能够胜任某项任务的才能的实际能力与潜在能力，可能未涉及态度、情意价值，且不一定与社会有密切关系	①了解自我与发展潜能， ②欣赏、表现与创新， ③生涯规划与终身学习， ④表达、沟通与分享， ⑤尊重、关怀与团队合作， ⑥文化学习与国际了解， ⑦规划、组织与实践， ⑧运用科技与信息， ⑨主动探索与研究， ⑩独立思考与解决问题	基本能力的形成是经由先天遗传与后天努力学习获得的	基本能力偏向于过去美国、澳大利亚、新西兰等的传统工商社会所强调的技术能力、技能、职能等用语，目前这些国家和地区也都适应了信息社会提出的新时代公民所需的核心素养	基本能力偏向个人工作谋生，偏向个人主义的功利导向，易陷入能力本位行为主义的争议	基本能力强调促进个人发展所需具备的能力，较重视个人能力，以满足个人的基本生活的需要，解决基本生活及工作场域的问题

可建构功能健全的社会。其主要原因是核心素养的理念较为精确而周延，核心素养不只重视学科知识，也重视基本能力和核心能力，更强调态度、情意价值的重要性，是个人参与社会生活所不可或缺且必须具备的素养，是个体为了发展成为一个健全的个体，必须适应未来混沌复杂的生活情境需求所不可欠缺的知识、能力与态度。基本能力的定义比较松散含糊不精确，基本能力是指个人具有能够胜任某项任务的才能的实际能力与潜在能力，可能未涉及态度、情意价值。例如：一个人即便有基本能力撰写书信，但如果没有正当态度而去撰写不实黑函，这不是基本能力不足，而是态度不对，不配称为具备核心素养。

一方面，核心素养可以彰显素养的核心地位；另一方面，核心素养并可涵盖基本素养、核心能力、基本能力、关键能力等范畴。由于《中小学九年一贯课程纲要》有去理论化与教师丧失教学技能之虞，基本能力易陷入能力本位行为主义的争议。而且检视基本能力的用词与内涵可知，十大基本能力的部分项目牵涉实质学习内容，如科技、信息、文化；部分项目涉及一般心智运作，如沟通、表达、规划、组织；部分项目则彼此相互关联，如思考、探索、研究、解决问题；部分项目则包含能力与态度，而非单指能力，如了解自我、团队合作、终身学习、尊重关怀；有些项目则同时涉及各种复杂能力，如欣赏、表现、创新、实践，而且应用科技和信息的能力应是其他能力的基础而非单独存在的能力，甚至有些基本能力是重叠的，如生涯规划和规划、组织与实践的规划重叠，主动探索与研究和独立思考与解决问题两种能力颇为相似。而且《中小学九年一贯课程纲要》中的十大基本能力，似乎忽略身心健康、体育运动休闲与环境生态教育的重要维度，其周延性有待商榷，而核心素养则可涵盖基本能力并弥补其不足的范畴。

如表2–2“三面九项核心素养”与“十大基本能力”的内涵比较所示（蔡清田，陈延兴，2013），核心素养的实例内涵包括自主行动的身心素质与自我精进、系统思考与解决问题、规划执行与创新应变，沟通互动的符号运用与沟通表达、科技信息与媒体素养、艺术涵养与美感素养，社会参与的道德实践与公民意识、人际关系与团队合作、多元文化与国际理解的内涵主旨。核心素养可涵盖中小学十大基本能力：①了解自我与发展潜能，②欣赏、表现与创新，③生涯规划与终身学习，④表达、沟通与分享，⑤尊重、关怀与团队合作，⑥文化学习与国际了解，⑦规划、组织与实践，⑧运用科技与信息，⑨主动探索与研究，⑩独立思考与

表2-2　“三面九项核心素养”与“十大基本能力”的内涵比较

三面九项核心素养的实例内涵			十大基本能力的实例内涵
A 自主行动	A1 身心素质与自我精进	具备身心健全发展的素质，拥有适宜的人性观与自我观，同时通过选择、分析与运用新知，有效规划生涯发展，探寻生命意义，并不断自我精进，追求至善	1. 了解自我与发展潜能（充分了解自己的身体、能力、情绪、需求与个性，爱护自我，养成自省自律的习惯、乐观进取的态度及良好的品德；并能表现个人特质，积极开发自己的潜能，形成正确的价值观） 3. 生涯规划与终身学习（积极运用社会资源与个人潜能，使其适性发展，建立人生方向，并适应社会与环境变迁，培养终身学习的能力）
	A2 系统思考与解决问题	具备问题理解、思辨分析、推理批判的系统思考与元思考素养，并能行动与反思，以有效处理及解决生活、生命问题	9. 主动探索与研究（激发好奇心及观察力，主动探索和发现问题，并积极运用所学的知能于生活中） 10. 独立思考与解决问题（养成独立思考及反省的能力与习惯，有系统地分析问题，并能有效解决问题和冲突）
	A3 规划执行与创新应变	具备规划及执行计划的能力，并试探与发展多元专业知能，充实生活经验，发挥创新精神，以适应社会变迁，增进个人的弹性适应力	2. 欣赏、表现与创新（培养感受、想象、鉴赏、审美、表现与创造的能力，具有积极创新的精神，表现自我特质，提升日常生活的质量） 3. 生涯规划与终身学习（积极运用社会资源与个人潜能，使其适性发展，建立人生方向，并适应社会与环境变迁，培养终身学习的能力） 7. 规划、组织与实践（具备规划、组织的能力，且能在日常生活中实践，增强手脑并用、群策群力的做事方法，与积极服务社会）
B 沟通互动	B1 符号运用与沟通表达	能够使用语言、文字、数理、肢体及艺术等各种符号进行表达、沟通及互动，并能了解与同理他人，将此应用在日常生活及工作上	4. 表达、沟通与分享［有效利用各种符号（如语言、文字、声音、动作、图像或艺术等）和工具（如各种媒体、科技等），表达个人的思想或观念、情感，善于倾听、与他人沟通，并能与他人分享不同的见解或信息］
	B2 科技信息与媒体素养	具备善用科技、信息与各类媒体的能力，培养相关伦理及媒体识读的素养，能够分析、思辨、批判人与科技、信息及媒体的关系	8. 运用科技与信息（正确、安全和有效地利用科技，搜集、分析、整合与运用信息，提升学习效率与生活质量）
	B3 艺术涵养与美感素养	具备艺术感知、创作与鉴赏能力，体会艺术文化之美，通过生活美学的省思，丰富美感体验，培养对美、善的人和事物进行赏析、建构与分享的态度与能力	2. 欣赏、表现与创新（培养感受、想象、鉴赏、审美、表现与创造的能力，具有积极创新的精神，表现自我特质，提升日常生活的质量）

续表

三面九项核心素养的实例内涵			十大基本能力的实例内涵
C 社会参与	C1 道德实践与公民意识	具备道德实践的素养，从个人小我到社会公民，循序渐进，养成社会责任感及公民意识，主动关注公共议题并积极参与社会活动，关怀自然生态与人类永续发展，展现知善、乐善与行善的品德	5. 尊重、关怀与团队合作（具有民主素养，包容不同意见，平等对待他人与各族群；尊重生命，积极主动关怀社会、环境与自然，并遵守法制与团体规范，发挥团队合作的精神）
	C2 人际关系与团队合作	具备友善的人际情怀及与他人建立良好的互动关系，并发展与人沟通协调、包容异己、社会参与及服务等团队合作的素养	4. 表达、沟通与分享［有效利用各种符号（如语言、文字、声音、动作、图像或艺术等）和工具（如各种媒体、科技等），表达个人的思想或观念、情感，善于倾听、与他人沟通，并能与他人分享不同的见解或信息］ 5. 尊重、关怀与团队合作（具有民主素养，包容不同意见，平等对待他人与各族群；尊重生命，积极主动关怀社会、环境与自然，并遵守法制与团体规范，发挥团队合作的精神）
	C3 多元文化与国际理解	具备自我文化认同的信念，并尊重与欣赏多元文化，积极关心全球议题及国际情势，并能顺应时代脉动与社会需要，发展国际理解、多元文化价值观与世界和平的胸怀	6. 文化学习与国际了解（认识并尊重不同族群文化，了解与欣赏本地区及世界各地的历史文化，并体会认同世界为一整体的地球村，培养相互依赖、互信互助的世界观）

解决问题。可见核心素养涵括了台湾通称的基本能力，不只重视知识，也重视基本能力，更强调态度、情意的重要性，可超越过去传统的学科知识、基本能力、核心能力，更可纠正过去重学科知识、基本能力、核心能力而忽略态度价值的偏失。（陈伯璋，张新仁，蔡清田，等，2007）

第三，就教育的主体性而言，核心素养的表述可彰显学习者的主体性，而非只是针对某个特定的学习领域/科目而已，更重要的是强调不以学科知识作为学习的唯一范畴，而是关照学习者可通过“做中学”“知行合一”与“学以致用”，把核心素养统整运用于生活情境之中，强调其在动态发展的社会生活情境中能实践力行的特质。而且就先天遗传与后天学习而言，核心素养强调教育的价值功能，素养是通过教育引导的学习结果，并非先天遗传的能力，核心素养是后天努力学习而获得的知识、能力、价值态度，合乎认知、技能、情意的教育目标，重视教育过程与结果。相对地，基本能力比较强调个人基本生活所需的能力，且基本能力的形成可能是经由先天遗传，不一定都是经过学校教育的后天努力学习获得的，未能充分彰显后天的学校教育价值功能。站在社会发展与人力资源的教育工作立场而言，应该通过各教育阶段的实施，强调核心素养的后天学习而非强调先天遗传的基本能力，通过教育规划引导学生学习，以培养公民的核心素养（蔡清田，2017）。

第四，就适用社会而言，核心素养是指统整的知识、能力及态度的素养，能积极地响应个人及社会的生活需求，使个人得以过着成功与负责任的社会生活，面对现在与未来的生活挑战。核心素养承续过去课程纲要的学科知识、基本能力与核心能力等，但涵盖更宽广和丰富的教育内涵。（蔡清田，陈延兴，2013）特别是核心素养的内涵，统整了知识、能力、态度，包含了初中、小学的基本能力、高中学科的核心能力、社会发展和个人生活与就业所需的关键能力等用词，但又超越其范畴，可弥补上述用词在态度、情意价值等维度的不足。核心素养可适应社会需求，适用于复杂多变的新经济时代与信息社会的科技网络时代的各种生活场域，特别是适应当前后现代社会复杂生活所需的语文素养、科学素养、信息素养、媒体素养、民主素养、多元文化素养、环境生态素养、自主行动、沟通互动、社会参与等，可同时涵盖学科知识、基本能力与核心能力、态度、情意等，更可弥补过去传统社会与工业社会的基本能力的不足，因此，有必要适应时空改变与社会变迁，培养当代及未来生活所需的核心素养。而基本能力则偏向于过去美国、澳大利亚、新西兰等的传统工商社会所强调的技术能力、技能、职能等用语，这些国家和地区也都适应了信息社会提出的新时代公民所需的核心素养。

第五，就理论依据而言，核心素养具有哲学、人类学、心理学、经济学、社会学等不同的理论根据，并可进一步深入探讨联合国教科文组织、经济合作与发展组织及欧盟等国际组织所进行的研究，进而探讨核心素养的相关研究与课程改革，作为建构核心素养的理据。而基本能力往往较偏向个人工作谋生，偏向个人主义的功利导向，易陷入能力本位行为主义的争议。核心素养乃是一系列多元维度组合的综合整体，每项核心素养均涵盖知识、能力与态度维度，核心素养同时具备促进个人实现与社会发展的多元功能，核心素养具有跨越各种社会场域与学习领域的广度，核心素养牵涉反省思考的高阶心智及复杂行动学习的高阶复杂的深度，核心素养必须通过不同阶段的长期培育来获得。

第六，就教育功能而言，核心素养兼重促进个人发展与促进社会发展的双重功能，强调为了发展成为一个健全个体，必须适应未来混沌复杂的社会情境与优质生活的需求。基本能力强调促进个人发展所需具备的能力，较重视个人能力，强调满足个人的基本生活的需要的能力，解决基本生活及工作场域的问题，甚至流于个人主义，往往未能考虑社会需求，也未能全面顾及社会功能，如个人运用沟通能力却花言巧语进行诈骗，违反了社会文化价值。这不同于核心素养兼重促进个人发展与促进社会发展的双重功能，核心素养可协助个人获得积极的个人生活，进而建构功能健全的社会，合乎当代与未来社会发展的需要。（蔡清田，2012）

核心素养可以顺应当前联合国教科文组织等国际组织所倡导教育改革的国际潮流与课程改革的世界脉动，更可和经济合作与发展组织所进行的“素养的界定与选择”“国际学生评价计划”“国际成人素养评价计划”等研究接轨，呼应欧盟将核心素养所应达到的学科知识、基本能力与态度、情意维度水平加以具体陈述（蔡清田，2016），可进一步地引导学生从学习获得带得走的基本能力，并升级进化、转型为可适应未来生活所需的核心素养。

核心素养是预期学生经过学习之后所必须具备的素养，核心素养系指共同性的素养，具备多种功能，可以达成不同目标，可学习迁移并运用到许多不同社会情境与学习领域，并能有助于个人达成适应未来个人生活与社会情境的复杂要求。核心素养可作为课程目标的重要来源，人们据此进行课程规划、设计、实施与评价，这说明课程改革似可促成教育基因改造，核心素养是课程改革的DNA，更是课程发展与设计的关键DNA。另外，这也呼应了各国际组织所指出的核心素养的重要性，尤其是当前新经济时代与信息社会的科技网络时代生活所需的自主行动、沟通互动、社会参与等素养，可弥补过去传统社会与工业社会的能力的不足，学生更可在幼儿教育阶段、初等教育阶段、前期中等教育阶段、后期中等教育阶段四个关键教育阶段跨越各个领域/科目课程进行学习。核心素养不仅是关键的、必要的、重要的素养，更是公民应共同具备的，具备促进个人发展与促进社会发展的双重功能（蔡清田，2012），可满足优质的个人生活需求，使人们获得成功的个人生活（蔡清田，2014），更可以使人们达成优质社会发展愿景的经济繁荣、政治民主、社会团结、尊重人权、机会均等、生态永续，以建构功能健全的社会（Rychen & Salganik，2003）。本书下一节将在此基础之上进一步论述核心素养的理据。

第二节　核心素养的理据

本节核心素养的理据，是在上一节核心素养的理念的基础上，探讨核心素养的哲学、心理学、社会学、经济学及人类学等学术理论，并探讨联合国教科文组织、经济合作与发展组织及欧盟的研究。

一、核心素养的五种学术理论

核心素养是一种有理论依据的理念，例如，经济合作与发展组织推动的“素养的界定与选择”研究，分别就哲学、人类学、心理学、经济学、社会学等进行学术理论探讨；同样地，洪裕宏（2008）也从哲学、心理学、社会与历史、教育、科学、文化与艺术等维度进行“界定与选择核心素养：概念参考架构与理论基础研究”（简称台湾DeSeCo），通过多门学科原理建立核心素养的理据（蔡清田，2014）。

（一）核心素养的哲学理论

哲学是一门探讨思辨与反思的“喜爱智慧之学”，有助于个人探索生命实践智能的知识、能力与态度、情意的统整。哲学思辨的方法可以协助个体了解自我观念，以及其生活世界中的人、事、物所交织而成的社会情境脉络，以满足生活中的问题需求与适应未来的挑战。（Rychen & Salganik，2003）例如，法国哲学家埃德加·莫兰（Edgar Morin）通过复杂科学/系统思考的复合思维，重视“整体论”/“全像理论”（Hologram），为了全球永续发展愿景，提出了《未来教育的七项复杂功课》，强调七项核心素养：①学习甄别错误与甄别妄想，②学习真正的知识，③学习了解人类情境，④学习地球认同，⑤学习面对不确定性，⑥学习相互理解，⑦学

习为全人类负责的伦理，以培养地球公民素养与共生智慧。（冯朝霖，范信贤，白亦方，2011）

核心素养与哲学信念有着密切的关联：一是核心素养可以协助人类获得优质生活；二是核心素养可以协助人类面对当前社会及未来优质社会的挑战。哲学理论相当合乎未来学的学理趋势，因为教育研究会面临时代变迁的影响，就哲学观点而言，在定义优质生活是什么的同时，也必须理解个体需具备何种核心素养，以经营优质生活。其中，优质生活有赖个体能够达成价值性目标与分享期望、慎思、做决定及行动。（Canto-Sperber & Dupuy，2001）法国哲学家Monique Canto-Sperber&Jean-Pierre Dupuy（2001）便指出，个体不仅具有相似的社会需求与素养，也具有相似的心理能力，能从过去经验中获得学习并且规划未来。他们指出了优质生活的主要价值，并建立了一套与主流的道德理论具有一致性的优质社会价值系统，可以用来定义何为优质生活：①自我实现的成就，优质建构于人类对日常生活的评价之上，这种自我实现的成就评价的价值有别于一般成就。②人类存在的要素，选择个人自己的生活方式，并拥有正常的人类生活。每个人终身的课题就是努力获得安身立命的成功的个人生活，这些要素包括：独立自主、自由以及人文特质。③理解，要过优质生活，最重要的就是理解自己以及自己置身所处的外在世界，进而评价真实生活，可免于无知与错误。④享受欢乐，人类重视享受欢乐与优美的事物，并且对日常生活感到满意。⑤深层的人际关系，有别于享乐与外在利益的价值。另外，核心素养可以协助人类面对当前社会及未来优质社会的挑战，此种哲学理据指出，自我实现的成就、人类存在的要素、理解、享受欢乐、深层的人际关系作为优质生活的主要价值系统，可用来定义优质生活所需的核心素养，分述如下。

①弹性适应复杂事物的素养：系指无论数学素养、科学素养、语文素养或各种生活事物均有错综复杂的维度，可从哲学观强调“知道之道”（know how），学习如何弹性理解概念与处理事物的素养。

②感知的素养：系指对于日常生活情境脉络具有敏察度的实践智慧。

③规范的素养：系指一种能够做出正确判断且具有自我反省批判的素养。

④团队合作的素养：指一种秉持利他主义精神与他人协同合作，并且重视人我之间的信任感与同理心。

⑤叙说的素养：需要明了生活中有价值的事物为何，能够认识自己、进行自我

诠释以及社会沟通，进而做出深思熟虑之后的决定。

（二）核心素养的心理学理论

核心素养建立在当代社会生活所需的个体内部情境的社会心智运作机制的认知、技能、情意等行动的先决条件之上，通过个体对生活的反省与学习，可以促进个体与环境的交互作用，有助于个体获得优质生活，亦即获得成功的生活与适应功能健全的社会。核心素养是经由激发个体内部情境的社会心智运作机制的认知、技能、情意等内在结构的行动先决条件，以成功地适应外部生活环境、脉络情境之中的各种多元社会场域的复杂任务以及其所要求的知识、能力、态度的一种整体适应互动体系。（Rychen & Salganik，2003）这种论点合乎人本主义学者强调的必须要适应学生学习是知识的获得与组织、心智技能的发展及扩展理解，借着有趣的问题，鼓励探究、引导学生运用心智并进行各种学习体验。核心素养的内部结构涵盖了广大范围的属性，包含知识、能力、态度等行动的先决条件，已经超越行为主义层次的能力，其内涵比一般的能力更广，包括认知的技能或心智慧力与非认知的技能与情意。（蔡清田，2012）

心理学者Haste（2001）指出了以下五项核心素养。

①科技素养：不仅是针对科技信息、沟通传播或修理日常生活器具，而且是从解决问题的角度，运用元素养的理念，适应新科技发展所造成的个人与世界互动的改变。

②处理不确定性与多样性：处在多元文化与后现代主义的多元差异情境中，涵养容忍、正义与考虑他人的美德。

③找出并维持社群的联结：面对瞬息万变的社会，兼顾面对面社群与虚拟社区的理念，像科尔伯格（L. Kohlberg）所主张的“正义社群”，强调以民主理念营造道德氛围。

④管理动机、情绪与欲求：通过多元方式思考与情绪相关的理念。

⑤自律自主的行动力与责任：自律自主的行动力系指行动主体能与所处环境主动互动，积极学习与成长；而责任包含三个维度——对于所属社群的义务与职责、关心与关怀与自己相关的人以及重视个人承诺与价值的自律自主。

在多元文化与后现代主义的社会当中，个体必须面对的情境往往充满差异与矛盾冲突。因此，个体必须具备核心素养，设法减轻情境的复杂程度，并采取变通的策略，以适应差异与矛盾冲突的情境。（陈伯璋，张新仁，蔡清田，等，2007）此种素养的构念也建立在发展心理学理据之上，亦即通过个体与环境的交互作用及建构发展，在不同发展阶段适应、同化、调适，以适应新环境的脉络情境。（Haste，2001）特别是个体必须通过类化过去既有经验的迁移以及调适，才能成功地适应新环境脉络情境的复杂需要。一方面，个体可以通过学习获得核心素养与类化迁移，以适应生活情境的需要。另一方面，个体必须通过调适，将原先具备的能适应旧情境的素养加以调整转化，以适应新情境的需要。这呼应了艾里克森（Eric H. Erikson）有关从幼儿期到青年期学生身心发展与社会情境交互作用阶段发展任务的心理社会发展阶段论。（蔡清田，2014）因此，核心素养可因教育阶段发展而有所谓教育阶段核心素养的课程设计，本书稍后在第三章核心素养的课程设计应用进一步说明。

（三）核心素养的经济学理论

美国经济学家Frank Levy & Richard Murnane（2001）认为科技及经济全球化趋势造成了社会变革，进而影响到职场所需的核心素养。从经济学的观点而言，世界是复杂多变且相互依赖的，同时也可能是彼此矛盾并充满挑战的，社群、制度、组织都是如此。当生活世界愈来愈复杂多变时，情境就愈来愈具有不确定性，个人与社会都必须通过学习以获得核心素养，并运用工具来充实自己，以有意义而能管理的方式来适应情境的复杂性与不确定性。从知识经济的观点而言，随着国际资本主义的发展，跨国公司将资本、人力、商品和物资运送到世界各地。因此，未来的教育必须跨出学校，延伸至终身的学习，亦即活到老、学到老是未来社会最明显的需求，应培育学生的自我学习能力，才能适应变动快速的社会生活。

经济学家以经济学理论及实证研究探讨劳动力市场中的成功的工作人员所需素养为何。这些素养包括：阅读与数学运算的技能，口语与书写的沟通能力，在各种社群工作的技能，情绪智能及与人协同合作的能力，熟悉信息科技。这些素养适用于特定场域及特定族群，如劳动力市场的受雇者，但也可以作为跨领域族群的参考。相似地，行政主管部门的青年辅导委员会从市场经济观点调查大学生的核心就业能力，提出知识力、创造力、批判力、品格力、实践力及智慧等能力。

（四）核心素养的社会学理论

从社会学观点而言，核心素养是行动主体能动者与生活环境脉络的情境进行互动的过程当中，具有主体能动性的行动实践智慧（Giddens，1984），其中涉及主体能动者的行动实践智能的知识、能力与态度等多元维度，并能结合个体内部情境的认知、技能与情意等复杂心智的行动先决条件，进而统整个体的知识、能力与态度，扮演反思的实践者（Schon，1983），通过行动反思与学习，促成个体展现主体能动者的负责任的行动。

特别是行动主体能动者的生活情境，牵涉个体所处环境脉络中的人、事、物所构成的各种生活问题与工作挑战，亦即根据个体所处环境脉络情境因素来定义素养。这种核心素养的社会学理据，呼应了第一章第四节素养的模式所论及的：可以通过个体以及所处的情境脉络与个体所采取的主体行动等要素，阐述个体及其所处的制度结构之间的动态关系。因为个体所处的社会环境、脉络情境的条件不同以及根据的前提不同，素养可以协助个体如同“变形虫”一般弹性地适应不同环境、脉络情境，能有弹性地适合后现代社会的各种复杂多变情境的应用需要，以适应各种不同情境领域的不同需求与任务挑战。以上说明了素养的理论构念的模式，适合各种多元的社会环境、脉络情境的各种需要（Stoof，Martens，van Mrriënboer，et al.，2002），有助于个体成功地适应社会情境的需求，一方面强调社会情境脉络的制度结构的重要性；另一方面也重视个体自律自主的行动，以及通过个体的社会参与行动等素养增加改善社会情境脉络的制度结构的可能性。

瑞士社会学家Perrenoud（2001）主张21世纪优质生活所需的核心素养，不特别限定于哪个场域，而是跨越了所有社会场域，这些适合各种社会场域情境的素养是：①确认、评估与捍卫自己的资源、权益限制与需求；②提出计划、执行计划与发展策略；③分析情境以及人际关系；④能团队合作以及分享领导；⑤建立并运作民主组织与集体行动系统；⑥管理并解决冲突；⑦遵守与运用社会规则并使其更加精致化；⑧跨越文化差异并建构经过磋商的秩序。这种社会学论点，彰显了核心素养是行动主体能动者在与生活环境、脉络情境进行互动的过程中产生具有主体能动性的行动实践智慧之重要性与必要性。

（五）核心素养的人类学理论

美国学者Nussbaum（1997）在《人文涵养：博雅教育改革的古典辩护》中指出核心素养包括：①就自我与传统进行彻底批判检视；②不只是将自己归属于某一个特定地区社群，同时应清楚认识自己通过相互认同与人际关怀将人们紧密地结合在一起，成为全球社会公民；③叙事性想象，它有必要被视为公共理性的一环，期待通过同理心的想象以避免不合情理的推论所招致的危险。（王俊斌，2009）另外，Sen（1985）主张核心素养能成功地适应人类生活情境的需求，并从满足个体的前提出发，强调每个社会若能尽可能地满足不同社会成员生活所需的基本要求，这样的场域可以说是相对正义的情境。其基本假设是，个体与所处的生活情境之间的关系是辩证的、动态的，个体的行动发生在生活环境的政治、工作、健康医疗等文化脉络的社会场域之中，此种论述也呼应了情境学习论的论点（Lave & Wenger，1990），亦即人们可以从生活环境、脉络情境中学习获得核心素养，并可在生活环境脉络的各种多元的社会场域情境中加以运用。

核心素养必须通过人类的社会化，在人类教育文化环境中养成。这种观点合乎多元学习重视校外教育，可扩展过去教育场所仅限于学校的论点。Goody（2001）指出：①核心素养的需求必须视社会情境与个人状况而定；②在社会经济地位较高的族群中，某些特定素养，如读写素养和数理素养可被视为适合该族群的核心素养；③许多被视为普遍需求的素养并无必然性，如社交能力，在某些情境中并无绝对的必要；④年龄和发展循环会改变个人原有素养，例如，父母或祖父母具备的素养就不同，又如，工作新手、熟手或即将退休者具备的素养水平亦有所不同；⑤特定的核心素养，如阅读素养和数理素养，一般可被视为个人生活必备的素养，培养此类素养应该被安排为正式的学校学习活动。上述人类学观点可作为台湾学界定义与选择核心素养的理据的参考。

然而，上述这五种学术理据似乎较强调智育与群育，比较忽略德育、美育与体育的重要性，有待扩大研究视野，或可从联合国教科文组织、经济合作与发展组织及欧盟等国际组织所进行的研究，以及台湾地区进行的核心素养等本土相关实证研究与课程改革中弥补不足。

二、国际组织的核心素养相关实证研究

核心素养属于新兴课程研究理念，因此在参考学者论点后，宜进一步广泛探讨国际组织进行相关研究的理据，特别是联合国教科文组织、欧盟、经济合作与发展组织均经过了严谨的研究调查分析，其所提出的核心素养的架构内涵具有参考价值。

（一）联合国教科文组织的核心素养

联合国教科文组织在2002年提出了“素养十年”（UN Literacy Decade），以素养为教育核心，指出素养是个人在其环境进行终身学习的关键要素。特别是联合国教科文组织于1996年发表的《学习：蕴藏宝藏》报告书，提出终身学习的四大支柱，包括“学会求知”“学会做事”“学会共处”“学会自处”（“学会自我实现”）；2003年鉴于社会变迁愈趋快速，个人处于变迁环境中的应变能力的重要性与日俱增，又提出了“学会改变”，将之视为终身学习的第五支柱。（UNESCO Institute for Education，2003）上述五大支柱，涉及对知识、对事、对人、对自己以及对改变等各维度所需的核心素养，见表2–3。

联合国教科文组织倡导的核心素养与经济合作与发展组织的“素养的界定与选择”的核心素养三维架构可互相呼应，如能互动地使用工具的核心素养乃与五大支柱的“学会求知”“学会改变”有所联结；能在异质社群中进行互动的核心素养则和“学会共处”“学会做事”有所相通；能自律自主地行动的核心素养则与“学会自处”（学会自我实现）有明显关联。（蔡清田，陈延兴，2013）

（二）经济合作与发展组织的核心素养

经济合作与发展组织从1997年开始至2005年提出总结报告为止，动员了12个主要成员，实施了将近9年大规模跨国家和地区的研究计划，被称为“素养的界定与选择”（DeSeCo），提供了一个全新架构，能互动地使用工具、能在异质社群中进行互动与能自律自主地行动维度都涵盖了三项具体内涵，构成了一个严谨的架构体系，见表2–4。（OECD，2005）

表2-3　联合国教科文组织的核心素养

核心素养架构的五大支柱	二十一项具体内涵
学会求知	1. 学习如何学习 2. 专注力 3. 记忆力 4. 思考力
学会做事	1. 职业技能 2. 社会行为 3. 团队合作 4. 创新进取 5. 冒险精神
学会共处	1. 认识自己的能力 2. 认识他人的能力 3. 同理心 4. 实现共同目标的能力
学会自处（学会自我实现）	1. 促进自我实现 2. 丰富人格特质 3. 多样化表达能力 4. 责任承诺
学会改变	1. 接受改变 2. 适应改变 3. 积极改变 4. 引导改变

表2-4　经济合作与发展组织的核心素养

核心素养的三维架构	九项具体内涵
能自律自主地行动	1. 在广泛脉络情境的行动能力 2. 形成及执行生活方案与个人计划的能力 3. 保护及维护权利、利益、限制与需求的能力
能互动地使用工具	1. 使用语言、符号与文本互动的能力 2. 使用知识与信息互动的能力 3. 使用科技互动的能力
能在异质社群中进行互动	1. 与他人建立良好关系的能力 2. 团队合作能力 3. 管理与解决冲突的能力

这些公民所需的核心素养的获得，亦需通过终身学习的历程来达成，其主要目标为建构一个关联到个人立足于终身学习观点所欲发展的核心素养架构，由个人关

联到家庭、社区、社会，亦关联到国际对这些核心素养的评估比较及国际比较指标的研发与诠释，强调广泛及整体的观点，不限于学校教育或职业生涯所需的素养，前瞻地探索在未来社会中公民应具备的核心素养，使人们获得成功的个人生活及适应功能健全的社会。

第一，能自律自主地行动，强调个人相对的自律自主性与自我认同主体；是指人格发展与决定、选择与行动的相对自律自主性，强调个人具有掌握大局的情境视野，以便与外在世界产生互动。这类核心素养包括：①在广泛脉络情境的行动能力；②形成及执行生活方案与个人计划的能力；③保护及维护权利、利益、限制与需求的能力。有趣的是经济合作与发展组织的“素养的界定与选择”架构的能自律自主地行动所提及的三项核心素养，实际上与联合国教科文组织的“学会自处”（学会自我实现）、“学会做事”和“学会改变”等维度相通。其中在广泛脉络情境的行动能力乃为不可或缺的核心素养。形成及执行生活方案与个人计划的能力、保护及维护权利、利益、限制与需求的能力，呼应联合国教科文组织所提出的“学会自处”（学会自我实现）、“学会做事”和“学会改变”的确保个人权利与责任承诺等核心素养。

第二，能在异质社群中进行互动，强调学习者个人与他人的人际互动，尤其是与不同族群、不同文化背景、不同价值的他人之间互动。这是指适应多元文化、多元价值与多族群、多种族、多宗教等异质社群的素养，包括①与他人建立良好关系的能力；②团队合作能力；③管理与解决冲突的能力。其中，与他人建立良好关系的能力、团队合作能力、管理与解决冲突的能力，亦呼应联合国教科文组织重视“学会共处”的核心素养。

第三，能互动地使用工具，强调公民能使用物质的与社会文化的工具，以便与世界产生互动，包括①使用语言、符号与文本互动的能力；②使用知识与信息互动的能力；③使用科技互动的能力。其中，使用语言、符号与文本互动的能力及使用科技互动的能力呼应联合国教科文组织所提及的“学会求知”“学会改变”的核心素养。

（三）欧盟的核心素养

欧盟执行委员会于2005年提出《终身学习核心素养：欧洲参考架构》，定义了

①母语沟通；②外语沟通；③数学素养以及基本科技素养；④数位素养；⑤学习如何学习；⑥人际、跨文化与社会素养以及公民素养；⑦积极创新应变的企业家精神；⑧文化表达为终身学习八大核心素养。（EC，2005）（见表2–5）欧盟并通过实施相关目标规划的教育训练方案，以培养上述核心素养，旨在促使欧洲人能更积极参与不断发展并行使民主公民权，以增进欧洲繁荣与社会融合。（European Union，2007）这项核心素养架构，于2006年正式被欧洲议会采用，成为各成员的实践策略。（The European Association for University Lifelong Learning，2009）

表2–5　欧洲联盟的核心素养

核心素养的八大架构	七项具体内涵
1. 母语沟通 2. 外语沟通 3. 数学素养以及基本科技素养 4. 数位素养 5. 学习如何学习 6. 人际、跨文化与社会素养以及公民素养 7. 积极创新应变的企业家精神 8. 文化表达	1. 批判思考 2. 创造力 3. 主动积极 4. 解决问题 5. 风险评估 6. 做决定 7. 感受管理

此核心素养的架构彼此联结、相互支持，特别是语言、识字、数学及信息与通信科技等素养，是必要的学习基础，学习如何学习的素养则支持一切学习活动的进行；此外，批判思考、创造力、主动积极、解决问题、风险评估、做决定、感受管理系贯穿于八项核心素养的具体内涵。（EC，2005）

三、台湾地区核心素养的实证研究与相关课程改革

台湾地区的教育主管部门于1998年公布了《中小学教育阶段九年一贯课程总纲纲要》，列出公民应具备的十项基本能力。为加强十二年基础教育课程一贯性，教育主管部门通过制定《中小学一贯课程体系参考指引》的方式，将基本能力区分为一般能力与各领域（学科）能力，虽然综合高中采用《中小学九年一贯课程纲要》的十大基本能力，但是高中的课程纲要则未采取相同的基本能力。

(一)《中小学九年一贯课程纲要》的十大基本能力

台湾地区的教育主管部门修正了《中小学九年一贯课程纲要》，指出中小学课程所要培养的十大基本能力包括：①了解自我与发展潜能；②欣赏、表现与创新；③生涯规划与终身学习；④表达、沟通与分享；⑤尊重、关怀与团队合作；⑥文化学习与国际了解；⑦规划、组织与实践；⑧运用科技与信息；⑨主动探索与研究；⑩独立思考与解决问题。并在教育阶段，通过课程与教学过程，培养学生带得走的基本能力，然而现行的高中教育似乎较少论及学生应学会的基本能力，到了进入大学，各界又不断强调学生的就业力的重要。这被批评为太过于重视实用价值，强调能力而忽略知识，偏重人与工具的应用工具与学科能力，如读写算、逻辑推理、科技应用、信息处理、外语知识等；但负责、自律、诚信等自我管理的素养需要加强；亟待加强的是人与社会的素养，如对他人尊重、对多元文化理解与欣赏、与他人合作、采取民主组织形式、管理及解决冲突、跨越文化差异等应是面对未来必须具备的素养；特别是公民普遍缺乏批判反省、元思考能力、创造力、想象力等，倘若不能跳脱重实用的文化特性，放弃只重视专业教育与考试主义的思维方式，则将不利于台湾社会发展。(顾忠华，吴密察，黄东益，2008)

然而，中小学九年一贯课程的理论基础的争议之一是理据薄弱，特别是中小学九年一贯课程发展实践先于理论建构(方德隆，2011)，引发诸多非预期效应的争议。上述基本能力并未详细划分，特别是基本能力与各学习领域能力之间的转化缺乏逻辑的理据而导致产生不合逻辑的硬塞现象，期待加以改进。因此，诚如“中小学课程纲要雏形拟议之前导研究”的“中小学课程纲要系统图像之研究”指出，中小学九年一贯课程部分对基本能力确实要求过高，此可考虑中小学教育阶段性质加以调整，宜避免上述基本能力的缺失，冀能通过核心素养的培育以弥补基本能力不足，进而提升公民素养的水平。(冯朝霖，范信贤，白亦方，2011)

(二)《中小学一贯课程体系参考指引》的十六项能力

台湾地区的教育主管部门于2004年9月将建置中小学课程体系纳入施政主轴的行动方案，并于2006年9月公布《中小学一贯课程体系参考指引》，建置以“学生主体”“公民素质”“课程统整连贯”为核心理念的初中小课程与后期中等学校课程。之后，台湾教育主管部门制订了《强化中小学课程连贯与统整实施方案》，强调中小学课程连贯与统整，主张“用好老师实践好课程、用好课程实施好教育，以增进终身学习能力”，并建议持续进行中小学一贯课程体系的理论基础研究。

为拓展公民的视野与培育世界公民，提升公民素质与提高地区竞争力，要强化学生为教育主体与引导学生适性发展，揭示小学、初中、高中、职业学校学生的基本能力，以发展课程目标，并培养学生扎实的基础能力、核心能力、重要能力。基本能力含一般能力与领域（学科）能力，并依不同年龄发展阶段，划分为12岁、15岁、18岁三个阶段。《中小学一贯课程体系参考指引》原应该被定位为“中小学课程纲要，普通高中、综合高中、职业学校与专科学校五年制课程纲要，及后期中等教育共同核心课程的‘发展基础’”。因此，不仅各教育阶段各类课程，均应架构在此《中小学一贯课程体系参考指引》之上而配合调整，整个十二年教育课程也将据此架构而达到横向统整与纵向衔接。

教育主管部门把《中小学一贯课程体系参考指引》，作为十二年基本教育课程体系的指引，但欠缺清楚理据，将基本能力区分为一般能力与各领域（学科）能力，其中一般能力包括生活能力、学习能力、社会能力与适应能力四大框架构成，每个框架构成底下又各自有几个项目，总共有十六项能力，如表2–6所示。这十六项能力看似面面俱到，但对于各个维度的划分却又有不清楚的问题。首先，这份应该作为连贯各个教育阶段课程的参考指引，却未能说明这些能力的理据，落入没有理据的能力拼盘。（蔡清田，陈延兴，2013）其次，有些项目与四大框架构成的区分不清楚，像适应能力与社会能力这两个维度并无法清楚区别。最后，这些能力与原本中小学九年一贯课程中的十大基本能力二者之间的关联性为何？二者就像是完全不一样的基本能力划分吗？作者强调进行中小学一贯课程体系理论基础研究的重要性，即使教育决策者试图连贯各阶段教育的基本能力，但是，在欠缺理据与未说明形成过程的情形下所形成的一般能力不具备说服力，因此，宜通过研究各教育阶段的核心素养内涵并加以连贯，使其更为严谨与周延（蔡清田，2016）。

表2-6 《中小学一贯课程体系参考指引》的四类一般能力，含十六项能力

框架构成	项目	12岁	15岁	18岁
生活能力	生活觉知	了解个人能力、兴趣、专长与情绪等各方面的特点	根据个人能力、兴趣、专长与情绪等方面的特点安排自己的生活	根据个人能力、兴趣、专长与情绪等方面的特点做生涯规划
	生活管理	计划与执行个人生活中的各项重要事务，包含时间、日常活动与金钱等	妥善计划与执行个人生活中的各项重要事务，包含时间、日常活动与金钱等	检核与反省个人生活中的各项重要事务，包含时间、日常活动与金钱等
	自我负责	充分运用各项可能的社会或自然资源，照顾自己的身心健康	充分运用各项可能的社会或自然资源，照顾自己的身心健康，涵养法治素养，化解可能侵害自身安全的事项	充分运用各项可能的社会或自然资源，照顾自己的身心健康，涵养法治素养，做出判断与决定，对自我行为负责
	活用知识	适切地将所学的知识转化应用在生活情境中，以解决自己所面对的生活中的问题	主动发现问题，适切地将所学的知识转化，善用创意，提升个人生活的质量	适切地将所学的知识进行转化应用，善用创意，整合社会或自然资源以提升个人与团体生活的质量
	批判思考	经由协助、引导对生活中各项需做价值判断的事物及媒体传播内容提出自己的见解	对生活中各项需做价值判断的事物及媒体传播内容提出自己的见解	对生活中各项需做价值判断的事物及媒体传播内容，通过归纳与演绎等推理历程，提出自己的见解
学习能力	自主学习	正确、有效地利用媒体（包括平面、电子与数位媒体）与科技搜集、分析、整合与运用信息	整合与运用信息，界定学习目标，制订学习计划并执行	知道如何以个人的强项辅助弱项，评估与善用信息，界定学习目标，制订周延的学习计划并执行
	视阅听能力	通过视阅听解决自己所遭遇的问题	通过视阅听，理解不同领域的知识，适应所遭遇的问题情境	通过视阅听，更有效理解不同领域的知识，适应自己所遭遇的问题情境
社会能力	同理他人	站在他人（如不同性别、族群与年龄的人）立场设身处地地觉察、支持他人的感受与想法	站在他人（如不同性别、族群与年龄的人）立场设身处地地觉察、支持或处理他人的感受与想法	站在他人（如不同性别、族群与年龄的人）立场设身处地地觉察与处理他人的感受、想法或行为
	关怀生命	体会与关怀自己、他人及万物的生命价值	体会与关怀自己、他人与万物的生命价值	实践自己与关怀他人的生命价值
	人际关系	和谐、客观、诚实、公平及有效地处理人际交往问题	和谐、客观、诚实、公平、宽待，及有效地增进人际关系	和谐、客观、诚实、公平、宽待，及有效地增进人际关系
	情绪管理	在面对与他人相处的压力时，能辨识并整理自己的情绪	在面对与他人相处的压力时，能辨识并整理自己的情绪	在面对与他人相处的压力的情境下，能监控自己的情绪
	合作协商	倾听别人并充分表达自己	与他人进行有效的合作、沟通与协商	以客观的立场与他人进行有效的沟通与协商，达成共识并合作

续表

框架构成	项目	12岁	15岁	18岁
适应能力	专注进取	能为达成目标（因目标而异）克制冲动与延宕满足	专注于特定目标，以高度的热忱，持续朝既定目标努力	选择契合自己的目标，以高度的专注与热忱，持续朝既定目标努力
	挫折容忍	正面接受与处理人为或自然的问题情境	面对人为或自然的逆境时，能对问题的困难程度与自己解决问题的能力做出评估	正面接受与处理人为或自然的逆境，并承担可能的失败与挫折
	接纳多元	欣赏并接受多元观点与文化	能反思并接纳多元观点与文化	能反思、接纳与善用多元观点与文化
	危机处理	针对潜藏或是突发的情境，选择最可能的处理方式	针对潜藏或是突发的情境，评估并选择最适当的处理方式	针对潜藏或是突发的情境，有效评估并选择最佳的处理方式

（三）界定与选择核心素养：概念参考架构与理论基础研究

洪裕宏从2005年12月1日至2007年11月30日带领研究团队，进行了“界定与选择核心素养：概念参考架构与理论基础研究”等研究，从心理学、社会与历史、教育、科学、文化与艺术等维度进行核心素养的研究。特别是其子计划三（“全方位的核心素养之教育研究”），从教育研究视野，将素养定义为“适应全球化与本土化”，“学校内与学校外的环境变迁”，“过去、现在与未来社会”所需要的全方位的核心素养。（陈伯璋，张新仁，蔡清田，等，2007）子计划五（“人文素养研究”），从人文素养研究的视野，将素养定义为“在培养一个人成为一个独立个体的过程中所建立的作为其人格发展的基础”。这个人格发展的基础，预设一组可发展或学习的素养，并将素养放置在人性问题与整体人类文明的演化历程架构下来看。（彭小妍，王瑷玲，戴景贤，2008）

在“界定与选择核心素养：概念参考架构与理论基础研究”中，洪裕宏从哲学与理论维度探讨整体计划的概念架构，用以修正经济合作与发展组织的“素养的界定与选择”的结论，提出适合台湾地区核心素养的架构，如表2–7所示，界定与选择核心素养的内涵，提出四维架构核心素养。

然而，上述核心素养的架构内涵，有四个维度二十八项之多，核心素养仍有待进一步具体转化，成为幼儿教育、初等教育、前期中等教育、后期中等教育等各教育阶段的核心素养，以便进行课程的垂直连贯。

表2-7 界定与选择核心素养

核心素养的四维架构	二十八项具体内涵
能使用工具沟通互动	阅读理解 沟通表达 使用科技信息 学习如何学习 审美能力 数的概念与应用
能在社会异质团体运作	团队合作 处理冲突 多元包容 国际理解 社会参与与责任 尊重与关怀
能自主行动	反省能力 问题解决 创新思考 独立思考 主动探索与研究 组织与规划能力 为自己发声 了解自我
展现人类的整体价值并 建构文明的能力	形式的逻辑能力 哲学思想能力 与生活相关的逻辑能力 社会正义 规范相关的逻辑能力 意志价值 追求相关的逻辑能力 工具理性

（四）全方位的核心素养之教育研究

陈伯璋，张新仁，蔡清田，等（2007）以经济合作与发展组织的“素养的界定与选择”所定义的核心素养为参考架构，探讨“全方位的核心素养之教育研究”。在面临时代变迁时，该研究以“全球化与本土化”“学校内与学校外的环境变迁”“过去、现在与未来社会”三个维度进行全方位的教育探究，利用比较分析方法搜集与整理核心素养相关文献；采用专家座谈的咨询方式听取学者的经验；使用问卷调查法了解学校行政人员、学校教师、学生家长和教育专家、学者对核心素养的看法；通过小组研讨进行核心素养的建构与修订，归纳选出未来生活所需的三组核心素养，如表2-8全方位核心素养的得分的排序所示，进而界定核心素养是指一般台湾地区的人民于18岁完成中等教育时，能在台湾地区的社会文化脉络中，积极地响应情境中的要求与挑战，顺利完成生活任务，获得美好的理想结果所应具备的素养。

表2-8　全方位核心素养的得分的排序

排序	能使用工具沟通互动	平均	能在社会异质团体运作	平均	能自主行动	平均
1	沟通表达	4.65	尊重与关怀	4.68	反省能力	4.67
2	阅读理解	4.50	团队合作	4.61	问题解决	4.63
3	学习如何学习	4.50	处理冲突	4.54	了解自我	4.54
4	使用科技信息	4.40	多元包容	4.52	独立思考	4.45
5	审美能力	4.03	社会参与与责任	4.36	创新思考	4.41
6	数的概念与应用	3.97	国际理解	4.25	主动探索与研究	4.32
7					组织与规划能力	4.28
8					为自己发声	4.07
平均		4.34		4.49		4.42

首先，应具备国际观，需参考相关研究成果对核心素养下定义，适应经济全球化的趋势，但更应立足本土化，其所提出的“使用科技信息”“学习如何学习”“多元包容”等素养即立足于宏观世界的巨型脉络之上。其次，就学校内与学校外的环境变迁而言，核心素养作为达致“成功、美好的生活”目标所应具备的要素，必须在教育阶段培养起来，亦即应能于18岁以下的教育过程中培育起来，且应考虑其在教育各阶段的连续性。并且核心素养建立后必须具有共识性，人们应进一步定义其具体内涵，可作为相关教育政策制定的参考，并于前述教育阶段进行培育。最后，就过去、现在与未来社会而言，核心素养应可承前启后，可以承继传统，放眼未来。在空间维度应能广及个人得以在不同地方亦能安处的素养，而在时间维度应了解生存意义及掌握未来论。此核心素养的内涵同时涵盖空间及时间的需求，若勉强分类，则团队合作、处理冲突、多元包容、国际理解、社会参与与责任、尊

重与关怀、为自己发声可归属前者，阅读理解、沟通表达、使用科技能力、学习如何学习、审美能力、数的概念与应用、反省能力、问题解决、独立思考、主动探索与研究、组织与规划能力、了解自我归属后者。（陈伯璋，张新仁，蔡清田，等，2007）上述核心素养合乎未来社会的需要，且与经济合作与发展组织的“素养的界定与选择”所提的核心素养相互呼应。然而，上述核心素养并未区分教育阶段，且仍有二十项之多，仍有待进一步具体转化成为幼儿教育、初等教育、前期中等教育、后期中等教育等各教育阶段的核心素养，以便进行垂直连贯。

（五）18岁学生应具备基本能力研究

柯华葳，刘子键，刘旨峯（2005）通过文献探讨并进行问卷调查，与教师、家长和专家学者进行焦点访谈后，提出18岁学生应具备的基本能力包括：生活能力、学习能力、社会能力与适应能力，见表2-9。其研究参考经济合作与发展组织的研究报告，适应当今信息时代，将“变化快速”“多元并呈”与“无远弗届”等特性纳入考虑，除须进行终身学习外，培养学生适应快速变迁社会的健全态度最为重要，其次是能力及最后的知识。

表2-9　18岁青少年所需要的重要能力与内涵一览表

重要能力	重要能力的内涵	重要能力	重要能力的内涵
生活能力	1. 自我了解 2. 鉴赏事物 3. 生活管理 4. 信息管理 5. 自我保护 6. 活用知识 7. 批判思考	社会能力	1. 同理他人 2. 关怀生命 3. 人际管理 4. 情绪管理 5. 合作协商
学习能力	1. 主动学习 2. 元认知 3. 自主学习 4. 阅读能力 5. 学习策略 6. 统整知识	适应能力	1. 反思能力 2. 积极进取 3. 挫折容忍 4. 包容多元 5. 创新能力 6. 危机处理

这二十四项基本能力或重要能力、一般能力并未被厘清，看似面面俱到，但是

欠缺理据，且对于各个维度的划分却又不清楚。首先，未能说明这些能力的理据，落入没有理据的"能力拼盘"。其次，有些项目与四大框架构成的区分不清楚，像适应能力与社会能力这两个维度并无法清楚区分；又如，积极进取与批判思考二者为何不属于学习能力？因此，除了了解学者专家对于基本能力或重要能力、一般能力内涵的看法，更重要的是能通过了解相关课程基础研究的学理与实证研究，使得未来的核心素养课程改革能更为严谨与周延（蔡清田，2017）。

自20世纪70年代以来，联合国教科文组织、经济合作与发展组织或是欧盟等国际组织，对于终身学习在全球社会的推展均甚为重视，尤其将之视为教育与社会发展的重要方向。特别值得重视的是，联合国教科文组织、经济合作与发展组织以及欧盟等国际组织，均强调通过对核心素养的培养，促使个人获得积极的生活以及促进健全社会的发展。由上可见，各国际组织所提出的素养内涵，均有类似之处并可相互融合互补，且强调个人通过教育引导学习，以有效培养并提升核心素养，整理如表2-10台湾地区核心素养与国际组织主要相关研究对照表（蔡清田，2014）所示：

表2-10　台湾地区核心素养与国际组织主要相关研究对照表

相关研究 维度内涵	十二年教育课程纲要总纲的三面九项	UNESCO（2003）的五面二十一项内涵	OECD（2005）的三面九项内涵	EC（2007）的八面七项内涵
自主行动	身心素质与自我精进	认识自己的能力 促进自我实现 丰富人格特质	保护及维护权利、利益、限制与需求的能力	
	系统思考与解决问题	学习如何学习 专注力 记忆力 思考力 实现共同目标的能力 接受改变 适应改变	管理与解决冲突的能力 在广泛脉络情境的行动能力	学习如何学习 批判思考 解决问题 风险评估 做决定
	规划执行与创新应变	积极改变 引导改变	形成及执行生活方案与个人计划的能力	创造力 创业家精神 主动积极 风险评估 感受管理

续表

维度内涵 \ 相关研究	十二年教育课程纲要总纲的三面九项	UNESCO（2003）的五面二十一项内涵	OECD（2005）的三面九项内涵	EC（2007）的八面七项内涵
沟通互动	符号运用与沟通表达	多样化表达能力 学习如何学习	使用语言、符号与文本互动的能力	母语沟通 外语沟通 数学素养以及基本科技素养 学习如何学习 文化表达
	科技信息与媒体素养		使用知识与信息互动的能力 使用科技互动的能力	数位素养
	艺术涵养与美感素养			文化表达
社会参与	道德实践与公民意识	同理心 责任承诺	保护及维护权利、利益、限制与需求的能力	人际、跨文化与社会素养以及公民素养
	人际关系与团队合作	实现共同目标的能力 认识他人的能力	与他人建立良好关系的能力 团队合作能力 管理与解决冲突的能力	人际、跨文化与社会素养以及公民素养
	多元文化与国际理解			文化表达 人际、跨文化与社会素养以及公民素养

综上所述，本书所论述的核心素养跨越哲学、心理、社会、经济、人类学等学术理论。通过分析核心素养的相关研究文献的理论基础来源与文件资料（蔡清田，陈延兴，2013），使核心素养的世界研究与本土研究的双重视野交融，建立核心素养的理据，归纳核心素养的自主行动、沟通互动、社会参与的三维论架构，据此扩展出身心素质与自我精进、系统思考与解决问题、规划执行与创新应变、符号运用与沟通表达、科技信息与媒体素养、艺术涵养与美感素养、道德实践与公民意识、人际关系与团队合作、多元文化与国际理解九轴论的核心素养内涵，可促进个人发展成功的个人生活，更可建构功能健全的社会。本章下一节核心素养的特质将进一步加以阐述。

第三节　核心素养的特质

联合国教科文组织、欧盟、经济合作与发展组织等国际组织，将核心素养当成课程设计的关键DNA（蔡清田，2014），是培养能自我实现与社会健全发展的高素质公民与世界公民的重要基础（蔡清田，2016）。尤其本书前一节核心素养的理据曾指出，核心素养是经济合作与发展组织进行“素养的界定与选择”的重要研究发现的理据，更是其推动“国际学生评价计划”的理据（OECD，2005），因此，本节在此理据基础上，进一步探讨核心素养的特质。蔡清田（2011a）曾初步指出核心素养乃是一系列多元维度组合的综合整体，每项核心素养均涵盖知识、能力与态度，具有跨越各种社会场域与学习领域的广度，牵涉反省思考的高阶心智及复杂行动，须通过不同阶段的长期培育等，彰显了本书第一章第三节素养的本质所指出的素养是后天习得的，也是一种可教、可学的理念，具有内隐的与外显的表现的“类似冰山”本质，呼应了本章第二节核心素养的理据所论述的哲学、社会学、经济学、心理学及人类学等学术理据。

因此，本节核心素养的特质在上述本质、理念与理据的基础上，更进一步指出核心素养具备多元维度、多元场域、多元功能、高阶复杂、长期培育的“三多一高一长”特质。更进一步地，核心素养的多元维度、多元场域、多元功能、高阶复杂、长期培育的“三多一高一长”的五种特质，建立在五种学术理据之上。表2–11列出了核心素养的五种特质及其学术理据，兹详细分述如下。

表2-11 核心素养的五种特质及其学术理据

核心素养的五种特质	核心素养的五种特质的具体描述	学术理据
一、多元维度	核心素养是具备多元维度的综合整体，是建立在后现代社会多元维度的哲学理据之上的	哲学理据
二、多元功能	核心素养同时具备促进个人发展与社会发展的多元功能，是建立在后现代社会多元功能的经济学理据之上的	经济学理据
三、多元场域	核心素养具有跨越各种社会场域与学习领域等多元场域的广度，是建立在后现代社会多元场域的社会学理据之上的	社会学理据
四、高阶复杂	核心素养牵涉反省思考的高阶心智及复杂性行动学习的高阶复杂的深度，是建立在后现代社会高阶复杂的心理学理据之上的	心理学理据
五、长期培育	核心素养必须通过各级教育阶段的终身学习的长期培育，是建立在后现代社会长期培育的人类学理据之上的	人类学理据

一、核心素养是具备多元维度的综合整体

核心素养的特质之一，是核心素养是具备多元维度的综合整体，多元维度的特性是指核心素养具备的多元性，是建立在后现代社会的多元性的哲学理据之上的，亦即每项核心素养均涵盖知识、能力与态度等多层面的整合，乃是一系列多元维度组合的整体。一方面，核心素养是一种涵盖了认知、技能、情意的复合构念，如同DNA都是由A、G、C、T4个字母所组合而成的一种复合构念（蔡清田，2011b）；另一方面，更值得注意的是，整体大于部分之和。素养是个体在生活情境任务要求下，展现主体能动者所需行动的知识、能力、态度的一种整体适应互动体系，而不只是单一的情境，也不是单一的知识、能力或态度。而且各种多元社会场域情境的复杂任务要求，个体内部情境的社会心智运作机制的认知、技能、情意等行动先决条件，个体的行动等都不是独立于个体所处的环境、脉络情境之外的，而是与个体所处的外部环境脉络的各种多元社会场域情境密切相关的，这些都是素养的模式的组成要素。

换言之，素养是行动主体能动者在与生活环境、脉络情境进行互动的过程当中，具有主体能动性的行动实践智慧（Giddens，1984），其中涉及主体能动者能结合个体内部情境的认知、技能与情意等复杂心智的行动先决条件，进而统整个体的知识、能力与态度，扮演反思的实践者（Schon，1983），通过行动反思与学习，促

成个体展现主体能动者的负责任的行动。此种适应复杂情境需求的核心素养所具备的多元维度的特质有助于学生通过学习获得优质生活并适应优质社会。这也呼应了Canto-Sperber & Dupuy（2001）所指出的，核心素养，一方面，可以协助人类获得优质生活；另一方面，核心素养可以协助人类面对当前社会及未来优质社会的挑战。此种哲学理论基础指出，自我实现的成就、人类存在的要素、理解、享受欢乐、深层的人际关系等优质生活的主要价值系统，可以用来定义何为优质生活所需的适应复杂需求的核心素养。核心素养的此种多元维度特质，也呼应了法国学者埃德加·莫兰的哲学的复杂科学/系统思考的复合思维，他重视核心素养的"整体论"/"全像理论"（Hologram）（冯朝霖，范信贤，白亦方，2011），彰显了本章第二节核心素养的理据的哲学理据。特别是经济合作与发展组织曾经进行为期将近9年的素养的界定与选择的跨学科领域研究，全面探讨核心素养的定义与选择的理据及架构（OECD，2005），并明确指出素养涉及知识、能力与态度的统整，而不只是知能所涉及的学科知识及基本能力的范畴，尚包括个人的优质生活与优质社会生活情境互动所需展现出来的优质态度、情意、价值。欧盟甚至更明确地将各项核心素养所应达到的知识、能力与态度层面的水平加以具体陈述（EC，2005），明确指出核心素养应涵盖知识、能力与态度三大维度。

若能将素养看成多元而整体的理念，较能确实掌握教育过程中的学习者的知识、能力与态度的动态复杂内涵。（洪裕宏，2008）核心素养这项特质可分为两个重点。

第一是核心素养是具备知识、能力与态度等多元维度的综合整体，涵盖心智历程的多个维度，包含认知、技能与情意等多元维度的社会心智运作机制，其内涵比一般能力更为宽广，而且核心素养包括涉及处理复杂问题的认知技能、分析批判、沟通表达、合作情谊以及伦理道德规范等要素。特别值得注意的是，学习知识的累积已不足以帮助个人面对当代社会生活需求所带来的挑战，个人要面对这些挑战，必须具备处理复杂心智任务的核心素养，具备这些核心素养的个人能够运用其认知和实际的技能、创造能力以及其他的心理资源，如态度、动机以及价值。核心素养的特质便是个人在道德和智慧思想上的成熟，能够担负起自我学习和行动的责任，可超越知识和能力的教育，纠正过去重知识、重能力、忽略态度的偏失。（陈伯璋，张新仁，蔡清田，等，2007）

第二是核心素养是一种强调全人的或全方位的素养（陈伯璋，张新仁，蔡清田，等，2007）；核心素养系指个人所需具备的素养，以促使学习者能够在各种生活情境中有效地进行学习。教育是在培养学生了解自己，学会与他人互动，进而适应社会生活，所以全人所应具备的素养应是多方面的，知识、能力、优质习惯、态度及价值观的培养亦不容忽视。这种特质也彰显了核心素养是可教的、可学的且是有待进一步探究的理念。这种特质也彰显了核心素养具有内隐的与外显的表现水平的“类似冰山”本质。

二、核心素养同时具备促进个人发展与社会发展的多元功能

核心素养的特质之二，是核心素养同时具备促进个人发展与社会发展的多元功能，核心素养可以达成不同的目标，如同DNA能使人体细胞发挥个别功能与群体组织的系统整合功能，以维持个人发展与社会发展的功能。换言之，核心素养具备多元功能，能够使人们达成各种重要目标，并且能使人们在多元脉络情境中解决各种问题，有助于增强个人的成就动机、工作的质量，同时强调社会的需求与功能。

核心素养的功能，可促进个人发展成功的个人生活，一方面，优质生活的经济地位与收入、政治权利与权力、教育与学习资源、住宅与基础建设、个人健康与安全、社会资本与网络、休闲与文化活动、个人自主与价值等有助于人们经营成功的个人生活；另一方面，优质社会的经济繁荣、政治民主、社会团结、尊重人权、机会均等、生态永续可以促进社会发展，有助于人们建构功能健全的社会。（蔡清田，2014；Gilomen，2003）

核心素养可以有效适应生活需求，具有个人发展与社会发展的双重功能，核心素养可协助个人完成自我实现，获得成功的个人生活，进而建构功能健全的社会。（OECD，2005）一方面，从有助于个人生存的功能的观点而言，核心素养可以协助个人获得优质生活与成功的人生；另一方面，从社会的功能的观点而言，有助于培育健全公民与世界公民，增进社会福祉，建立功能健全的社会（Rychen & Salganik，2003），促成社会经济繁荣、政治民主、尊重人权与世界和平、生态永续发展等人类理想愿景价值的实现。换言之，核心素养兼重促进个人发展与促进社会发展的双重功能，特别是为了健全发展，个体必须具备适应未来混沌复杂社会情境

与优质生活的需求所不可欠缺的知识、能力、态度。基本能力强调促进个人发展所需具备的能力，较重视个人能力，强调满足个人的基本生活的需要能力，解决基本生活及工作场域的问题，甚至流于个人主义，往往未能顾及社会需求，也未能全面顾及社会功能，例如，个人有沟通能力却花言巧语地进行诈骗，利用信息能力窃取他人信息或盗刷信用卡，却违反社会文化价值。特别是世界是复杂多变且相互依赖的，同时也可能是彼此矛盾冲突并充满挑战的，社群、制度、组织都是如此。当生活世界愈来愈复杂多变，情境就愈来愈具有不确定性，个人与社会都必须通过学习以获得核心素养，并运用工具来充实自己，以有意义而能管理的方式来适应情境的复杂性与不确定性（Callieri，2001），这合乎联合国教科文组织所倡导的"学会做事"的核心素养。

从知识经济的观点而言，随着国际资本主义的发展，跨国公司将资本、人力、商品和物资运送到世界各地。因此，未来的教育必须跨出学校教育，延伸至终身学习，培育学生的自我学习能力，才能适应变动如此快速的社会生活。核心素养具有同时促进个人发展、自我实现以及社会发展的双重功能。一方面，从个人的观点而言，核心素养可以增能赋权，促成个人发展的自我实现；另一方面，从社会的观点而言，具有核心素养的个人，可以通过社会参与和与异质性社群进行互动，以达成共同目标，促进社会发展并做出社会贡献。一方面，核心素养的任务，不只是可以协助学生学会共同语言的听说读写，通过共同理解减少族群隔阂，并可以增能赋权，促成个人的自我实现，追求个人成功的优质生活；另一方面，核心素养也可以担负起传递社会共同价值与规范的任务，能够促进个人在多元复杂的情境领域中更有效能地参与社会，促进社会凝聚发展及建立功能健全、运作良好的社会。

三、核心素养具有跨越各种社会场域与学习领域等多元场域的广度

核心素养的特质之三，是核心素养具有跨越各种社会场域与学习领域等多元场域的广度，多元场域的特性可以被学习迁移并运用到许多不同的社会情境与学习领域之中。例如，自主行动、沟通互动、社会参与等维度的核心素养不只是一个名词，还是一个动词，既是现在进行式，也是未来式，可跨越社会各场域、学习各领域，具备适应后现代社会的多元、弹性与包容的特性，能够适应不同教育阶段的发

展（蔡清田，2011a），展现出终身学习者的多样学习维度，更显示了核心素养的动态历程，说明学生终身学习能前瞻性地适应未来社会的生活需要，并使各种组织发挥其社会组织功能。

从社会学观点而言，核心素养是行动主体能动者与生活环境、脉络情境进行互动的过程当中，具有主体能动性的行动实践智慧（Giddens，1984），其中涉及主体能动者的行动实践智能的知识、能力与态度等多元维度，并能结合个体内部情境的认知、技能与情意等复杂心智的行动先决条件，进而统整个体的知识、能力与态度，扮演反思的实践者（Schon，1983），通过行动反思与学习，促成个体展现主体能动者的负责任的行动。

更进一步地，社会学家Philippe Perrenoud（2001）认为，要定义个人在21世纪优质生活中所需的核心素养，只凭专家学者所定义的概念是不够的，其关键在于核心素养应包含伦理的与政治的内涵，以及核心素养应展现出可观察到的社会实际与社会发展趋向。就社会学观点而言，教育的主要功能在于使个人社会化，使个人在某一特定的社会中，发展自我观念与学习该社会的生活方式，并使其履行社会角色。在社会化的条件下，发挥个人潜能，从事社会活动，使个人具有核心素养并能与社会互动是很重要的。在社会学观点下，个人需具备公民的核心素养，以便呼应社会生活的期望，并参与社会的运作机制。因此人们强调分析情境以及人际关系的核心素养，能与人团队合作以及分享领导力的核心素养，管理并解决冲突的核心素养，跨越文化差异并建构经过磋商的秩序的核心素养。

特别是，个人所处的社会生活情境，牵涉个人所处环境脉络的人、事、物所构成的各种生活问题与工作挑战，亦即根据个人所处环境、脉络情境因素来定义素养。这种核心素养的社会学理论基础，呼应了第一章第四节素养的模式所论及的：可以用个人以及所处的情境脉络与个人所采取的主体行动等要素，阐述个人及其所处的制度结构之间的动态关系，因为个人所处的社会环境、脉络情境的条件不同以及根据的前提不同，核心素养可以协助个人弹性地适应不同环境、脉络情境而调整其行动，甚至如同“变形金刚”，能有弹性地适合后现代社会各种复杂多变情境的应用需要，以适应各种不同情境领域的不同需求与任务挑战。以上说明了素养的模式，适合各种多元的社会环境、脉络情境的各种需要，有助于个人成功地适应社会情境的需求，而且更彰显了素养的模式是一种社会行动的转型模式。

这种核心素养的社会学理据也呼应了本章第二节核心素养的理据的社会学理论基础观点：个人需具备核心素养，以便呼应社会生活的期望，并参与社会的运作机制。基于上述社会学理论基础的观点，Perrenoud（2001）特别关注“在复杂的社会情境中，个人需要拥有哪些核心素养才能自由独立地生存与活动?”Perrenoud特别引用了Bourdieu（1983）所建构的专有名词——“社会场域”（social fields），社会环境可以分成许多各种不同的社会场域，如亲子关系、文化、宗教、健康、消费、教育训练、工作、媒体、信息及社区等，人们可以获得社会兴趣、规范、权力关系、社会互动等为基础的一组社会地位动态组合。

就核心素养的广度而言，核心素养具有跨越各种社会场域与学习领域的广度，不仅是具备多元维度的综合整体与具备多元功能，更能跨越生活的各种不同的多元社会场域边界，并跨越各级学校的主要学习领域课程科目内容及重要的新兴议题。核心素养并不特别限定于某个场域，而是跨越了所有的社会场域，例如，柯华葳，戴浩一，曾玉村，等（2010）进行的“公民语文素养指标架构研究”，便指出功能性素养强调以达成生活目标为主，包括日常生活、学习、职场、健康及休闲五大场域，批判性素养以社会公民参与终身学习为目标，分为政治、经济、社会、科技、文学与艺术等场域。因此，个人无论在哪一个机构、担任哪种工作或处在哪种情境中，都需要能有效运用核心素养。核心素养是对每一个人都非常重要而关键的知识、能力与态度等行动的先决条件，能够协助个人有效参与学校教育、各行业市场、社会团体以及家庭生活。

换言之，核心素养的场域普及广，并不限于学校，家庭、组织、职场及社会均应担负起培育责任。在此过程之中，学校与成人社会教育机构均很重要。值得注意的是，核心素养的相对重要性可能会因其所适用的环境、脉络情境的不同而有所差异。其适应特定生活场域文化的、情境的与其他环境脉络因素所塑造出来的需求的特定性与相对的权重，可以运用多维度空间的方式来加以说明。举例而言，经济合作与发展组织完成的“素养的界定与选择”的研究提出了“能自律自主地行动”“能互动地使用工具”“能在异质社群中进行互动”三个维度的核心素养，每一个维度所对应的是在某一特定情境之中，为了达成某种特定目的所需要的特定核心素养。

这套核心素养，彼此相互关联且同时各有其强调的重点范畴，提供了不同的重点，能跨越生活的各种不同的多元社会场域边界，能协助个人有效参与学校、劳动市场、政治运作过程、社会团体以及家庭生活等，并跨越各级学校的主要学习领域课程科目内容及重要的新兴议题，以协助个人在不同的环境、脉络情境之中行动，达成多元目标，并在社会文化环境、脉络情境之中，经由调整适应、塑造影响与选择环境，以协助个人成功实现获得优质生活与适应优质社会的发展愿景。例如，经济合作与发展组织（OECD）认为核心素养的定义内容需与生活维度有关，其中可能包括辨识、理解、解释、创新、沟通、计算、使用不同内容与形式的印刷或书写档案的素养，通过不断学习，使个人继续发展知识、能力与态度，以达成个人目标并参与公民社会。（蔡清田，2012）

在某些特定情境中，为达成某种特定目的而需要的核心素养，具有达成不同情境脉络的不同特定目的的个别贡献程度的相对重要性，皆可在各种社会情境脉络的运用中找到适当定位。核心素养跨越各种社会场域边界，这项特质在社会与学校方面有两个重要维度的意义。

第一，核心素养能跨越生活的各种不同社会场域边界，能协助个人有效参与学校、劳动市场、政治运作过程、社会团体以及家庭生活等各种社会场域。特别是，社会环境可以分成许多各种不同的社会场域，如亲子关系、文化、宗教、健康、消费、教育训练、工作、媒体、信息、社区、政治、经济等。因此，一方面，核心素养能跨越生活的各种不同的多元社会场域；另一方面，个人也可以通过在这些各种不同的多元社会场域的行动，获得社会福利、规范、权力关系、社会互动等为基础的一组社会地位动态组合。

社会场域包括许多不同领域的挑战与利益以及不同形式的资本，如金钱、知识、地位、社会网络、人际关系等，行动主体可以在社会场域中不断进行奋斗，以获得权力并界定该场域的界限，如此，社会场域就如同游戏一般，都有参与的玩家、挑战者、规则、利益以及合法的竞争。个人作为一位社会场域当中的一员、参与者而非旁观者，就必须去熟悉该社会场域问题当中可以被质疑的规则、价值、符号密码、概念、语言、法律、制度、对象。为了参与社会场域的游戏或探索生活中的许多重要领域，个人有必要去了解这些游戏的要求与游戏规则，以便能探索不同社会场域与弹性适应不熟悉的情境，因此，个人不只要知道是什么，更要知道如何去做，以及了解过去经验的形式，建立过去经验的情境与新情境之间的关系，并运用这些关系形式去引导其行动。

核心素养能跨越生活的各种不同的多元社会场域边界，各种核心素养必须能够运用在不同的多元社会场域的生活情境中，个人必须具备胜任扮演工作者、家庭成员与社区公民角色的能力。例如，欧盟执行委员会的《终身学习核心素养：欧洲参考架构》将生活场域界定为家庭、职场、教育与训练及休闲四大场域。“国际成人素养评价计划”所界定的素养为：现代公民为了达成有效的社会参与所需的各种素养，其素养的适用情境包含个人、家庭、健康、消费、休闲、职场、教育与训练以及社区和公民等各种多元的社会场域。

第二，核心素养能跨越各级学校的主要学习领域课程科目内容及重要的新兴议题（OECD，2000），例如，语文、数学、自然科学、社会科学、健康与体育、艺术、科技等主要学习领域科目内容，以及生命教育、性别教育、信息教育、环境教育、人权教育、家政教育、海洋教育等重要的新兴议题。因此，一方面，教育人员应理解核心素养能跨越各级学校的主要学习领域课程科目内容及重要的新兴议题；另一方面，学校教育人员应适当地规划设计课程，安排学生参与学习这些各级学校的主要学习领域课程科目内容及重要的新兴议题，以协助学生学习获得核心素养。特别是，通过学习各级学校教育的主要学习领域课程科目内容及重要的新兴议题培养未来社会的公民具有必要的核心素养，以便能在许多不同的社会情境当中来回穿梭，方能获得成功的、有责任的、有生产力的生活，扮演社会中许多不同的角色，并在许多不同的情境中获得理解并采取负责任的行动，以适应当代生活的不同需求与挑战。（Canto-Sperber & Dupuy，2001）

四、核心素养牵涉反省思考的高阶心智及复杂性行动学习的高阶复杂深度

核心素养的特质之四，是核心素养牵涉反省思考的高阶心智及复杂性行动学习的高阶复杂的深度。其中，核心素养的内部深层结构具备高阶复杂的特性，核心素养已经超越行为主义层次的能力，其内涵比一般的能力较为高阶复杂且深邃，牵涉内在动机、自我概念、认知、技能、态度或价值等（McClelland，1973；Spencer & Spencer，1993），包括认知的技能或心智慧力与非认知的技能与情意（Weinert，1999）。特别是，核心素养统整了认知的技能或心智慧力，诸如分析或批判技能、做决定的技能、问题解决的技能，以及结合以认知为依据的个体内部情境的社会心

智运作机制，并激发其动机、情绪与价值（Haste，2001），有助于激发主体能动者个人行动的成就动机，提升其工作的质量。特别是反思与学习是对个体内部情境的社会心智运作机制需求的响应，有助于个体获得成功的生活与适应功能健全的社会。

就核心素养的深度而言，核心素养涉及反省思考及行动与学习的高阶心智复杂性的深度，因此Haste（2001）指出，核心素养必须跳脱以内容领域为基础的技能的理论构念，核心素养涉及自我管理、自我监控、主动进取，强调管理动机、情绪及欲望的核心素养和行动主体性与责任的核心素养，核心素养并不只是记忆能力，而是涉及既有深度又有广度的高阶复杂反省思考的运作机制，具有复杂科学理论的复杂思维的精神，如同DNA是存在于人体细胞的一种有机化合物，是具有高阶复杂性的基因密码，而且是人体细胞所构成的各种器官与复杂组织系统的构成要素，可以通过不同组合成为各种不同领域的组织系统，并展现出各种不同功能。核心素养此种牵涉反省思考及行动与学习的高阶心智复杂性的深度的特质，也彰显了第一章第三节素养的本质所论及的素养具有外显的可见的知识、能力，以及内隐的态度与认知、技能、情意，具有“类似冰山”本质，不仅具有有待进一步探究检验的性质，也具有可测量的性质。（蔡清田，2011b）

胡志伟，郭建志，程景琳，等（2008）便从心理学维度进行“能教学之适文化核心素养研究”，其研究显示依据特定核心素养所发展的教学活动，将有助于学生提升其核心素养。这种心理学的论点，重视学生心理潜能的教育发展，主张促进学生的能力发展，启发好奇心、求知欲和探索创新的精神，协助学生形成完善人格，协助学生学会认识和接纳自己、学会人际交往、认识学习的价值，形成正确的学习动机及学会学习，如此才能适应未来社会的竞争与挑战。这种论点相当接近人本主义的教育目标，着重在建立学生的积极自我概念，重视积极的人际关系发展及真诚的人际沟通，强调人性尊严与价值，重视对态度、品德、价值观念等的培养。（陈伯璋，张新仁，蔡清田，等，2007）

经济合作与发展组织自1997年推动“国际学生评价计划”以来，即不仅试图架构出学生在阅读、数学、科学等方面的学科能力，更是要学生能在复杂的社会中，具有广泛解决问题的核心素养。核心素养不仅可以协助个人针对环境、脉络情境的需求进行适应，更能协助个人发展出高阶心智复杂性的反思力，这种反省思考及行动与学习是核心素养的核心，涉及相当复杂的心智过程，并且要求个人将思考过程从主体转变为客体，这是学习如何学习的元素养的特质。特别是所谓有素养的人强调个人心智的自律自主以及积极反省与主动学习（Haste，2001），核心素养不仅能够协助个人进行抽象思考与自我反省，亦能协助个人扮演反思的实践者，在社会化的过程中明确找到个人的自我价值与定位。

核心素养与两种理念关系密切：第一，核心素养不仅可协助人类获得优质生活；第二，核心素养更可协助人类面对当前社会及未来的生活情境的挑战。重视人在生活情境之中的行动与互动，强调自我精进的行动、社会发展的互动以及互动地使用工具沟通，这是个人处于社会中的关键素养。其中所涉及的自主行动、沟通互动、社会参与等关键而必要的素养，可以通过个人积极主动的行动，并与情境进行互动而不断地获得，更反映了以人为主体并能积极主动与环境中的人、事、物进行情境互动的经营之道。要根据情境变化调整方向，强调人与时间、空间的互动与生命对话，这是优质生活所需的必要的素养，也是现代社会公民的必备条件，更是社会发展所不可或缺的重要素养，是适应人类优质生活所需的核心素养，而不只是一般的基本生活所需的素养。一般基本生活所需的素养是能自己行动，能与他人互动，能使用工具。但是优质生活所需的复杂心智的核心素养，就不只是能自己行动，而是要采取反省思考、勇于负责与积极主动的自律自主行动，亦即自主行动；也不只是能使用工具而已，而是要进一步能互动地使用工具；进行沟通互动，不只是能与他人互动，而是要能与异质社群互动，积极进行社会参与。

就核心素养的深度而言，核心素养涉及个人内部情境的社会心智运作机制的认知、技能以及情意价值、动机等反思与学习的高阶心智复杂性，以响应外部情境复杂需求下的任务行动。此种涉及个人反省思考及行动与学习的高阶心智复杂性的反思力可以协助个人：①在面对复杂多变的脉络情境时，能跳脱出对以往学校所学的依赖；②从经验中进行学习，而不会让个人的行动受限于具有排他性的思考以及所处社群的期许；③对自己的所思、所想、所感负起责任；④能形成复杂的价值体系，以兼容并蓄各种可能相互矛盾的价值观。（柯华葳，刘子键，刘旨峯，2005）

核心素养涉及了高层次的心智复杂机制，核心素养不只是记忆可以累积的知识、抽象思考与社会化而已，这些已不足以适应当代社会生活的复杂需要的挑战，当代变迁社会的情境所需要的核心素养具有更高水平的心智复杂性，也是一种自律自主、有秩序的心智复杂机制，这合乎复杂科学/系统理论的复杂思维，特别是系统思维强调整体与部分、系统与环境之间的辩证或复杂关联性，部分与整体相生相续、相辅相成。这种心理秩序的复杂性，是一种重要的反省思考及行动与主动学习的整体生活方式，有助于个人从经验当中进行反省思考及行动与主动学习，扮演反思的实践者，而不会受到其所处环境传统思维的限制的束缚。反省思考及行动与主动学习，是一种将主体当成客体的思考复杂转化的个人内部的社会心智运作机制历程，将所知的要素转化成为可以反省思考、可以处理、可以端详、可以推论其关系、可加以掌控、可以内化、可以同化、可以运作的对象，主体则是我们的认同体、连体、合体之所在。（Kegan，2001）换言之，个人若能通过反思与学习获得核心素养，其重要的结果便是更具有责任心，更能掌握自己，并进行更高水平的反省思考及行动与主动学习。

核心素养的特质，便是个人在道德和智慧思想上的成熟，个人能够担负起自我反省思考及行动和学习的责任。此种反省思考及行动必须运用元认知技能、创造力以及批判能力（OECD，2005），这不仅涉及个人如何进行思考，也包括个人如何建构其思想、感受以及社会关系的整体生活经验，要求个人到达一种更为成熟的境界（陈伯璋，张新仁，蔡清田，等，2007）。特别是反省思考及行动与学习具有高层次的心智复杂性，并不是一种较高级的学历水平，而是一种批判思考与反省思考的整体发展，也是生活中正式与非正式的知识、能力、态度、情意及经验的累积的总和。（Perrenoud，2001）因此，这不只是一个认知或心智的问题，而是一个涵盖适当动机、伦理的要素、社会的要素、行动的要素以及认知的要素与心智的要素等的复杂行动体系的问题。大多数的个人通常都是必须到达成年之后，才能发展出较高水平的心智复杂性，这是建立在人类发展演化、进化与长期教育的成果之上的，个人才能将更高级水平的心智复杂性融入其思考与行动当中。因此，反省思考及行动与学习，此种较高水平的心智复杂性，是核心素养的重要特质，而且与长期教育培养的关系十分密切。

五、核心素养必须通过各级教育阶段的终身学习长期培育

核心素养的特质之五是核心素养必须通过各级教育阶段的终身学习的长期培

育，强调核心素养是后天习得的，可以从学习中获得，这彰显了第一章第三节素养的本质与第四节素养的模式的观点，素养是可教的、可学的，并且可由社会的、动机的、教学的触动引发，如同DNA是人体细胞所构成的各种复杂组织系统的构成要素，而且也需要经过各种教育阶段的长期培养，吸收各种营养素才能发挥其功能（蔡清田，2017）。

核心素养的发展乃是终身学习的终生历程，始于家庭教育、学校教育与社会教育，而贯穿人的一生。核心素养系可持续发展的，且在不同人生阶段中被强化了，涉及了终身学习的历程。核心素养的这种特质，也呼应了本章第二节核心素养的理据的人类学家Goody（2001）强调的核心素养的理论基础，必须建立在实际的人类社会背景之上。同样地，Sen（1985）亦主张核心素养能成功地适应人类生活情境的需求，并从满足个体的前提出发，强调每个社会应尽可能地满足不同社会成员生活所需的基本需要。其基本假设是，个体与所处的生活情境之间的关系是辩证的、动态的，个体的行动发生在生活环境的政治、工作、健康医疗等社会文化脉络的社会场域复杂需求之中，亦即，核心素养可以从生活环境、脉络情境中获得，并可在生活环境脉络的各种多元的社会场域情境中加以运用，因此，其与人类生活情境的关系相当密切。（Oates，2003）因此，核心素养的发展，必须通过人类的社会化以及在一般性的文化环境中实现。这种人类学的论点相当合乎多元学习所重视的学校外的教育，可扩展过去的教育场所，不局限于学校。（陈伯璋，张新仁，蔡清田，等，2007）

另外，核心素养必须通过各级教育阶段的终身学习的长期培育的此种特质，也彰显了核心素养具有动态发展的本质，是不断成长与改变的，是可学与可教的，而且可因学习经验、教学指导而发展。特别是，核心素养不应单独针对特定的学校教育阶段与教育类别，而应着眼于整个社会的教育体系与人力发展专业的共同架构，更着眼于个人在终身学习、生活适应、生涯发展、社会参与、公民责任等方面所需要的素养的培育与提升。

核心素养是可以通过教育加以引导的、可以通过教学加以培养的、可以通过学习获得的，而且各项核心素养的培养，均是一种终身学习与发展的历程，而非仅存在于特定的教育阶段。（OECD，2005）核心素养可以在学习历程中持续发展，特别是必须通过不同教育阶段的终身学习的长期培育，也就是通过每个教育阶段的课程设计与教学实施加以培养，并经过学习者一段特定时间的学习和累积充实而获得。学习者不仅能有效地进行学习，更能通过学习获得个人生活与现代社会公民必备素养所需要的知识、能力与态度，以获得个人的成功生活与适应功能健全的社会。而且核心素养的培养乃是终身学习的历程，始于初始教育，而贯穿人的一生。学校教育仅是发展核心素养的一个阶段，如何在各种时期与环境中有效发展这些素养，并有助于个人创造成功的生活，乃成为一个亟待解决的问题，而这需要通过各级教育阶段的终身学习的长期培育。特别是，从教育心理学的理论观点而言，这些高阶复杂的个人内部情境的社会心智运作机制的认知、技能、情意等行动的先决条件，是一个连续体的状态，具有高低不一的表现水平。因此，核心素养可以在儿童期、青少年期、青年期与成年期等不同发展阶段被培育，并使人们逐渐增进心智的复杂性。（Rychen & Salganik，2003）

总之，核心素养是具备多元维度的综合整体，核心素养同时具备促进个人发展与社会发展的多元功能，核心素养具有跨越各种多元场域与学习领域的广度，核心素养牵涉反省思考及行动与学习的高阶复杂的心智深度，核心素养必须通过长期培育。就课程设计而言，核心素养可以作为教育目标的重要来源，不仅有助于个人发展，获得优质生活，且可促成社会发展，产生社会经济效益，并可培养公民的终身学习、社会公民责任等各种社会核心价值，甚至可以成为“K-12年级基础教育课程纲要”的课程目标的重要来源与各学习领域课程的重要内容来源。本书将在下一节核心素养的培养进一步加以论述。

第四节 核心素养的培养

联合国教科文组织、欧盟、经济合作与发展组织等国际组织的美国、英国、法国、德国、加拿大、新西兰、澳大利亚、新加坡等许多先进国家和地区都在关注课程改革的新趋势，特别是有计划地培养公民所需的核心素养更是备受世界先进国家和地区的普遍关注。在上一节核心素养的特质的基础之上，本节核心素养的培养将更进一步从这些学术理据与特质论述核心素养培养的五种途径，如图2–3核心素养培养的五种途径所示：

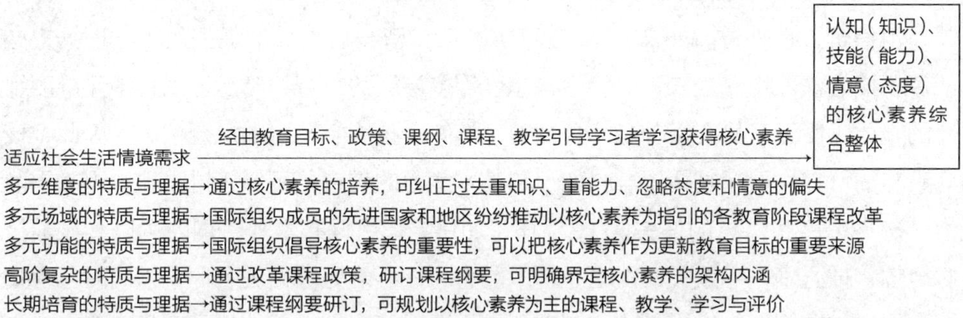

图2–3 核心素养的五种培养途径

核心素养的培养与核心素养的学术理据及特质有着密切关系，如表2–12核心素养的五种培养途径及其相应的特质与学术理据所示，可资作为未来课程设计的应用的参考，详细论述如下。

表2-12　核心素养的五种培养途径及其相应的特质与学术理据

核心素养的五种培养途径	相应特质	学术理据
通过核心素养的培养，可纠正过去重知识、重能力、忽略态度和情意的教育偏失	多元维度	哲学理据
国际组织倡导核心素养的重要性，可以把核心素养作为更新教育目标的重要来源	多元功能	经济学理据
国际组织成员的先进国家和地区纷纷推动以核心素养为指引的各教育阶段课程改革	多元场域	社会学理据
通过改革课程政策，研订课程纲要，可明确界定核心素养的架构内涵	高阶复杂	心理学理据
通过课程纲要研订，可规划以核心素养为主的课程、教学、学习与评价	长期培育	人类学理据

一、通过核心素养的培养，可纠正过去重知识、重能力、忽略态度和情意的偏失

本书前一节核心素养的特质指出，核心素养的特质之一是核心素养是具备多元维度的综合整体，多元维度的特性是指核心素养具备的多元性，是建立在后现代社会的多元性的哲学理据之上的，特别呼应了埃德加·莫兰的哲学的复杂科学/系统思考的复合思维，他重视核心素养的“整体论”/“全像理论”（Hologram）（冯朝霖，范信贤，白亦方，2011），彰显了本章第二节核心素养的理据的哲学理据，亦即每项核心素养均涵盖知识、能力与态度等多层面的整合，乃是一系列多元维度组合的整体，彰显了核心素养是一种涵盖了认知、技能、情意的复合构念。因此，核心素养的培养，可超越传统学科知识和基本能力的教育，可纠正过去重知识、重能力、忽略态度和情意的偏失。（蔡清田，2014）采用核心素养一词，可以彰显其核心地位，核心素养涵盖关键能力、基本能力、核心能力等相关名词，以同时包含知识、能力与态度等维度，一方面可避免常人误认能力相对于知识且容易忽略态度和情意的偏失，另一方面可强调知识、能力与态度统整的核心素养理念。就教育功能而言，核心素养是可教、可学的，这也彰显了本书所指出的核心素养是不断发展与改变的，可因学习经验、教学指导而发展，可以产生生活情境需求引发的行动，激发学习者个人内在的社会心智运作机制的认知、技能、情意价值动机等，以引导学习者学习获得知识、能力、态度（蔡清田，2016）。

过去台湾地区的学校教育常流于考试领导教学的弊病，偏重学科知识的学习，而中小学九年一贯课程改革强调基本能力，却被误认为忽略情意教学的重要性。台

湾地区传统学校教育环境所培养的学生的考试能力一流，但在积极创新应变的企业家精神、自动自发方面的精神却不足。此外，台湾地区的学生亦较缺乏自我学习的态度，学习常常需要依靠外在动机去引发与维持，一旦离开学校便失去自我学习的动机。最后，台湾的学生在自我负责方面的精神亦有所不足，在学校时作弊、盗版，出社会后收红包、走后门，学校极少要求学生思考其自我行动对于个人与社会所造成的不良影响，更遑论引导学生思考如何通过其个人或集体的行动来帮助弱势族群以建构更公平的社会。（陈伯璋，张新仁，蔡清田，等，2007）因此依据特定核心素养所发展的课程教学活动，将有助于学生提升其核心素养。（胡志伟，郭建志，程景琳，等，2008）就此而言，传统的知识累积与能力训练已不足以帮助个人面对当代社会生活需求所带来的挑战，个人要面对这些挑战，必须具备处理复杂心智任务的核心素养。一方面，核心素养的培养，可纠正过去重知识、重能力、忽略态度的教育偏失；另一方面，具备这些核心素养的个人，更能进一步运用其认知和实际的技能、创造能力以及其他的心理资源，如态度、动机、价值，个人能够在道德和智慧思想上更为成熟，能够担负起自我学习和行动的责任，因此可超越传统知识和能力训练的限制。（蔡清田，2011a）

台湾地区的“中小学课程纲要雏形拟议之前导研究”的“中小学课程纲要系统图像之研究”指出，中小学九年一贯课程部分对“基本能力”确实要求过高，可考虑中小学教育阶段性质加以调整，同时再进一步深入探究相关文献，并经专家咨询以建构共识，此宜进行长期的理论基础性研究。（冯朝霖，范信贤，白亦方，2011）未来的课程改革的规划，宜吸取教训，避免上述基本能力的缺失，冀能通过核心素养的培育以弥补基本能力的不足，并能延续其优点，进而提升素养的水平。特别是，台湾地区过去较重视学科知识，中小学九年一贯课程改革被误解为强调行为主义的基本能力，而相对地忽略知识与态度和情意。如图2-4十二年基本教育课程改革核心素养，涵盖学科知识与基本能力的关系图所示，十二年基本教育课程改革，不只是强调学科知识或基本能力，而是同时重视知识、能力与态度和情意，并将十二年基本教育的课程理念内涵，加以扩展并升级进化、转型成为能同时统整学科知识、基本能力与态度和情意的核心素养，可以纠正过去重知识、重能力、忽略态度的偏失。（蔡清田，2011b）

从教育的观点而言，首先，核心素养是可以通过教育加以引导的、可以通过教

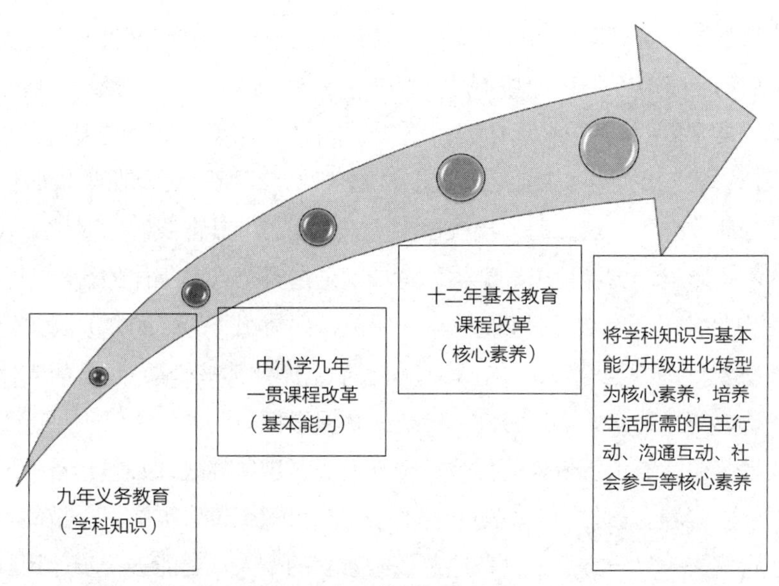

图2-4 十二年基本教育课程改革核心素养涵盖学科知识与基本能力的关系图

资料来源：修改自蔡清田. 素养：课程改革的DNA. 台北：高等教育出版公司，2011：157.

学加以培养的、可以通过学习获得的。而且核心素养的培养是一种终身学习与发展的历程，而非仅存在于特定的教育阶段。其次，核心素养跨越生活的各种不同的多元社会场域，并跨越各级学校的主要学习领域课程科目内容及重要的新兴议题。特别是，核心素养是不因情境差异而有所不同的素养，是让人们可以终其一生无论在哪一个机构、担任不同的工作、处在各种不同的多变情境中，均能有效运用的核心素养。这是对每一个人都非常重要而关键的知识、能力与态度等行动的先决条件的整体，能够协助个人有效参与学校教育、各行业市场、政治过程、社会网络以及家庭生活。此种论点可以支持核心素养的研究，能兼顾个人与社会所需的一般生活或社会各种情境领域所需要的特定知识、能力与态度。

尤其是核心素养强调自主行动、沟通互动、社会参与等的学习与适性发展，而且强调可学与应学的核心素养可适应社会发展的需要，但是，能教、能学、可教、可学并不等同于易教、易学。因此，就核心素养的培养而言，最重要的问题是如何通过课程规划培养核心素养。因此，进行核心素养的培养可作为培养未来社会所需的优质人才的参考，特别是可以通过教育协助个人获得成功的个人生活，进而建立功能健全的社会（蔡清田，2016），这也呼应了许多国际组织倡导的核心素养的重要性，以下会进一步阐述。

二、国际组织倡导核心素养的重要性，可将核心素养作为更新教育目标的重要来源

本章前一节核心素养的特质指出，核心素养的特质之二，是核心素养同时具备促进个人发展与社会发展的多元功能，多元功能的特性是具备多种功能可以达成不同的目标，如同DNA能使人体细胞发挥个别功能与群体组织的系统整合功能，以维持个人发展与社会发展的功能。因此，核心素养的培养，可以协助个人获得成功的个人生活，进而建立功能健全的社会。特别是核心素养的培养，可追溯到联合国教科文组织、欧盟、经济合作与发展组织等国际组织倡导核心素养的重要性的影响，主张以核心素养作为更新教育目标的重要来源。（蔡清田，2012）

联合国教科文组织、经济合作与发展组织、欧盟等国际组织所倡导的核心素养的理念，一方面可以彰显素养的核心地位，另一方面可以彰显核心素养可涵盖核心能力或关键能力等范畴。（洪裕宏，2008；胡志伟，郭建志，程景琳，等，2008；高涌泉，陈竹亭，翁秉仁，等，2008；陈伯璋，张新仁，蔡清田，等，2007；彭小妍，王瑷玲，戴景贤，2008；顾忠华，吴密察，黄东益，2008）例如，联合国教科文组织教育研究所在2003年所出版的《开发宝藏：愿景与策略2002—2007》一书中提到，为适应社会不断的变迁，现代人必须具备“学会求知”“学会做事”“学会共处”“学会自我实现”“学会改变”的终身学习的核心素养，而且为了能充分发展阅读能力、思考能力、生活能力与创造能力，学习已经成为终身的持续历程。而且核心素养的发展，也是终身学习的历程，并非仅存于生命中的某个阶段，人们必须从个人小时候即开始培育核心素养，而后核心素养持续发展到终其一生。整体而言，核心素养的培养与发展涉及层面颇广，主要涉及教育政策、学习者、学校以及社会各层面，各层面环环相扣，必须通过整体规划各阶段教育与社会教育，方能充分发挥培育核心素养的效果。

联合国教科文组织所发表的《学习：蕴藏宝藏》报告书更明确指出，教育是造就未来优质人才所需核心素养的重要方法。一方面，教育必须在持续变动不已的情境中，发展出复杂世界的地图；另一方面，教育提供指南针，协助个人在环境的图

像中找到前进的通路。基于未来社会发展的观点，传统学校教育提供有限的知识与能力，但人们希望能无限期地利用知识与能力，此举已不符合未来时代的需求。教育主管部门必须重视核心素养的培养的重要性，个人也必须在一生中把握与利用所有可能的教育机会以培育其核心素养，将个人的知识、能力与态度加以扩展并升级进化、转型成为素养与核心素养，并不断充实核心素养，进而适应复杂多变的世界。

欧盟提出了①母语沟通；②外语沟通；③数学素养以及基本科技素养；④数位素养；⑤学习如何学习；⑥人际、跨文化与社会素养以及公民素养；⑦积极创新应变的企业家精神；⑧文化表达八大核心素养。（EC，2005）又如，经济合作与发展组织推动“国际学生评价计划”，进行“素养的界定与选择”（DeSeCo）的研究，试图让学生不仅只有阅读、数学、科学等方面的学科知能，而且能在复杂社会中具有更广泛解决问题以获得成功生活与适应功能健全的社会的核心素养。因此，国际组织倡导核心素养的重要性，这些核心素养可作为更新教育目标的重要来源。

三、国际组织成员的先进国家和地区纷纷推动以核心素养为指引的各教育阶段课程改革

本章前一节核心素养的特质指出，核心素养的特质之三，是核心素养具有跨越各种社会场域与学习领域等多元场域的广度，多元场域的特性是可以学习迁移并运用到许多不同的社会情境与学习领域，而且核心素养是与争取人权与民主价值的人类世界愿景相互呼应的。因此，就核心素养的培养而言，联合国教科文组织、欧盟、经济合作与发展组织等国际组织成员的先进国家和地区，纷纷推动以核心素养为指引的各教育阶段课程改革。

例如，核心素养在德国、挪威、瑞典、芬兰、丹麦、新西兰等许多国家和地区，已经被当成教育目标的重要来源，并规划成为重要学习领域的课程方案架构内容的重要来源，以推动课程改革，甚至转化成为6岁、12岁、15岁、18岁公民所应该学习获得的核心素养，从而垂直连贯幼儿园课程、小学课程、初中课程、高中课程等不同教育阶段课程内容。特别值得注意的是，如奥地利、罗马尼亚、波兰、挪威等国不仅强调根据核心素养进行各教育阶段课程改革，更提出了跨越课程的发展策略；特别是，奥地利与罗马尼亚规划了课程纲要，波兰规划了教育通道，挪威规划了核心课程并采

取了协同教学策略，以素养取向的教师职前教育与在职进修专业发展取代科目取向的教学进路，教师的角色和评价学生学习结果的方法有了重大的变革。

特别是，核心素养不只是可学、可教、可评价的理论构念（蔡清田，2011b），人们更可以通过各教育阶段课程建构，经由课程规划、设计、实施、评价，培养并评价学习者的核心素养。对于这些核心素养的培养的相关策略，作者将在下文进一步加以阐述。

四、通过改革课程政策，研订课程纲要，可明确界定核心素养的架构内涵

本章前一节核心素养的特质指出，核心素养的特质之四，是核心素养牵涉反省思考的高阶心智及复杂性行动学习的高阶复杂的深度。就核心素养的培养而言，课程纲要是课程政策的具体展现，更是课程规划设计与实施的准则，研订课程纲要的主要目的在于确立各级学校的教育目标，规划课程架构，并制定实施的原则，其主要任务在于为学校课程指引明确方向与规范教学行动。因此，通过改革课程政策，研订“K–12年级课程纲要”，可明确界定核心素养的架构内涵。

值得注意的是，核心素养的界定与选择，其重点不在于确立一种唯一的核心素养定义，而是在于提供一套较为完整的核心素养的参考架构，使其所定义的核心素养更能兼具理论与实用价值，以明确界定核心素养的内涵，作为进行青少年与成人素养水平的国际调查评价的参考架构。因此，核心素养的选择必须符合三项条件：第一是必须有价值且可产生经济与社会效益；第二是必须能够应用在各种生活领域中并带来益处；第三是必须是对每个人都重要且能持续发展与维持的。换言之，核心素养的选择，特别是要能协助个人获得优质生活，以获得成功的个人生活，并进而适应功能健全的社会。例如，核心素养可作为重要的教育目标内涵，而且已经成为经济合作与发展组织以及欧盟等国际组织成员的许多国家和地区的教育目标。特别是核心素养在德国、挪威、瑞典、芬兰、丹麦、新西兰等许多国家和地区已经被当成整体的教育目标，据以推动课程发展与设计的改革。

将核心素养视为课程发展与设计的关键DNA而言，课程不只是改变心智的工具，更是改进核心素养的设计。核心素养确立之后，才能发展各教育阶段和各学习领域/科目课程纲要。因此，核心素养的确立与选用在教育和课程设计中扮

演着关键角色。核心素养不应单独针对特定的学校教育阶段与教育类别，而应着眼于整个社会的教育体系与人力发展专业的共同架构，更应着眼于个人的终身学习、生活适应、生涯发展、社会参与、公民责任等方面所需要的素养的培育与提升。教育主管部门可以推动以核心素养为指引的各教育阶段课程改革，进行课程规划、课程设计、课程实施、课程评价，培养学生的核心素养，并检核其核心素养。

五、通过课程纲要研订，可规划以核心素养为主的课程、教学、学习与评价

本章前一节核心素养的特质指出，核心素养的特质之五，是核心素养必须通过各级教育阶段的终身学习的长期培育，强调核心素养是后天习得的，可以从学习中获得，素养是可教的、可学的，并且可经由教学的触动引发。因此，就核心素养的培养而言，通过改革课程政策，研订“K–12年级基础教育课程纲要”，规划以核心素养为主的课程、教学、学习与评价，特别是可通过“K–12年级基础教育课程纲要”的核心素养的研订，阐明核心素养的课程规划、教学策略、评价方法等，以达到课程连贯的成效。（蔡清田，2008）

特别是，可通过研订“K–12年级基础教育课程纲要”，建立课程目标，培养学生学习的核心素养，作为教育管理部门、师资培育大学、学校教师等进行课程设计的参考，以提供教科书产业从业者进行教科书的设计的参考，以提供辅导团体进行教学辅导与教师精进教学的参考，以研拟教师专业核心素养学习重点及教师专业发展评鉴的配套措施，提出教学处方策略，以利于缩短“K–12年级基础教育课程纲要”与教学现场的落差，并引导课程、教学、学习与评价的前后一贯与紧密联结。

此种强调优质人才取向的核心素养的理念，可以用有目的的方式让学习者和核心素养产生联结，包括水平统整与垂直的连贯。尤其是，就课程与教学而言，对每一种教育类型、每一个教育阶段、每一个年级与每一个学习领域的每一门课所要教导与评价的核心素养及其相关的知识、能力与态度情意，都要明确地加以说明、陈述。培养核心素养的课程，应该包括以核心素养为依据的学习单元，并且最好还要包含教学活动方案与教材出版品及其他学习资源等实例，而且每一种教育类型、每一个教育阶段、每一个年级与每一个学习领域的每一门课也应该同时包括学习单元的教材数

据库。

一个前瞻的核心素养的课程改革，不仅是技术性地讨论与调整各学制的科目与学分数，还应能深入探究课程总纲内涵及各“学习领域/科目课程纲要”之间的连贯，以核心素养为核心，通过阐述课程纲要的基本理念与课程目标，界定核心素养的架构与内涵，据此进行课程规划、课程设计、课程实施与课程评价，特别是需通过评价确实检核学生是否具备核心素养，并确定学习者的达成程度，以免出现“政策说起来重要，教学做起来次要，评价考起来不要”的每况愈下现象。值得注意的是，核心素养并非课程改革历程当中的一项单独存在的部分，核心素养的理念，必须转化成为各教育阶段核心素养与学习领域学习重点，并和正式规划的课程与资源支持的课程的课程内容、实施教导的课程的教学策略、学习获得的课程与评价考试的课程等进行连贯与紧密联结。（蔡清田，2009）

以核心素养为指引的课程系统，是指研发一种培育优质人才的课程，以协助学生达成以核心素养为指引的课程目标的一种课程系统。此系统的共同一致性以核心素养为焦点，包括教与学的活动、学生学习的材料、利用评价来记录学生的核心素养达成程度，学习单元、教学顺序、学习经验、活动或策略与评价都以核心素养为指引。例如，经济合作与发展组织所进行的“素养的界定与选择”（DeSeCo）的研究，便提供了世界各国家和地区进行“国际学生评价计划”以评估15岁学生核心素养的理论依据。（蔡清田，2008）在教育情境脉络中，核心素养所需的知识、能力、态度等维度的行动先决条件（蔡清田，2011a），是可以加以预期与培养的，具有课程目标的价值。因此“K–12年级基础教育课程纲要”，可将核心素养视为课程目标的重要来源，并采用理论引导课程目标，以规划核心素养的培养。核心素养必须与学习领域的课程内容、教学运作与实施通则、学习评价等进行紧密联结（蔡清田，2009），人们深入探讨如何将核心素养的课程目标转化为更具体的各教育阶段核心素养目标，甚至进一步说明各教育阶段的学生课程所应该学习的知识、能力与态度，通过课程规划、课程设计、课程实施与课程评鉴加以实践，以有系统地培养符合未来社会下一代所需的核心素养（蔡清田，2016）。

在强调学生核心素养的情境之下，课程改革与学校的课程发展进入新的阶段，学校更进一步获得了更大的课程发展自主权，学校课程也更加开放，领域/科目的传统学科边界也更加模糊，学科内部及学科之间的传统界限可以重新加以鉴界。学校教育发展方向与教师教学实践从原来关注学科转为关注学生学习经验，更加注重学生的核心素养的培养，因此更关注学生学习体验及实践，学生的学习重点及学习经验也在发生变化，学生的学习开始走出教科书，走出个别教室，走出学校围墙，学生家长以及社会教育单位纷纷进入校园，成为学校课程发展的参与者，共同培养学生的核心素养。

课程发展要能适应不同教育阶段的教育目标与学生身心发展的特色，提供弹性多元的学习课程，以促成学生适性发展，并支持教师课程研发与创新。就课程设计与发展而言，学校课程发展应重视不同领域/群科/学程/科目间的统整，以及各教育阶段间的纵向衔接。课程设计应适切融入性别平等、环境、海洋、品德、生命、法治、科技、信息、能源、安全、防灾、家庭教育、生涯规划、多元文化、阅读素养、户外教育等议题，必要时由学校于校订课程中进行规划。为适应特殊类型教育学生的个别需要，应提供支持性辅助、特殊需求领域课程及实施课程调整。

就教学实施而言，为实践自主行动、沟通互动、社会参与三大维度的核心素养，教学实施要能转变传统以来偏重教师讲述、学生被动听讲的单向教学模式，转而根据核心素养、学习内容、学习表现与学生差异性需求，选用多元且适合的教学模式与策略，以激发学生的学习动机，学生应学习与同伴合作并成为主动的学习者。教师备课时应分析学生的学习经验、教材性质与教学目标，准备符合学生需求的学习内容，并规划多元适性的教学活动，为学生提供学习、观察、探索、提问、反思、讨论、创作与问题解决的机会，以增强学生对学习的理解、连贯和运用。教师应依据核心素养、教学目标或学生学习表现，选用适合的教学模式，并就不同领域/群科/学程/科目的特性，采用经实践检验有效的教学方法或教学策略，或针对不同性质的学习内容，如事实、概念、原则、技能和态度等，设计有效的教学活动，并适时融入数位学习资源与方法。教师布置学生作业宜多元、适性与适量，并让学生了解作业的意义和表现标准，以增强学生的学习动机、激发学生思考与发挥想象、延伸与应用所学，并让学生从作业回馈中获得成就感。为提高学生学习成效，使学生具备自主学习和终身学习能力，教师应引导学生学习如何学习，掌握动机策略、一般性学习策略、领域/群科/学程/科目特定的学习策略、思考策略以及元认知策略等。

就学习评价而言，学生是学习的主体，教师的教学应关注学生的学习成效，重视学生是否学会，而非仅以完成进度为目标。为了解学生的学习过程与成效，教师应使用多元的学习评价方式，并依据学习评价的结果，提供不同需求的学习辅导。学习评价应兼顾形成性评价、总结性评价，并可视学生实际需要，实施诊断性评价、安置性评价或学生转学评估。教师应依据学习评价需求自行设计学习评价工具。评价的内容应考量学生身心的发展、个别差异、文化差异及核心素养内涵，并兼顾认知、技能、情意等不同层面的学习表现。为适应特殊类型教育的学生的个别需求，学校与教师应提供适当的评价调整措施。教师应依据学科及活动的性质，采用纸笔测验、实作评价、档案评价等多元形式，并应避免偏重纸笔测验。学习评价报告应提供量化数据与质性描述，协助学生与家长了解学习情形。质性描述可包括学生学习目标的达成情形、学习的优势、课内外活动的参与情形、学习动机与态度等。

综上所述，核心素养是课程改革的关键DNA，可以通过分龄设计，进一步发展转化成为6岁、12岁、15岁、18岁公民所应该学习获得的核心素养（蔡清田，陈延兴，2013），也可以转化成为幼儿园、小学、初中、高级中学等各教育阶段核心素养，甚至可进一步转化成为各教育阶段的语文、数学、自然与生活科技、社会、艺术与人文、健康与体育、综合活动等学习领域的领域核心素养。这些都是核心素养与课程设计的重要议题。

第三章 核心素养的课程设计应用

第一节　以核心素养为指引的学校课程发展与设计架构内涵

本书第三章核心素养的课程设计应用，包括第一节以核心素养为指引的学校课程发展与设计的架构内涵、第二节以核心素养为指引连贯各教育阶段课程设计的重要性、第三节核心素养连贯幼儿园到高中阶段的课程设计特色和重点、第四节各教育阶段核心素养的课程连贯与课程统整设计原则。

本节旨在探讨核心素养的课程设计应用，呼应了第二章第四节核心素养的培养指出的通过制定课程政策，研订课程纲要，明确界定核心素养的架构内涵，更呼应了教育部原部长袁贵仁在2015年全国教育工作会议上的讲话中指出的“加快研制发布中国学生发展核心素养体系”。教育部则于2014年3月30日颁布了《关于全面深化课程改革　落实立德树人根本任务的意见》，把核心素养置于深化课程改革的背景下，以落实立德树人的教育目标。（中国教育报，2016a）更进一步地，2016年9月13日，北京师范大学的林崇德教授以课题组结果方式发布了《中国学生发展核心素养》的总体框架构成，包括文化基础（人文底蕴、科学精神），自主发展（学会学习、健康生活），社会参与（责任担当、实践创新）三个方面六大素养（人民教育，2016），但这些核心素养有待进一步落实在各级学校的课程标准或课程纲要之中。

因此，本节特别论述核心素养的架构，进而说明核心素养的内涵可作为借鉴的参考。首先说明台湾地区核心素养的重要研究沿革，延续联合国教科文组织、经济合作与发展组织及欧盟等国际组织的基础研究，归纳洪裕宏等（2008）的核心素养概念参考架构陈伯璋（2010）指出台湾核心素养与中小学课程发展之联系，以及台湾十二年基本教育课程纲要总纲，把核心素养调整为自主行动、沟通互动、社会参与三大维度，使其更简洁易懂，彰显关键的、重要的、必要的核心价值。

一、核心素养的重要研究沿革

第二章第二节核心素养的理据已对联合国教科文组织、经济合作与发展组织、欧盟等国际组织的核心素养理据加以论述，联合国教科文组织、经济合作与发展组织或是欧盟等国际组织对于终身学习在全球社会的推展均甚为重视，尤其将之视为教育与社会发展的重要方向。特别值得重视的是，联合国教科文组织、经济合作与发展组织以及欧盟等国际组织均强调通过对核心素养的培养，促使个人获得积极的生活以及促进健全社会的发展。由上可见，各国际组织所提出的素养内涵均有类似之处并可相互融合互补，且强调个人通过教育引导学习，以有效培养并提升核心素养。此处特别强调以下研究：洪裕宏的“界定与选择核心素养：概念参考架构与理论基础研究”与陈伯璋，张新仁，蔡清田，等（2007）的“全方位的核心素养之教育研究”，从哲学整合心理学、社会与历史、教育、科学与人文艺术等学理，以定义核心素养并建立理据，规划自主行动、沟通互动与社会参与的架构如图3–1核心素养的三面九项架构，进而设计幼儿园、小学、初中、

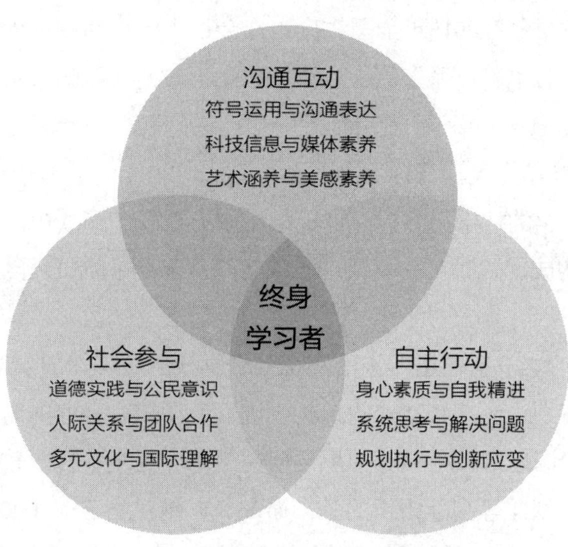

图3–1　核心素养的三面九项架构

高级中等教育阶段四个关键教育阶段核心素养，建立核心素养垂直连贯体系；更进一步地进行现行各领域/科目课纲的检视，统整各领域/科目课程研究，以核心素养为课程发展的指引，形成三面九项核心素养、教育阶段核心素养、领域/科目核心素养与学习重点的连贯体系，呼应了台湾学生的核心素养结合台湾社会发展情境的特点，能适应社会发展的需要（蔡清田，2017）。

自主行动、沟通互动、社会参与三大维度的核心素养，须适应生活情境的快速变迁。（黄光雄，蔡清田，2015）如图3-2核心素养的滚动圆轮意象所示，图中的箭头方向代表能与时俱进的“滚轮效应”，强调核心素养必须适应生活情境所需，且须历经长期教育培养，并重视与外在社会、自然环境等生活情境的互动关系，显示了核心素养的理念与三面架构及九项内涵的动态发展关系，展现了循序渐进、由易

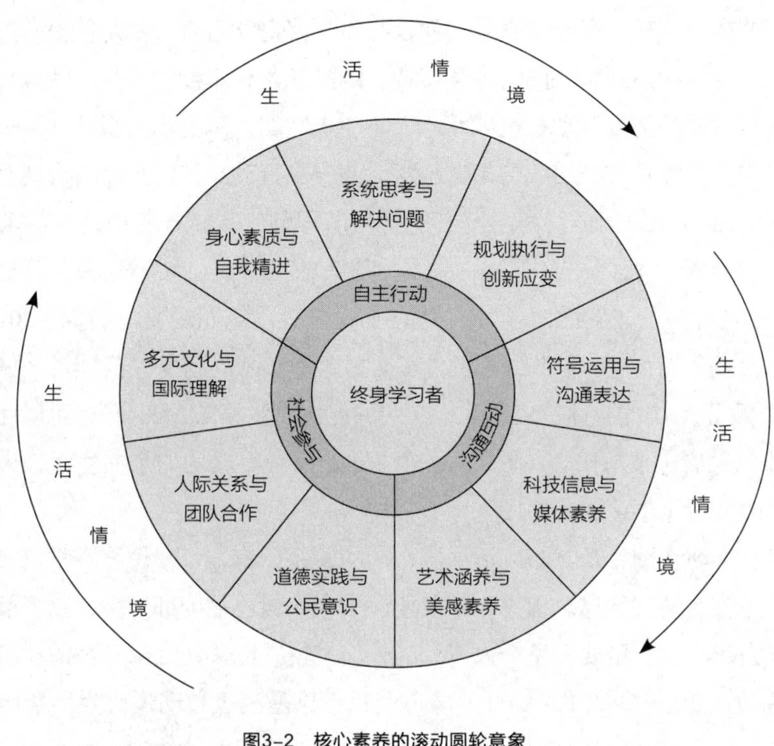

图3-2　核心素养的滚动圆轮意象

资料来源：十二年基本教育课程纲要总纲.

而难、由近而远、由简单而复杂的设计原则，呈现了核心素养“变动不居”“日新又新”“持续前进”的动态发展理念，核心素养能随着社会生活情境的时代变迁而滚动向前发展。

本书所论述的核心素养跨越哲学、心理、社会、经济、人类学等学术理论。通过分析核心素养的相关研究文献的理论基础来源与文件资料（蔡清田，陈延兴，2013），使核心素养的世界研究与本土研究的双重视野交融，建立核心素养的理据，归纳核心素养的自主行动、沟通互动、社会参与的三维论架构，据此扩展出身心素质与自我精进、系统思考与解决问题、规划执行与创新应变、符号运用与沟通表达、科技信息与媒体素养、艺术涵养与美感素养、道德实践与公民意识、人际关系与团队合作、多元文化与国际理解九轴论的核心素养内涵，可促进个人发展成功的个人生活，更可建构功能健全的社会。

在核心素养的“三维论”中，自主行动、沟通互动、社会参与三大维度各有其个别强调的重要范畴，而且更有其共同核心——终身学习者，都是从核心的终身学习者出发，也要回归到核心的终身学习者。终身学习者牵涉“人与生活世界”的事物的相遇与对话的沟通互动，也涉及“人与他人”的人际群己关系及社会关怀行动的社会参与，更涉及人与自我的相遇与对话的自主行动。自主行动、沟通互动、社会参与三大维度交织而成终身学习者的学习历程与结果，呼应由终身学习的个人到建立终身学习的社会，重视人的主体性与人的生存、生活、生命，彰显了“自我”“人与他者”及“生活世界”人类伦理三层次系统图像（冯朝霖，2016），更彰显了“自发”“互动”与“共好”的人类图像特质（冯朝霖，范信贤，白亦方，2011），展现了人类的整体价值和建构文明的能力（洪裕宏，2008），可以促成个人发展与社会发展（蔡清田，2011），更可协助公民获得成功的个人生活，进而建立功能健全的社会（蔡清田，2012）。

就终身学习者图像及其与生活情境之间的关系而言，每一位终身学习者所需的核心素养与生活情境都息息相关，不仅要评估个人自己的内部情境，以了解自己的知识、能力、态度，更要衡量个人所处的外部情境，以关注外部环境的动态发展并去积极主动适应。（蔡清田，2011）核心素养不只是消极被动适应生活情境所需的知识、能力与态度，而且是积极主动与生活情境互动所需的知识、能力与态度，甚至是行动主体在生活情境中采取积极创新行动的知识、能力与态度，不仅彰显了本书第一章第三节素养的本质、第一章第四节素养的模式、第二章第三节核心素养的特质，更强调以终身学习者为主体，能积极主动与环境中的人、事、物进行情境互动的经营发展之道，这是身为终身学习者获得优质生活与适应优质社会所需的核心素养。(蔡清田，2012)

核心素养的“滚轮效应”建基于终身学习者的主轴，强调以人为主体，学习活动必须在一生当中持续地发生，既不限定于任何时期，也不限定在任何机构，既可彰显现代核心素养的延续性与全面性，由自主行动、沟通互动与社会参与层层外扩，由培养终身学习的个人到建立终身学习的社会，形成滚轮式的动态发展。(蔡清田，2016)在特质上，终身学习者必须能够转化与创新，成为主动且积极的学习者；在时间上，终身学习者的学习活动则是贯穿在人生全程中；在空间上，终身学习者处在一个可能具有共同情境但同时具有多元意见的多元社会中。因此以多元思维的观点论述，由终身学习者进而延伸出自主行动、沟通互动与社会参与三大维度，再扩展出身心素质与自我精进、系统思考与解决问题、规划执行与创新应变、符号运用与沟通表达、科技信息与媒体素养、艺术涵养与美感素养、道德实践与公民意识、人际关系与团队合作、多元文化与国际理解九项内涵，此即所谓核心素养的“九轴论”。(蔡清田，2014)核心素养的三面架构与九项内涵互为环节且紧密关联成为结构严谨的架构体系，如表3–1核心素养的三面架构与九项内涵所示。

此套三面九项的核心素养，各有其个别强调的重要范畴与一个共同核心——终身学习者，作为课程连贯统整的核心，不只重视为个人行为负责的知识、能力和态度，更涵盖了公民责任与权利，而且更强调从个人自主行动到人我之间的沟通互动，到个人与群体之间关系的社会参与，且能与北京师范大学林崇德教授研究指出的学生核心素养总框架的文化基础（人文底蕴、科学精神），自主发展（学会学习、健康生活），社会参与（责任担当、实践创新）三个方面六大素养（人民教育，2016）相互辉映，能展现出中华文化的伦理精神价值与东方哲学思想色彩，重视人类文明的精神价值的提升。

表3-1　核心素养的三面架构与九项内涵

三面架构	九项内涵	核心素养的九项内涵
自主行动	身心素质与自我精进	个体具备身心健全发展的素质，拥有适宜的人性观与自我观，同时通过选择、分析与运用新知，有效规划生涯发展，探寻生命意义，并不断自我精进，追求至善。亦即个体具有良好的身心健康知能与行为习惯，建立良好的运动与休闲习惯，成为一位身心灵健康的人，让身心健康成为一种生活方式，培养积极努力向上与自我提升的行为态度，以便能促成自我精进的自主行动素养；个体具备使用、获得、处理及吸收新的知识及技能，主动探索、了解自我与发展潜能，培养积极、自信、自省、自律、乐观的生活态度，有效促进身心健康、生涯发展以及自我精进
	系统思考与解决问题	个体具备问题理解、思辨分析、推理批判的系统思考与元思考素养，并能行动与反思，以有效处理及解决生活、生命问题。亦即个体具备系统思考、问题定义、管理与解决冲突的自主行动素养；包括通过终身学习活动，搜集、整理、分析与运用相关信息，发展系统思维，通过理解沟通、参与构思反省，进行推理批判，以便能勇于面对问题，进而能有效解决问题和积极地适应所面临的冲突情境
	规划执行与创新应变	个体具备规划及执行计划的能力，并试探与发展多元专业知能，充实生活经验，发挥创新精神，以适应社会变迁，增进个人的弹性适应力。亦即个体具备规划、组织及执行方案与计划的知能，能适当地应用规划与组织的认知策略，愿意积极主动将所学内容的知识、能力加以转化规划成为个人面对社会生活情境任务的行动计划，并能具备执行计划所需的适应情境变动的创新应变素养，妥适研拟自我未来发展生涯规划，建构个人未来发展的理想愿景的自主行动素养。个体要超越个人生活经验并灵敏适应各种情势变化与趋势，扩展个人的学习界限，具有积极宏观的学习视野，多元发展各种学习领域的专业知识、能力，并且能够积极进取面对一切挑战，充分发挥创新精神，一切为改善而改变，且能在各种情境状况中有效应变，增进未来社会的福祉
沟通互动	符号运用与沟通表达	个体能够理解及使用语言、文字、数理、肢体及艺术等各种符号进行表达、沟通及互动，并能了解与同理他人，应用在日常生活及工作上。亦即个体具备理解及使用语言、文字、图像、数字、心像、符号等文本而能进行沟通互动的素养；包括听、说、读、写、图像、心像、符号造型等的语文阅读理解的沟通表达及符号运用的沟通互动素养。沟通表达强调使用比较具体的知识内涵，符号运用强调能应用数理概念与技巧，将数理应用在日常生活及工作的中，个体通过符号运用与沟通表达以扩大学习视野，进而发展积极进取的人生态度与终身学习的习惯
	科技信息与媒体素养	个体具备善用科技、信息与各类媒体的能力，培养相关伦理及媒体识读的素养，以分析、思辨、批判人与科技、信息及媒体的关系。亦即个体具备使用科学素养与科技信息媒体的沟通互动素养；具备培养科学新知、科学技艺与媒体识读、分析、思辨、批判、运用的沟通互动素养，通过信息社会的科学知识与网络数字云端技术进行学习沟通，促进创造力与创新思维的发展，并知悉有关科技信息与媒体取得的合法性及可信度，以及使用科技信息与媒体进行沟通互动的科学原理与道德原则
	艺术涵养与美感素养	个体具备艺术感知、创作与鉴赏能力，体会艺术文化的美，通过生活美学的省思，丰富美感体验，培养对美、善的人、事物进行赏析、建构与分享的态度与能力。亦即个体具备艺术涵养及表达日常生活美感素养的沟通互动素养；内在自我与外在生活要能够相互协调，通过艺术涵养与沟通表达培养生活美感素养与文化生活的兴趣，以及认同与深入了解艺术文化，进而能将生活美感素养具体展现在食、衣、住、行、育、乐方面

续表

三面架构	九项内涵	核心素养的九项内涵
社会参与	道德实践与公民意识	个体具备道德实践的素养，从个人小我到社会公民，循序渐进，养成社会责任感及公民意识，主动关注公共议题并积极参与社会活动，关怀自然生态与人类永续发展，而展现知善、乐善与行善的品德。亦即个体具备正向的价值观与适宜的社会态度，形塑个人的社会责任感以及对社会议题的主动关注的社会参与素养，并能对自己的行为负责以展现公民资质；在各种活动和日常生活中自觉履行承诺与实践道德规范，形成一定的道德质量与习惯，体现尊重与关怀人类社会与自然生态的永续发展的社会参与素养
	人际关系与团队合作	个体具备友善的人际情怀及与他人建立良好的互动关系，并发展与人沟通协调、包容异己、社会参与及服务等团队合作的素养。亦即个体具备分享、互助、尊重、欣赏、利他与关怀他人的人本情怀，通过真诚态度与他人交往，建立与人为善的优质人际关系，能与人沟通协调和整合不同的意见，具有包容异己、社会服务与负责守法等团队合作的社会参与素养；能够察觉并管理自我情绪、压力调适，愿意倾听、接纳、运用沟通技巧、有效解决冲突、与他人建立良好关系
	多元文化与国际理解	个体具备自我文化认同的信念，并尊重与欣赏多元文化，积极关心全球议题及情势，并能顺应时代脉动与社会需要，发展国际理解、多元文化价值观与世界和平的胸怀。亦即个体能顺应时代脉动与社会需要，培养国际观念与视野，发展出公民的多元文化价值观与世界一家的胸怀的社会参与素养；认识并尊重各种不同文化的素养，理解与欣赏本地及世界各地历史文化，加强对于多元文化的了解与共享，培养相互依赖、互信互助的世界观

二、核心素养的三面架构

综合联合国教科文组织、经济合作与发展组织及欧盟等的相关研究，及陈伯璋，张新仁，蔡清田，等（2007）的“全方位的核心素养之教育研究”，核心素养被简化为三面架构与九项内涵，由终身学习者进而扩展为自主行动、沟通互动与社会参与三大维度，这也呼应了北京师范大学林崇德教授指出的学生核心素养总框架，由全面发展的人进而扩展为文化基础、自主发展和社会参与三个方面（人民教育，2016），彼此关联，互为环节，构成一个严谨架构。但台湾地区的三大维度核心素养，虽可被视为独立维度各自发展与延伸，但彼此之间亦具有交互作用的动态发展的关联，乃因此终身学习者为主体的统整思维顺势推衍，由个人出发，扩及人与己、人与社会、人与自然及环境等维度，且彼此关联互动形成动态发展关系，强调由终身学习的个人到终身学习的社会，进而实现人类共同愿景（蔡清田，2014）。

（一）自主行动

就自主行动的内涵而言，自主行动重视人与自己的范畴（洪裕宏，2008），不仅展现出“与己要安”的自我觉察的忠于自己，在社会情境脉络中，个人更能负责自身的生活管理以及自主地行动，可以通过生活情境的自律自主行动以体会实践人生价值（蔡清田，2014），较能展现出中华文化的伦理精神价值与东方哲学思想的色彩，也更强调内在层次的内隐价值的提升，展现更为深邃的核心素养。特别是现代社会快速变迁，公民需具备随时面对新挑战的自主行动的素养，并不断进行终身学习，而且个人乃为终身学习的主体，通过自主行动，个人能培养意志力与毅力，激励自我、积极地为自己设定努力目标，选择学习的适当途径与方法，能自我管理学习历程，具备创造能力与积极行动力，个人的行动选择要面对自我认知与发展的重要挑战，并使个人达成不同阶段的学习成长。

自主行动，重视个体在广泛的社会情境脉络中能负责自我生活管理及进行自主行动选择。个人为学习的主体，通过自主行动，选择适当的学习途径，具备创造能力与积极行动力。个体能关照自己的言行与动机，自动自发地负责自身的生活管理以及自主地行动，为适应社会快速变迁，个体需具备随时面对新挑战的核心素养，通过生活情境的自主行动以体会实践人生价值，并不断进行终身学习。（蔡清田，2014）自主行动，重视个人具有自律自主的素养、反省的素养、创造与解决问题的素养；涵盖身心素质与自我精进、系统思考与解决问题、规划执行与创新应变，强调个人的自主、自由、自律，个人能了解自己所处的内外情境，并通过探究、反思、规划、创新生活知识、能力与态度而展现出自律自主的行动（陈伯璋，张新仁，蔡清田，等，2007），稍后进一步详述。

（二）沟通互动

就沟通互动的内涵而言，沟通互动定义为个人能使用语言（口语、手语等）、文字、符号、科技、工具及各种信息进行沟通互动，是指能灵活互动地使用语言、文字、符号、文本、知识和信息、科技等各种不同的表达方式与工具及工具学科，将自己的信息与他人沟通交流，表达自己的意见与想法，同时了解他人的意见与需求，有效进行沟通表达的核心素养。（陈伯璋，2010）

沟通互动是重要的素养，可以使人增进相互了解、相互体谅、相互帮助。人必须能够灵活而广泛地运用工具沟通，以有效地与每一个人所处的情境互动。工具包括物质的工具，如机器与计算机信息科技产品；社会文化的工具，如语言、数字、符号、信息等。此处所指的工具，不只是个人在所处环境中的被动媒介，同时也是个人与所处情境的人与自我、人与社会以及人与环境之间，积极主动参与的互动设施与管道。因此，沟通互动的核心素养，包括了符号运用与沟通表达、科技信息与媒体素养、艺术涵养与美感素养三项主轴（蔡清田，2014），并展现出“与物要乐”的珍惜世界、悲天悯人的慈悲精神，能展现出中华文化的伦理精神价值与东方哲学思想的色彩，也更强调人类文明的精神内涵价值的提升，因而展现更为宏观的核心素养（蔡清田，2016），本文稍后会进一步论述。

（三）社会参与

就社会参与的内涵而言，重视人与社会的关系，是指人有必要掌握和其他人一起生活与工作的素养（陈伯璋、张新仁、蔡清田，等，2007），展现出“与人要和”的同理关怀他人的精神，善于与人相处，和而不同，尤其是在社会生活中，应关心别人、友爱他人、尊重肯定他人、关怀与帮助他人，待人接物、处世应如同《诗经·卫风·淇奥》中的君子一般，“如切如磋，如琢如磨”。人们进行社会参与，一方面能在现代社会生活中展现出中华文化的伦理精神价值与东方哲学思想的色彩；另一方面善于异质社群互动，亦能适应变化多端的西方后现代社会。特别是社会参与强调能在异质社群中进行互动的核心素养，是经济合作与发展组织的“素养的界定与选择”架构中的核心素养，重视大环境、脉络情境中的他人，重视人与他人的关系、人际关系及群己之间的社会关系。人们应尊重他人，关心他人，具有社会规范行动的知识、能力与态度，并能作为社会的一员，愿意为社会做出贡献。（蔡清田，2014）

社会参与，主要涉及人与他人的关系，是指适应多元文化、多元价值与多族群、多种族、多宗教等异质社群的素养。在一个生活彼此紧密结合、相互依赖的“地球村”里，社会参与重视个人需要学习处理社会的多元性，与人建立适宜的合作方式与人际关系，个人亦需要发展如何与他人或群体互动的素养，以提升人类整体的生活素质，这既是一种社会素养与跨文化素养，也体现了公民意识，涵盖了道德实践与公民意识、人际关系与团队合作、多元文化与国际理解。

三、核心素养的九项内涵

核心素养的内涵的九轴论，乃是由自主行动、沟通互动、社会参与三大维度衍生出的“核心素养的九项内涵”，亦即自主行动的身心素质与自我精进、系统思考与解决问题、规划执行与创新应变，沟通互动的符号运用与沟通表达、科技信息与媒体素养、艺术涵养与美感素养，社会参与的道德实践与公民意识、人际关系与团队合作、多元文化与国际理解。

（一）身心素质与自我精进

身心素质与自我精进，是指人具备身心健全发展的素质，拥有适宜的人性观与自我观，同时通过选择、分析与运用新知，有效规划生涯发展，确立生命意义，并不断自我精进，追求至善，且将生涯发展议题扩及对生命意义的探索（蔡清田，陈延兴，2013），彰显身心素质的重要性，能展现出中华文化的伦理精神价值与东方哲学思想的色彩，强调人类文明精神或内在层次价值的提升，可由格物、致知、诚意、正心、修身、齐家、治国、平天下显得更为深邃与宏观（彭小妍，王瑷玲，戴景贤，2008），延续了《中小学九年一贯课程纲要》的“健康与体育学习领域”的理念。此项核心素养统整了以下内容：UNESCO（2003）的认识自己的能力、促进自我实现、丰富人格特质，OECD（2005）的保护及维护权利、利益、限制与需求的能力，洪裕宏（2008）的了解自我、意志价值、追求相关的逻辑能力、为自己发声，柯华葳，刘子键，刘旨峯（2005）的自我了解、自我保护、情绪管理、积极进取、挫折容忍，《中小学九年一贯课程纲要》十大基本能力的了解自我与发展潜能、生涯规划与终身学习，《中小学一贯课程体系参考指引》的生活觉知、情绪管理、专注进取、挫折容忍。

身心素质与自我精进此项核心素养，是指人具有良好的身心健康知能与行为习惯，养成良好的运动与休闲习惯，适当调节情绪与疏解压力，成为身心灵都健康的人，让身心健康成为一种日常生活方式，通过学习探索自我、自我肯定、挖掘潜能、积极努力向上、提升自我以便能促成自我不断精进的自主行动素养。

（OECD，2005）身心素质与自我精进包含具备使用、获得、处理及吸收新的知识及技能，主动探索、了解自我与发展潜能，培养积极、自信、自省、自律、乐观的生活态度，有效促进身心健康、生涯发展以及自我实现（EC，2007）；培养公民具备学习、获得、吸收、使用、处理新的知识及技术的能力，以及主动探索、了解自我、发展潜能以协助其能自我实现（UNESCO，2003）。特别是积极努力自我提升的进取心和自我导向学习以便能促成自我精进的素养，也是"新世纪技能联盟"所强调的21世纪所需人才的工作与生活能力的关键素养（Trilling & Fadel，2009），其具体内涵包括负责、自尊、社会能力与自我约束等，也是"培养未来成人素养和终身学习的标准"的重要素养（SCANS，1991）。

身心素质与自我精进的核心素养，涵盖了陈伯璋，张新仁，蔡清田，等（2007）所指出的"为自己发声：重视自己的权益，面对不合理的对待，能有效地为自己表达经验、意见与权利，建立自己的主体地位"。权利与责任是一体两面的，人并非只享有权利而不尽责任，应兼顾其权利与责任。能捍卫、维护自己的权利、利益，并承担责任及履行义务，也是国际公认的21世纪的核心素养。（蔡清田，2014）

（二）系统思考与解决问题

系统思考与解决问题，是指人具备问题理解、思辨分析、推理批判的系统思考与元思考素养，并能行动与反思，以有效处理及解决生活问题、生命问题，将系统思考及问题解决扩及生命课题。（蔡清田，2014）此项核心素养统整了以下内容：UNESCO（2003）的学习如何学习、专注力、记忆力、思考力、实现共同目标的能力、接受改变、适应改变，OECD（2005）的管理与解决冲突的能力、在广泛脉络情境的行动能力，EC（2007）的学习如何学习、批判思考、解决问题、风险评估、做决定，洪裕宏（2008）的学习如何学习、处理冲突、反省能力、解决问题、独立思考、主动探索与研究、形式的逻辑能力、哲学思想能力、与生活相关的逻辑能力，柯华葳，刘子键，刘旨峯（2005）的生活管理、活用知识、批判思考、学习策略、统整知识、元认知、主动学习、自主学习、反思能力、危机处理，《中小学九年一贯课程纲要》十大基本能力的主动探索与研究、独立思考与解决问题，《中小学一贯课程体系参考指引》的生活管理、批判思考、自主学习、危机处理。

系统思考与解决问题此一核心素养，是指公民具备系统思考、问题定义、管理与解决冲突的自主行动素养（OECD，2005），包括通过终身学习活动，搜集整理、分析运用相关信息（UNESCO，2003），发展系统思维，进行理解沟通，参与构思反省，进行推理批判（EC，2007），以便能勇于面对问题（柯华葳，刘子键，刘旨峯，2005），能以系统及整体性思考方式及观点来规划与处理事务，并进行分析与检讨，以建立有效且周延的运作模式，进而能有效解决问题。这种严谨思考与解决问题的素养也是“新世纪技能联盟”所强调的21世纪所需人才的工作与生活能力的关键素养（Trilling & Fadel，2009）。

（三）规划执行与创新应变

规划执行与创新应变，是指公民具备规划及执行计划的能力，并试探与发展多元专业知能、充实生活经验，发挥创新精神，以适应社会变迁、增强个人的弹性适应力（蔡清田，2016），同时强调个人竞争力与团队合作力，以符合创新应变的核心素养。此项核心素养统整了以下内容：UNESCO（2003）的积极改变、引导改变；OECD（2005）的形成及执行生活方案与个人计划的能力；EC（2007）的创造力、创业家精神、主动积极、风险评估、感受管理；洪裕宏（2008）的创新思考、组织与规划能力；陈伯璋，张新仁，蔡清田，等（2007）的创新思考、组织与规划能力；柯华葳，刘子键，刘旨峯（2005）的主动学习、自主学习、元认知、创新能力；《中小学九年一贯课程纲要》十大基本能力的欣赏、表现与创新，生涯规划与终身学习，规划、组织与实践；《中小学一贯课程体系参考指引》的自主学习。

规划执行与创新应变此项核心素养，是指人具备规划、组织及执行方案与计划的素养（OECD，2005），能适当地应用规划与组织的认知策略（柯华葳，刘子键，刘旨峯，2005），愿意积极主动将所学内容的知识、能力加以转化、规划成为个人面对社会生活情境任务的行动计划，并能具备执行计划所需的适应情境变动的创新应变素养（UNESCO，2003），妥适研拟自我未来发展生涯规划（EC，2007），特别是能进行时间管理规划、个人专长规划、人脉管理规划、健康管理规划等，以建构个人未来发展的理想愿景的自主行动素养（陈伯璋，张新仁，蔡清田，等，2007），包括超越个人生活经验并灵敏适应各种情势变化与趋势，扩展个人的学习界限，积极开阔宏观学习视野，多元发展各种学习领域的专业知识、能力，并且能够积极进取，面对一切挑战，充分发挥创新精神，且能在各种情境状况中有效应变。

规划执行与创新应变，包括界定方案与设定目标，辨识和评估个人可取得的资源与个人需要的资源，如时间和金钱，确定目标的优先级并加以修正，在所需资源间取得均衡以达成多元的目标，从过去的行动中吸取教训，预测未来的成果，监控进展，在过程中进行必要的调整。这是一种导向未来的取向，同时蕴含着潜能的发展，这也需要评估个别人所拥有的资源管道以及其所需的资源，如时间、金钱及其他资源，并且选择适当的方法、途径去实践该计划，并将其方法、途径加以精致化，并以有效率与有效能的方式去应用其资源，以适应多元的需求、目标与责任。特别是，规划执行与创新应变的创新应变，把来自于传统文化基础底蕴的深厚笃实素养加以创新以求改进，包括小格局的创意与大格局的创新，都不仅要求做到不同，而且要追求更好，是经过认真积累学习之后开展的变革创新与应变再创新。这种应变的创造力、创新力、弹性与适应力的重要素养是“新世纪技能联盟”所强调的21世纪所需人才的工作与生活能力的关键素养。（Trilling & Fadel，2009）

（四）符号运用与沟通表达

符号运用与沟通表达，是指人在日常生活及工作中使用语言、文字、数理、肢体及艺术等各种符号进行表达、沟通及互动，并能了解与同理他人，强调所学的符号知能用以表达思想、价值与情意，人适切与他人沟通互动。此一主轴的核心素养统整了以下内容：UNESCO（2003）的多样化表达能力、学习如何学习，OECD（2005）的使用语言、符号与文本互动的能力，EC（2007）的母语沟通、外语沟通、数学素养以及基本科技素养、学习如何学习、文化表达，陈伯璋，张新仁，蔡清田，等（2007）的阅读理解、沟通表达、数的概念与应用、学习如何学习，柯华葳，刘子键，刘旨峯（2005）的阅读能力，《中小学九年一贯课程纲要》十大基本能力的表达、沟通与分享，《中小学一贯课程体系参考指引》的活用知识、视阅听能力，等等。

符号运用与沟通表达，是指人理解及使用语言、文字、图像、数字心像等符号文本来表达意念、价值与思想，但符号意义随个人与情境的变化而变化，人们有着不同诠释，因此，必须强调沟通互动的素养。符号运用与沟通表达，包括听、说、读、写、图像、心像、符号造型等语文阅读理解、沟通表达及符号运用的沟通互动素养。（柯华葳，刘子键，刘旨峯，2005）沟通表达强调使用比较具体的知识内涵，符号运用强调能应用数理概念与技巧，将数理应用在日常生活及工作中（UNESCO，2003），通过符号运用与沟通表达以扩展学习视野，发展积极进取的人生态度与终身学习的习惯（EC，2007）。此项核心素养涵盖欧盟的母语沟通与外语沟通的核心素养，具备母语与外语的基本词汇、实用文法及口语互动的主要形态，包括文字互动的主要形态、文学与非文学文字的内容、不同语言的主要风格和语域以及在不同脉络中语言表达的各式各样信息。（EC，2007）

符号运用与沟通表达，强调在各种情境中，人们具备适当使用口语与书写的沟通技能，并能够自行监控及调适，以适应情境的需求，包括了书写与阅读不同类型的文字，并且能够搜寻、汇整及处理信息的素养，以及适当地使用辅助工具，有说服力地阐述、表达个人的观点。人们对于社会习俗、文化尊重以及语言变化性的认识亦为重要。了解传达的信息，能够完整地进行对话，视个人的需要而适当地阅读及了解文字内容，均为沟通的重要素养，也要适宜地使用辅助工具而且不拘形式地学习语言，更欣赏文化差异性与多样性，并且对语言及跨文化沟通保持兴趣与好奇心。特别是，阅读理解是经由阅读的过程，人们能够有效地理解文本中的信息。例如，“国际学生评价计划”所定义的阅读的核心素养是指“理解、使用、并且反省书面文本，以达成个人的目标，发展个人的知识与潜能，并且参与社会”（OECD，2000），并且强调精确撷取信息、解读诠释信息、推理思考与判断等生活应用的素养。

（五）科技信息与媒体素养

科技信息与媒体素养，是指人具备善用科技、信息与各类媒体的能力，培养相关伦理及媒体识读的素养，并能分析、思辨、批判人与科技、信息及媒体的关系。此一核心素养统整了以下内容：OECD（2005）的使用知识与信息互动的能力、使用科技互动的能力，EC（2007）的数位素养，洪裕宏（2008）的使用科技信息，陈伯璋，张新仁，蔡清田，等（2007）的使用科技信息，柯华葳，刘子键，刘旨峯（2005）的信息管理，《中小学九年一贯课程纲要》十大基本能力的运用科技与信息，《中小学一贯课程体系参考指引》的视阅听能力，等等。

科技信息与媒体世界一直在不断地进化，不仅影响当今网络时代年轻人的生活世界，也变成一般现代“网民”生活不可或缺的一环，人们除了应该培养运用现代科技及参与各类科技风险决策的知识、能力与态度，及有效搜集、解读、活用信息的科技信息素养，以促进个人成长与组织发展之外，也要具备涉及生产与反思媒体信息的知识、能力与态度的媒体素养（Potter，1990），这是科技信息与媒体素养的核心素养的一体的两面，所关注的是人能独立探索发现并处理信息与知识，而不必依赖他人提供信息。此种核心素养，强调人必须针对信息本身的特质、技术结构及其社会的、文化的甚至是意识形态的情境脉络与冲击影响等，进行批判反省、思考。能互动地使用知识与信息，是一种必要的核心素养，可以作为一种基础使人们理解选项、形成选择、做出决定，并且采取明智的与负责任的行动。因此，科技信息与媒体素养包含着一系列的行动与立场倾向，人们一开始是指出并确认哪些是不知道的，进而加以辨认、定位并获得管道以获得适当信息来源，甚至可以在互联网空间组合整理知识与信息。一旦确认了信息的来源并获得了信息，就有必要去批判评估该信息的质量、适切性、价值及其来源，这些都是能互动地使用知识与信息此一素养的相关要求。（蔡清田，2014）

（六）艺术涵养与美感素养

艺术涵养与美感素养，是指公民具备艺术感知、创作与鉴赏能力，体会艺术文化的美，通过生活美学的省思，丰富美感体验，培养对美、善的人、事物进行赏析、建构与分享的态度与能力。此项核心素养，强调公民具备艺术鉴赏及表达日常生活美感素养的沟通互动的核心素养。（陈伯璋，张新仁，蔡清田，等，2007）艺术涵养与美感素养，包含内在自我与外在生活要能相互协调，唤醒欣赏与感恩的心，通过艺术涵养与沟通表达培养生活美感素养与文化生活的兴趣（柯华葳，刘子键，刘旨峯，2005），以及认同与深入了解艺术文化（EC，2007），能将生活美感展现在食、衣、住、行、育、乐方面。

此项核心素养统整了EC（2007）的文化表达，洪裕宏（2008）的审美能力，陈伯璋，张新仁，蔡清田，等（2007）的审美能力，柯华葳，刘子键，刘旨峯（2005）的鉴赏事物，《中小学九年一贯课程纲要》十大基本能力的欣赏、表现与创新，更可以进一步衔接教育主管部门推动现代公民核心素养养成计划所强调的美感素养。

提升公民素养专案办公室所定义的教养/美感素养要求人们诚实正直、尊重有礼、重视伦理，重视有品德的生活方式；要求人们主动积极、认真负责、追求卓越，重视有质量的生活态度；要求人们爱心接纳、合作利他、开放创新，重视有品位的生命价值。于内，人们应具备正向积极的学习态度；于外，人们应展现举止适宜的行为表现。而在学习历程中，人们将作为与体悟进行交流互动，便是具有教养/美感素养。换言之，除了能运用学科基本知能和态度于生活中，人们对人、工作、环境以及事物各维度也能具备基本的互动、自省与关怀，琢磨出自身的内涵，而通过知行合一获得经验与体悟，即为具有教养/美感素养。（蔡清田，2014）

艺术涵养与美感素养，也涵盖了欧盟文化表达的核心素养（EC，2007），包含用于主要文化工作的基本知识，此种知识包含当代文化以及国家和地区与世界文化遗产脉络中的重要人类史及其在世界中的地位。人们有必要了解世界各国的文化与语言多样性，以及了解大众兴趣的发展与日常生活中重要的美感因素。此种素养，包括鉴赏及表达，通过不同媒介与个人天生的自我表达能力鉴赏及享受艺术表演工作。此种素养，亦包括表达个人创意的能力，以及对别人表达个人观点的能力，并且认同及了解文化活动的经济机会，包括尊重及对于文化表达差异持开放态度，积极的态度也包含创造力，通过艺术自我表达培养美感素养的意愿以及对于文化生活的兴趣。（蔡清田，2016）

（七）道德实践与公民意识

道德实践与公民意识，是指公民具备道德实践的素养，从个人小我到社会公民，循序渐进地养成社会责任感及公民意识，主动关注公共议题并积极参与社会活动，关怀自然生态与人类永续发展，展现知善、乐善与行善的品德。在各教育阶段中，应增加关于生态环境、生命伦理、环境保护等的内涵，以反映生命主体的课程愿景及全球变迁的趋势，并强调人己与群我、个人与公民之间关系的厘清和建构，而不只是为行为负责的知能和态度，更涵盖了公民责任与权利。这也呼应了孔子所云：“道之以政，齐之以刑，民免而无耻；道之以德，齐之以礼，有耻且格。”因此，道德实践与公民意识的核心素养，特别强调能尊重民主与法治的精神，能具备正向的价值观与适宜的社会态度，能落实道德实践与公民意识，在各种活动和日常生活中自觉履行道德规范，形成一定的道德质量与习惯，并将尊重、关怀、感恩、惜福等人文关怀，扩展到更为广泛的环境保护及生态永续发展议题，体现尊重与关怀人类、自然生态以及人类永续发展的涵养，提升公民个人的优质生活与建构优质社会。

公民意识涵盖范围广，不限于环境安全素养，而且生态环境已涵盖资源、安全防灾等概念。此项核心素养统整了UNESCO（2003）的同理心、责任承诺，OECD（2005）的保护及维护权利、利益、限制与需求的能力，EC（2007）的人际、跨文化与社会素养以及公民素养，洪裕宏（2008）的社会参与与责任、尊重与关怀、社会正义、规范相关的逻辑能力，陈伯璋，张新仁，蔡清田，等（2007）的社会参与与责任、尊重与关怀，柯华葳，刘子键，刘旨峯（2005）的同理他人、关怀生命，《中小学九年一贯课程纲要》十大基本能力的尊重、关怀与团队合作，《中小学一贯课程体系参考指引》的自我负责、同理他人、关怀生命，更可衔接教育主管部门推动现代公民核心素养养成计划的伦理素养与民主素养。

道德实践与公民意识，是指形塑个人的社会责任感以及对社会议题的主动关注的社会参与素养（陈伯璋，张新仁，蔡清田，等，2007），个人能对自己的行为负责以展现公民资质（OECD，2005），包含在各种活动和日常生活中自觉履行承诺与实践道德规范（UNESCO，2003），形成一定的道德质量与习惯，体现尊重与关怀人类社会与自然生态的永续发展的社会参与素养（EC，2007）。值得注意的是，经济合作与发展组织的“素养的界定与选择”架构偏重于社会经济与文化维度的能力，但却未提及任何与自然环境共存共荣的能力。人类在发展经济的过程中，也必须思考如何兼顾生态环境的均衡与维护，因此可增加理解且关心自然环境的管理工作、维持与发展生态，应加强对自然生态的关心，特别是在科技时代中，人类往往丧失对自然的关怀，凡事以科技为导向，渐渐忽视自然生态在生活中的重要。自然生态的关怀可以调剂紧张的生活步调，人们可以通过与自然生态的互动，免于以自我为中心的危机，养成尊重他者和关心自然生态的情怀。（蔡清田，2014）

（八）人际关系与团队合作

人际关系与团队合作，是指公民具备友善的人际情怀及与他人建立良好的互动关系，并发展与人沟通协调、包容异己、社会参与及服务等团队合作的素养（蔡清田，陈延兴，2013）。人际关系与团队合作，是指公民具备分享、互助、尊重、欣赏、利他与关怀他人的人本情怀（陈伯璋，张新仁，蔡清田，等，2007），通过真诚态度与他人交往，建立与人为善的优质人际关系（OECD，2005），能与人沟通协调和整合不同的意见（柯华葳，刘子键，刘旨峯，2005），具有包容异己、社会服务与负责守法等团队合作的社会参与素养（EC，2007），包含能够察觉并管理自我情绪、调适压力，愿意倾听、接纳、运用沟通技巧、有效解决冲突、与他人建立良好关系。这也是"新世纪技能联盟"所强调的21世纪所需人才的关键素养。（Trilling & Fadel，2009）

此一核心素养统整了UNESCO（2003）的实现共同目标的能力、认识他人的能力；OECD（2005）的与他人建立良好关系的能力、团队合作能力、管理与解决冲突的能力；EC（2007）的人际、跨文化与社会素养以及公民素养；洪裕宏（2008）的团队合作、处理冲突；陈伯璋，张新仁，蔡清田，等（2007）的团队合作、处理冲突；柯华葳，刘子键，刘旨峯（2005）的人际管理、合作协商、情绪管理；《中小学九年一贯课程纲要》十大基本能力的表达、沟通与分享，尊重、关怀与团队合作；《中小学一贯课程体系参考指引》的人际关系、情绪管理、合作协商。

人际关系与团队合作，也涵盖了经济合作与发展组织的"素养的界定与选择"的能在异质社群中进行互动、能与他人建立优质人际关系与能与人协同合作（Rychen & Salganik，2003），有助于公民去维持并管理个人的人际关系，如家庭成员关系、亲属关系、朋友或邻居关系，并假定每一个人都会去尊重与欣赏他人的价值、信仰、文化与历史，以创造一个让其受到欢迎与接纳的环境。此种素养不仅有助于维持社会的凝聚力，而且由于情绪管理能力在公司组织与经济体制中日益受到重视，通过多元包容与协同合作，与他人一起行动或工作，共同完成任务，也可促进经济上取得成功。特别是与人为善，社交与互动能力、开放地接纳其他文化、尊重别人的宗教与信仰、重视差异等，不仅是社会团结的必要因素，更是经济成功的必要因素。社会群体组织的变革与公司企业的变革都强调情绪智商的重要性，要求人们能与人为善，与他人建立优质人际关系（Levy & Murnane，2001），例如，处理冲突：与他人的想法或做法不同而产生冲突时，能够控制情绪，积极化解冲突。这样做是有能力去管理与解决冲突，去协调冲突的利益并找出可以接受的解决途径，这是人类社会自由与多元等关系的一环。（Perrenoud，2001）

（九）多元文化与国际理解

多元文化与国际理解，是指公民具备自我文化认同的信念，并尊重与欣赏多元文化，积极关心全球议题及国际情势，并能顺应时代脉动与社会需要，发展国际理解、多元文化价值观与世界和平。此项多元文化与国际理解的核心素养，强调认同自己，欣赏他人，建立文化的主体性，和而不同。此项核心素养统整了EC（2007）的文化表达，人际、跨文化与社会素养以及公民素养，陈伯璋，张新仁，蔡清田，等（2007）的多元包容，国际理解，柯华葳，刘子键，刘旨峯（2005）的包容多元，《中小学九年一贯课程纲要》十大基本能力的文化学习与国际了解，《中小学一贯课程体系参考指引》的接纳多元。

简言之，多元文化与国际理解此一主轴的核心素养，是指公民能顺应时代脉动与社会需要，培养国际观念与视野（陈伯璋，张新仁，蔡清田，等，2007），发展出多元文化价值观与世界一家的胸怀的社会参与素养。此项核心素养，包含认识并尊重各种不同文化的素养（柯华葳，刘子键，刘旨峯，2005），理解与欣赏本国及世界各地的历史文化，加强对于多元文化的了解与共享（EC，2007），涵盖国际视野与国际移动力的国际素养竞争力并培养相互依赖、互信互助的世界观。除了应培养国际理解的素养之外，公民也要具备多元文化的素养，这是多元文化与国际理解的核心素养的一体的两面。

上述九项核心素养，可以进行幼儿园、小学、初中、高中等各基础教育阶段连贯的课程衔接，特别是，可以进一步转化进行核心素养的各基础教育阶段规划，以便进行4～6岁幼儿期第一关键教育阶段的幼儿园教育阶段核心素养、6～12岁儿童期第二关键教育阶段的小学教育阶段核心素养、12～15岁青少年期第三关键教育阶段的前期中等教育的初中教育阶段核心素养、15～18岁青年期第四关键教育阶段的后期中等教育的高级中等教育阶段核心素养四个基础教育阶段核心素养的课程连贯，下一节将进一步论述。

第二节 以核心素养为指引连贯各基础教育阶段课程设计的重要性

自主行动、沟通互动、社会参与三面九项核心素养，以终身学习者为共同核心，动态发展（陈伯璋，2010），能适应后现代社会的后现代性，可随教育各阶段发展而加深加广（蔡清田，2014），具有课程设计垂直连贯的重要性，日后更可作为指引“K–12年级基础教育课程纲要”与学校课程发展设计的架构内涵。从课程设计的角度而言，可将核心素养视为课程连贯（curriculum coherence）的关键DNA，具有课程连贯的重要性。（蔡清田，2016）连贯（coherence）系指两种内容的前后呼应，课程连贯系指课程的垂直连贯，强调课程的前后连贯而没有脱节断层，有利于不同教育阶段课程的紧密联结。（蔡清田，2016）台湾地区通称的课程连贯设计类似于中国大陆通称的课程一体化设计，强调学前教育阶段、初等教育阶段、前期中等教育阶段、后期中等教育阶段等不同阶段课程的前后连贯。这呼应了核心素养是学生在接受相应学段的教育过程中，逐步形成的适应个人终身发展和社会发展需要的知识、能力、情意态度与价值观等方面的综合素质，进而建构起基于核心素养的新课程体系，以保证学生核心素养的培养落到实处。（中国教育报，2016a）

本节旨在探讨核心素养在各教育阶段课程设计应用的重要性，不仅延续了本章第一节以核心素养为指引的学校课程发展与设计的架构内涵指出的，可通过制定教改的课程政策，研订课程纲要，明确界定核心素养的架构内涵，也呼应了第二章第四节核心素养的培养指出的，国际组织成员的先进国家和地区推动以核心素养为指引的各教育阶段课程改革。特别是，以核心素养作为“K–12年级基础教育课程纲要”的主轴，并依据教育阶段将核心素养规划为幼儿园、小学、初中、高中的不同层次而垂直连贯的四个关键教育阶段核心素养，此即所谓核心素养的“四阶论”。（蔡清田，2014）尤其是可通过“K–12年级基础教育课程纲要”的规划，以核心素养为指引连贯各教育阶段课程设计，据此进行各领域/群科/科目内容课程规划与设计教科书，结合核心素养与领域/科目课程内容、教学运作与实施通则、学习评价等设计前后连贯的领域/科目学习重点的学习内容，提供没有脱节现象的无缝课程（蔡清田，2008），有助于进行不同层次、维度的课程连贯，落实课程、教学、学习、评价的连贯，以利于不同教育阶段学生学习经验的垂直衔接，促进学习的循序渐进。

就以核心素养为指引连贯各教育阶段课程设计的重要性而言，本节指出核心素养在台湾地区的十二年基本教育课程纲要的研发架构中，扮演了课程连贯与统整的设计核心，可在各教育阶段循序渐进地培养终身学习者与健全的公民。（蔡清田，2016）图3–3显示了可通过核心素养来连贯K–12各基础教育阶段课程，可培育健全公民。

核心素养如同课程设计的经纬线，可转化成为各教育阶段核心素养，并可进一步转化成为各教育阶段的学习领域课程目标与领域/科目核心素养，清楚呈现各教育阶段领域/科目课程的连贯性、统整性及衔接性，不仅使幼儿园、小学、初中、高中教育阶段的课程前后连贯，向下扎根到幼儿教育阶段，并向上连贯到高中的后期中等教育阶段，更可促成“K–12年级基础教育课程纲要”的继续性、顺序性、统整性、衔接性与连贯性。（蔡清田，2016）这种核心素养的课程设计，如图3–4所示，具有循序渐进的关系，如同各级学校课程设计关键要素的DNA，组织绵密且环环相扣、结构严谨，可作为以核心素养为指引的学校课程设计的架构内涵，彰显以核心素养为指引连贯各教育阶段课程设计的重要性。

尤其是当个体开始接受学校教育之后，应该逐渐发展出核心素养，才能适应社会生活。核心素养应该持续发展、维持与更新，并且成为终身学习的一部分，而非仅存在于特定的教育阶段。核心素养需要通过幼儿教育、初等教育、前期中等教育、后期中等教育等不同教育阶段的长期培养，以建立K–12年级基础教育的各教育阶段核心素养的连贯体系。以核心素养作为K–12年级基础教育课程设计的核心要素，必须明确区分出各项核心素养在6岁、12岁、15岁、18岁的发展阶段表现出的期望水平。因此，本节先阐明核心素养垂直连贯各教育阶段的重要性，

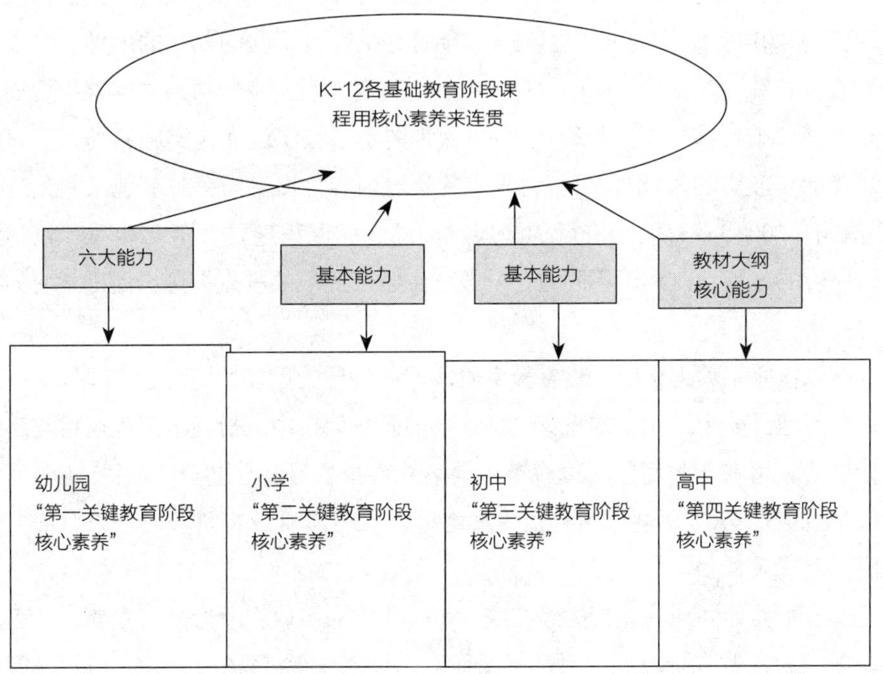

图3-3　通过核心素养来连贯K-12各基础教育阶段课程

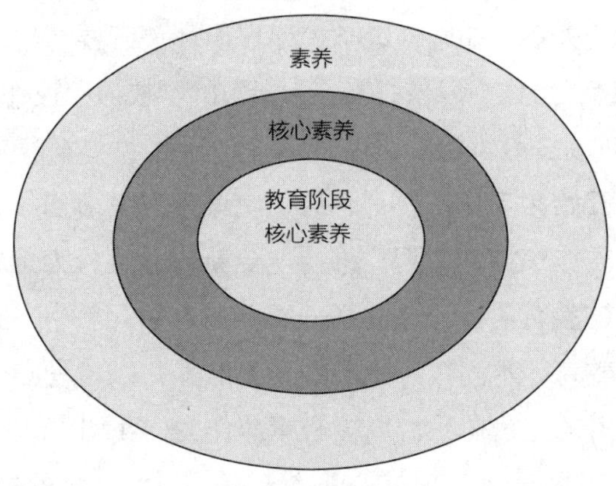

图3-4　“素养”“核心素养”“教育阶段核心素养”三层次理念体系

进而指出4～6岁幼儿期第一关键教育阶段的幼儿园教育阶段核心素养、6～12岁儿童期第二关键教育阶段的小学教育阶段核心素养、12～15岁青少年期第三关键教育阶段的前期中等教育的初中教育阶段核心素养、15～18岁青年期第四关键教育阶段的后期中等教育的高级中等教育阶段核心素养等教育阶段核心素养，可经由后天学习培养各教育阶段核心素养，可建立K–12年级垂直连贯的四个关键教育阶段核心素养，简称"四阶论"，这合乎艾里克森有关从幼儿期到青年期的学生身心发展与社会情境交互作用的"阶段发展任务"之心理社会发展阶段理论学说。（蔡清田，2014）

一、核心素养垂直连贯各基础教育阶段的重要性

台湾地区的基础教育，分成前九年义务教育的小学与初中教育，以及后三年高中/高职的高级中等学校教育，但是过去的幼儿园、小学、初中、高中/高职的学校教育目标和课程内容都各自独立，并未形成连贯的K–12年级各教育阶段课程体系，使得基础教育的成效大打折扣。"十二年基础教育"牵涉幼儿园教育阶段课程、小学与初中的"中小学九年一贯课程"以及错综复杂的高级中等教育的后期中等教育阶段课程，尤其是在过去各教育阶段课程业务分属不同单位主管，其主管单位各司其专职分工并未能有密切整合（蔡清田，2014），造成了四个教育阶段分工切割却藕断丝连的现象，未能以公民为终身学习者的主体，未能进行连贯的课程体系规划。

台湾地区过去传统的学校制度教育分为幼儿园教育、小学教育、初中教育、高中/高职教育，教育主管部门各邀专家学者与教育相关人员进行规划。不同单位在不同年度公布的各种课程纲要规划不连贯、内容名称统不统一，各自强调重点迥异的能力、基本能力、核心能力、学习指标、能力指标与教材大纲，造成四个关键教育阶段的课程教材衔接不上及教学落差加剧，形成学生学习落差的双峰现象。

过去因欠缺K–12年级基础教育课程整体规划，未能提出整体课程设计理据，各界不断质疑：例如，幼儿园、小学、初中、高中/高职等学校课程设计之间的教育目的区分是否合理，是否能展现对整体教育课程的应有期待？各级学校课程能否

循序渐进地妥善安排？各级学校课程设计是否符合学生心理发展顺序？各级学校课程理念是否合乎课程研究发展的学理基础？此外，各级学校课程内涵是否重复或有脱节断层的现象？这些问题有待厘清。

因此，教育主管部门开始把传统的分工制定学制的旧方式，转变为以垂直连贯方式，规划学制之间合理的连贯关系；然而2001年实施中小学九年一贯课程后，虽然进行了中小学纵向连贯，却未能包含幼儿教育与后期中等教育两个重要阶段。因此，台湾地区的中小学课程改革需要更能响应并引导社会变迁，且能有效衔接不同教育阶段的课程。（张茂桂，董秀兰，王业立，等，2011）为建置以学生主体、课程一贯的连贯与统整、培养核心素养为核心理念的十二年基础教育课程体系，教育主管部门邀集学者专家讨论十二年基础教育实施计划——子计划“建置十二年基础教育课程体系方案”，其具体目的主要有：研订课程发展建议书，以引导课程的连贯与统整；研订各教育阶段核心素养及十二年基础教育课程指引，提供各级各类课程纲要研发与修订的基础；研订及审议K–12年级/各教育阶段课程纲要，作为十二年基础教育课程体系的主要依据。通过“建置十二年基础教育课程体系方案”，人们推动通过核心素养连贯K–12年级各教育阶段的课程体系，建构四个关键教育阶段的核心素养，设计四个关键教育阶段的垂直连贯。

教育主管部门于2011年公布“黄金十年百年树人”的《教育报告书》，积极推动落实十二年基础教育，显示教育将更重视后期中等教育与前期中等教育及初等教育阶段的垂直连贯，以有效规划6岁幼儿园教育阶段、12岁初等教育阶段、15岁初中教育阶段、18岁后期中等教育阶段的“一条龙式”课程规划。在此纵向连贯之中，如何将中小学一贯课程向下扎根到幼儿教育阶段，并向上衔接高中/高职的后期中等教育阶段；而且各教育阶段的教育目标与学习领域/科目的课程目标应考虑到培养学生所必须学习获得的核心素养，便成为规划的重要议题。就短程策略而言，需落实以学生为主体的理念，有必要研拟学生所需的核心素养及课程发展机制，修订《中小学一贯课程体系参考指引》及调整课程纲要。诚如本章第一节以核心素养为指引的学校课程发展与设计的架构内涵所指出的核心素养的重要研究沿革，本部分参考了“界定与选择核心素养”（洪裕宏，2008）、“全方位的核心素养之教育研究”（陈伯璋，张新仁，蔡清田，2007）、“台湾变迁趋势对K–12课程的影响”（张茂桂，董秀兰，王业立，等，2011）等等课程理论基础研究。

就核心素养的垂直连贯而言，可进行幼儿园教育阶段核心素养、小学教育阶段核心素养、初中教育阶段核心素养、高级中等教育阶段核心素养的连贯设计（黄光雄，蔡清田，2015），将培养学前教育、初等教育、前期中等教育与后期中等教育的核心素养垂直连贯为一个整体。

核心素养如同DNA是人体细胞所构成的各种器官与复杂组织系统的构成要素，需长期培养以吸收各种营养素，方能发挥其个别功能与整合功能，彰显了核心素养需要长期培育的特质。（蔡清田，2012）如同表3–2所示，核心素养可通过分教育阶段设计进行长期的培育，因此，可通过“K–12年级基础教育课程纲要”的各教育阶段核心素养的研拟，规划基础教育课程体系的垂直连贯，以收到课程连贯之效。

表3–2　K–12年级四个关键教育阶段的垂直连贯

<table>
<tr><td rowspan="6">终身学习者</td><td>18岁以上</td><td colspan="2">台湾地区基础教育之上的大学院校或社会公民</td></tr>
<tr><td>15～18岁青年期</td><td>高中</td><td>后期中等教育阶段的高中是第四关键教育阶段</td></tr>
<tr><td>12～15岁青少年期</td><td>初中</td><td>前期中等教育阶段的初中是第三关键教育阶段</td></tr>
<tr><td>6～12岁儿童期</td><td>小学</td><td>初等教育阶段的小学是第二关键教育阶段</td></tr>
<tr><td>4～6岁幼儿期</td><td>幼儿园</td><td>学前教育阶段的幼儿园是第一关键教育阶段</td></tr>
</table>

不同关键教育阶段的核心素养有层次之分，循序渐进，在幼儿园与小学教育阶段，强调与实际生活经验统整，到了初中阶段，就强调从生活中来理解与实践，到了高级中等教育阶段，就提升为应用分析、评鉴创新等更高层次的境界水平。因此核心素养在幼儿教育、初等教育、前期中等教育、后期中等教育不同的四个关键教育阶段有不同层次水平的教育意义，四个关键教育阶段的核心素养的垂直连贯体系具有其不可忽略的重要性，以下阐述各教育阶段核心素养的垂直连贯的具体内涵与重点和特色。

二、各基础教育阶段核心素养的垂直连贯

核心素养依照个体身心发展阶段各有其具体内涵。因此，接受教育的学生需要通过学校教育循序渐进地学习获得核心素养，每位高中教育毕业生都应具备应有的核心素养。上述这些三面九项核心素养的架构内涵可再分为4～6岁幼儿期第一关键教育阶段的幼儿园教育阶段核心素养、6～12岁儿童期第二关键教育阶段的小学教育阶段核心素养、12～15岁青少年期第三关键教育阶段的前期中等教育的初中教育阶段核心素养、15～18岁青年期第四关键教育阶段的后期中等教育的高中教育阶段核心素养，人们可促成四个关键教育阶段垂直连贯，形成连贯的课程体系。这些教育阶段核心素养可作为“K-12年级基础教育课程纲要”与各领域/科目课程纲要的核心。（蔡清田，陈延兴，2013）

教育阶段核心素养系指小学、初中与高级中等教育阶段所对应的九项核心素养具体内涵，依据各关键教育阶段特质加以衍生，并加上教育阶段编码。（蔡清田，2014）例如，“E-A1具备良好的生活习惯，促进身心健全发展，并认识个人特质及发展生命潜能”，是“A1身心素质与自我精进”此项核心素养在小学（E）教育阶段核心素养的具体内涵；“J-B1具备运用各类符号表情达意的素养，能以同理心与人沟通互动，并理解数理、美学等基本概念，应用于日常生活中”是“B1符号运用与沟通表达”此项核心素养在初中（J）教育阶段核心素养的具体内涵。甚至，更进一步的，包括幼儿园教育阶段，其中K代表6岁的幼儿园教育阶段（kindergarten stage），E代表12岁的小学教育阶段（elementary school education stage），J代表15岁前期中等教育的初中教育阶段（junior high school education stage），U代表18岁的后期中等教育的高中教育阶段（upper secondary education stage），如E-A2、J-B3、U-C1等。

表3-3 K-12年级四组关键教育阶段核心素养的具体内涵（蔡清田，2014）呼应本章第一节图3-2核心素养的滚动圆轮意象，并强调其阶段任务的动态发展。本节以下阐明四个关键教育阶段的核心素养，并强调各教育阶段垂直连贯，以彰显各教育阶段核心素养的连贯性，而非只强调6岁、12岁、15岁、18岁各点的静态区分。

就教育阶段的完整图像而言，强调培养以人为本的终身学习者，并以此为基础建构出幼儿园、小学、初中及高中等各关键教育阶段核心素养内涵的阶段性，

颇能彰显发展心理学的阶段发展任务，以解决生活情境中所面临的问题，并能适应生活情境的快速变迁而与时俱进。就各关键教育阶段图像的整体说明而言，4～6岁幼儿期学前教育阶段是幼儿教育阶段，也是奠定学生核心素养的第一关键教育阶段，幼儿阶段具有主动探索、丰富想象与创造力的发展潜能；经由人与环境互动的体验与参与，涵养学习做人与学习生活的素养；关注幼儿生活经验，着重亲身参与、体验各式活动，以协助幼儿发展成健康的个体，奠定生活与学习的基础，强调从生活情境及实作中陶冶并培养幼儿的沟通互动、社会参与及自主行动等核心素养。6～12岁儿童期小学阶段是初等教育阶段，也是奠定学生的核心素养的第二关键教育阶段，是奠定学生各项素养基础的重要阶段，强调从生活情境及实作中陶冶和培养学生在自主行动、沟通互动及社会参与等方面应具备的核心素养。12～15岁青少年期初中阶段是前期中等教育阶段，也是培养学生核心素养的第三关键教育阶段，初中学生正值青春期，处在身心发展、自我探索与人际互动面临转变与调适的阶段，因此需完整提升各维度的素养。15～18岁青年期高中教育阶段是后期中等教育阶段，是培养学生核心素养的第四关键教育阶段，此阶段教育应着重提供学生在学习衔接、身心发展及生涯定向与准备方面所需具备的素养，同时需让此阶段学生具备独立自主能力，培养终身学习者及世界公民所需的各项核心素养（蔡清田，2014）。

从心理学的理论观点而言，核心素养是可以在幼儿期、儿童期、青少年期、青年期与成年期等不同发展阶段逐渐发展与培育的。因此，表3-3强调以终身学习者为主体，依照个体身心发展特点，使学习者在各教育阶段中的认知、技能与情意等维度循序渐进地发展，使学习者成为一位在各维度均衡发展的健全公民。各教育阶段核心素养的具体内涵，展现了由易到难、由近到远、由简单到复杂的垂直衔接的精致设计，合乎认知发展论有关感官动作期、前操作期、具体操作期、形式操作期的理论，也呼应了阶段发展任务等心理学理论，兹就各教育阶段核心素养的具体内涵简要说明如下。

（一）第一关键教育阶段幼儿园学前教育阶段核心素养的具体内涵

就A1身心素质与自我精进而言，4～6岁幼儿园学前教育阶段核心素养K-A1强调具备良好的生活自理与习惯并能表达自我需求与选择。

表3-3　K-12年级四组关键教育阶段核心素养的具体内涵

一个核心	三面维度	九项主轴	具体内涵	4~6岁幼儿期学前教育阶段幼儿园教育阶段核心素养的具体内涵	6~12岁儿童期初等教育阶段小学教育阶段核心素养的具体内涵	12~15岁青少年期前期中等教育阶段初中教育阶段核心素养的具体内涵	15~18岁青年期后期中等教育阶段高中教育阶段核心素养的具体内涵
终身学习者	A 自主行动	A1 身心素质与自我精进	具备身心健全发展的素质，拥有适宜的人性观与自我观，同时通过选择、分析与运用新知，有效规划生涯发展，探寻生命意义，并不断自我精进，追求至善	K-A1具备良好的生活自理与习惯并能表达自我需求与选择	E-A1具备良好的生活习惯，促进身心健全发展，并认识个人特质及发展生命潜能	J-A1具备良好的身心发展知能与态度，并展现自我潜能，探索人性、自我价值与生命意义，积极实践	U-A1提升各项身心健全发展素质，发展个人潜能，探索自我观，肯定自我价值，有效规划生涯，并通过自我精进与超越，追求至善与幸福人生
		A2 系统思考与解决问题	具备问题理解、思辨分析、推理批判的系统思考与元思考素养，并能行动与反思，以有效处理及解决生活、生命问题	K-A2具备探索环境的能力，并能尝试解决生活上的问题	E-A2具备探索问题的思考能力，并通过体验与实践处理日常生活问题	J-A2具备理解情境全貌，并做独立思考与分析的知能，运用适当的策略处理生活及生命议题。	U-A2具备系统思考、分析与探索的素养，深化元思考，并积极面对挑战以解决人生的各种问题
		A3 规划执行与创新应变	具备规划及执行计划的能力，并试探与发展多元专业知能、充实生活经验，发挥创新精神，以适应社会变迁、增进个人的弹性适应力	K-A3具备以图标或符号构思工作计划的能力，并能适应生活情境，调整活动的进行	E-A3具备拟订计划与实作的能力，并以创新思考方式适应日常生活情境	J-A3具备善用资源以拟订计划，有效执行，并发挥主动学习与创新求变的素养	U-A3具备规划、实践与检讨反省的素养，并以创新的态度与作为适应新的情境或问题

续表

一个核心	三面维度	九项主轴	具体内涵	4～6岁幼儿期学前教育阶段幼儿园教育阶段核心素养的具体内涵	6～12岁儿童期初等教育阶段小学教育阶段核心素养的具体内涵	12～15岁青少年期前期中等教育阶段初中教育阶段核心素养的具体内涵	15～18岁青年期后期中等教育阶段高中教育阶段核心素养的具体内涵
终身学习者	B 沟通互动	B1 符号运用与沟通表达	理解及使用语言、文字、数理、肢体及艺术等各种符号进行表达、沟通及互动，并能了解与同理他人，应用在日常生活及工作上	K-B1具备运用肢体、口语与图像的素养，并能对日常生活进行绘图表达或记录	E-B1具备“听、说、读、写、作”的基本语文素养，并具有生活所需的基础数理、肢体及艺术等符号知能，能把同理心应用在生活与人际沟通上	J-B1具备运用各类符号表情达意的素养，能以同理心与人沟通互动，并理解数理、美学等基本概念，应用于日常生活中	U-B1具备掌握各类符号表达的能力，以进行经验、思想、价值与情意的表达，能以同理心与他人沟通并解决问题
		B2 科技信息与媒体素养	具备善用科技、信息与各类媒体的能力，培养相关伦理及媒体识读的素养，能分析、思辨、批判人与科技、信息及媒体的关系	K-B2具备运用生活中基本的科技与信息操作素养，并能丰富生活与扩展经验	E-B2具备科技与信息应用的基本素养，并理解各类媒体内容的意义与影响	J-B2具备善用科技、信息与媒体以增进学习的素养，并察觉、思辨人与科技、信息、媒体的互动关系	U-B2具备适当运用科技、信息与媒体的素养，进行各类媒体识读与批判，并能反思科技、信息与媒体伦理的议题
		B3 艺术涵养与美感素养	具备艺术感知、创作与鉴赏能力，体会艺术文化的美，通过生活美学的省思，丰富美感体验，培养对美、善的人、事物进行赏析、建构与分享的态度与能力	K-B3具备感官探索、觉察与赏析生活中各种美好事物的素养，并能运用各种素材表现创作	E-B3具备艺术创作与欣赏的基本素养，进行多元感官的开发，培养生活环境中的美感体验	J-B3具备艺术展演的一般知能及表现能力，欣赏各种艺术的风格和价值，并了解美感的特质、认知与表现方式，增进生活的丰富性与美感体验	U-B3具备艺术感知、欣赏、创作与鉴赏的能力，体会艺术创作与社会、历史、文化之间的互动关系，通过生活美学的涵养，对美、善的人、事物进行赏析、建构与分享

续表

一个核心	三面维度	九项主轴	具体内涵	4~6岁幼儿期学前教育阶段幼儿园教育阶段核心素养的具体内涵	6~12岁儿童期初等教育阶段小学教育阶段核心素养的具体内涵	12~15岁青少年期前期中等教育阶段初中教育阶段核心素养的具体内涵	15~18岁青年期后期中等教育阶段高中教育阶段核心素养的具体内涵
终身学习者	C 社会参与	C1 道德实践与公民意识	具备道德实践的素养，从个人小我到社会公民，循序渐进，养成社会责任感及公民意识，主动关注公共议题并积极参与社会活动，关怀自然生态与人类永续发展，而展现知善、乐善与行善的品德	K-C1具备主动参与团体活动与遵守规范的素养，并在生活中展现尊重与关怀	E-C1具备个人生活道德的知识与是非判断的能力，理解并遵守社会道德规范，培养公民意识，关怀生态环境	J-C1培养道德思辨与实践能力，具备民主素养、法治观念与环境意识，并主动参与公益团体活动，关怀生命伦理议题与生态环境	U-C1具备对道德课题与公共议题的思考与对话素养，培养良好品德、公民意识与社会责任，主动参与环境保育与社会公益活动
		C2 人际关系与团队合作	具备友善的人际情怀及与他人建立良好的互动关系，并发展与人沟通协调、包容异己、社会参与及服务等团队合作的素养	K-C2具备与人协商及关心他人的素养，同时会调整自己的态度与行为	E-C2具备理解他人感受，乐于与人互动，并与团队成员合作的素养	J-C2具备利他与合群的知能与态度，并培育相互合作及与人和谐互动的素养	U-C2发展适切的人际互动关系，并展现包容异己、沟通协调及团队合作的精神与行动
		C3 多元文化与国际理解	具备自我文化认同的信念，并尊重与欣赏多元文化，积极关心全球议题及国际情势，并能顺应时代脉动与社会需要，发展国际理解、多元文化价值观与世界和平的胸怀	K-C3具备理解与欣赏人己之间差异的素养，并能接纳多元文化的态度	E-C3具备理解与关心本土与世界事务的素养，并认识与包容文化的多元性	J-C3具备敏察和接纳多元文化的涵养，关心本土与世界事务，并尊重与欣赏差异	U-C3在坚定自我文化价值的同时，又能尊重、欣赏多元文化，拓展国际化视野，并主动关心全球议题或国际情势，具备国际移动力

注：各教育阶段核心素养系指幼儿园、小学、初中与高级中等教育所对应的教育阶段的九项核心素养，依各阶段的教育特质加以衍生，并加上阶段区别的编码，其中K代表6岁的幼儿园学前阶段，E代表12岁的小学阶段，J代表15岁的初中阶段，U代表18岁的高中教育阶段，如E-A2、J-B3、U-C1等。

资料来源：修改自十二年基本教育课程纲要总纲.

就A2系统思考与解决问题而言，4～6岁幼儿园学前教育阶段核心素养K–A2强调具备探索环境的能力，并能尝试解决生活上的问题。

就A3规划执行与创新应变而言，4～6岁幼儿园学前教育阶段核心素养K–A3强调具备以图标或符号构思工作计划的能力。

就B1符号运用与沟通表达而言，4～6岁幼儿园学前教育阶段核心素养K–B1强调具备运用肢体、口语与图像的素养，并能对日常生活进行绘图表达或记录。

就B2科技信息与媒体素养而言，4～6岁幼儿园学前教育阶段核心素养K–B2强调具备运用生活中基本的科技与信息操作素养，并能丰富生活与扩展经验。

就B3艺术涵养与美感素养而言，4～6岁幼儿园学前教育阶段核心素养K–B3强调具备感官探索、觉察与赏析生活中各种美好事物的素养。

就C1道德实践与公民意识而言，4～6岁幼儿园学前教育阶段核心素养K–C1强调具备主动参与团体活动与遵守规范的素养，并在生活中展现尊重与关怀。

就C2人际关系与团队合作而言，4～6岁幼儿园学前教育阶段核心素养K–C2强调具备与人协商及关心他人的素养，同时会调整自己的态度与行为。

就C3多元文化与国际理解而言，4～6岁幼儿园学前教育阶段核心素养K–C3强调具备理解与欣赏人己之间差异的素养。

（二）第二关键教育阶段小学教育阶段核心素养的具体内涵

就A1身心素质与自我精进而言，6～12岁儿童期小学阶段核心素养E–A1强调促进身心健全发展。

就A2系统思考与解决问题而言，6～12岁儿童期小学阶段核心素养E–A2强调具备探索问题的思考能力，并通过体验与实践处理日常生活问题。

就A3规划执行与创新应变而言，6～12岁儿童期小学阶段核心素养E–A3强调具备拟订计划与实作的能力。

就B1符号运用与沟通表达而言，6～12岁儿童期小学阶段核心素养E–B1强调基本语文素养及生活所需的基础数理、肢体及艺术等符号知能。

就B2科技信息与媒体素养而言，6～12岁儿童期小学阶段核心素养E–B2强调能理解各类媒体内容的意义与影响。

就B3艺术涵养与美感素养而言，6～12岁儿童期小学阶段核心素养E–B3强调能进行多元感官的开发，培养生活环境中的美感体验。

就C1道德实践与公民意识而言，6～12岁儿童期小学阶段核心素养E–C1强调具备个人生活道德的知识与是非判断的能力，并能培养公民意识，关怀生态环境。

就C2人际关系与团队合作而言，6～12岁儿童期小学阶段核心素养E–C2强调具备理解他人感受，乐于与人互动，并与团队成员合作的素养。

就C3多元文化与国际理解而言，6～12岁儿童期小学阶段核心素养E–C3强调具备理解与关心本土与世界事务的素养，并认识与包容文化的多元性。

（三）第三关键教育阶段初中教育阶段核心素养的具体内涵

就A1身心素质与自我精进而言，12～15岁青少年期初中阶段核心素养J–A1强调能展现自我潜能。

就A2系统思考与解决问题而言，12～15岁青少年期初中阶段核心素养J–A2强调能运用适当的策略处理生活及生命议题。

就A3规划执行与创新应变而言，12～15岁青少年期初中阶段核心素养J–A3强调善用资源以拟订计划。

就B1符号运用与沟通表达而言，12～15岁青少年期初中阶段核心素养J–B1强调具备运用各类符号表情达意的素养，与人沟通互动。

就B2科技信息与媒体素养而言，12～15岁青少年期初中阶段核心素养J–B2强调能察觉、思辨人与科技、信息、媒体的互动关系。

就B3艺术涵养与美感素养而言，12～15岁青少年期初中阶段核心素养J–B3强调进行多元感官的开发，培养生活环境中的美感体验。

就C1道德实践与公民意识而言，12～15岁青少年期初中阶段核心素养J–C1强调主动参与公益团体活动，关怀生命伦理议题与生态环境。

就C2人际关系与团队合作而言，12～15岁青少年期初中阶段核心素养J–C2强调具备利他与合群的知能与态度，并培育相互合作及与人和谐互动的素养。

就C3多元文化与国际理解而言，12～15岁青少年期初中阶段核心素养J–C3强调具备敏察和接纳多元文化的涵养，并尊重与欣赏差异。

（四）第四关键教育阶段高中教育阶段核心素养的具体内涵

就A1身心素质与自我精进而言，15～18岁青年期高级中等教育阶段核心素养U–A1强调提升各项身心健全发展素质及发展个人潜能。

就A2系统思考与解决问题而言，15～18岁青年期高级中等教育阶段核心素养U–A2强调具备系统思考、分析与探索的素养，深化元思考，并积极面对挑战以解决人生的各种问题。

就A3规划执行与创新应变而言，15～18岁青年期高级中等教育阶段核心素养U–A3强调以创新的态度与作为适应新的情境或问题。

就B1符号运用与沟通表达而言，15～18岁青年期高级中等教育阶段核心素养U–B1强调具备掌握各类符号表达的能力，以进行经验、思想、价值与情意的表达，与他人沟通并解决问题。

就B2科技信息与媒体素养而言，15～18岁青年期高级中等教育阶段核心素养U–B2强调进行各类媒体识读与批判，并能反思科技、信息与媒体伦理的议题。

就B3艺术涵养与美感素养而言，15～18岁青年期高级中等教育阶段核心素养U–B3强调通过生活美学的涵养，对美、善的人、事物进行赏析、建构与分享。

就C1道德实践与公民意识而言，15～18岁青年期高级中等教育阶段核心素养U–C1强调培养良好品德、公民意识与社会责任感，主动参与环境保育与社会公益活动。

就C2人际关系与团队合作而言，15～18岁青年期高级中等教育阶段核心素养U–C2强调展现包容异己、沟通协调及团队合作的精神与行动。

就C3多元文化与国际理解而言，15～18岁青年期高级中等教育阶段核心素养U–C3强调能尊重、欣赏多元文化，拓展国际化视野，并主动关心全球议题或国际情势，具备国际移动力。

本文在建构核心素养的三面架构与九项内涵之后，进一步展开各教育阶段的公民应具备的核心素养的具体内涵，审酌其身心特质与发展特征；参照《幼儿园教保活动与课程暂行大纲》《中小学九年一贯课程纲要》与高中/高职课程纲要所陈述的十大基本能力及各学习领域所对应的分段能力指标内容，结合核心素养在各教育阶段应具备的衔接性与整体性的特性，进一步发展出各教育阶段学生应具备的核心素养的具体内涵，可促成四个关键教育阶段的课程垂直连贯，形成连贯的K-12年级基础教育课程体系，并确保核心素养的具体内涵与各教育阶段的各学习领域学习能产生妥适的联结。

在这些基础之上，教育主管部门可据此研拟幼儿园、小学、初中、高中各教育阶段学生所需的核心素养，成立各个教育阶段核心素养的检查点，可通过课程规划、设计、实施、评价，检核是否达成核心素养。（蔡清田，2008）未来可以进一步规划“K-12年级基础教育课程纲要”的核心素养与各领域纲要的课程架构内涵、连贯的课程设计原则、课程实施与学习评价要点等，以进行K-12年级基础教育一贯课程的垂直连贯并与各学习领域进行水平统整的课程设计，适应核心素养的课程改革，强化核心素养取向的教学，以培养核心素养的知识、能力与态度，适应未来生活的复杂需要。唯各教育阶段核心素养具体内涵的课程设计特色和重点如何于四个教育阶段被具体实践，尚需就四个教育阶段课程的基本理念、教育阶段核心素养的特色和重点，以及课程纲要的领域/科目课程目标及核心素养与学习重点加以分析，以利于有效课程设计，本书下一节将就此加以论述。

第三节 核心素养连贯幼儿园到高中阶段的课程设计之特色和重点

本节核心素养连贯幼儿园到高中阶段的课程设计之特色和重点，旨在探讨核心素养在各教育阶段课程设计应用的重要性，不仅推动以核心素养为指引的各教育阶段课程改革，并特别强调K–12年级四个关键教育阶段核心素养的垂直连贯体系，延续本章前一节以核心素养为指引连贯各教育阶段课程设计的重要性，所指出的教育阶段核心素养系指幼儿园、小学、初中与高级中等教育阶段所对应的三面九项核心素养的具体内涵。

就核心素养的培养途径而言，K–12年级四个关键教育阶段课程架构，可以包括共同性的一般基础课程（foundation curriculum）与差异性的分殊专精课程两部分（陈伯璋，2010）。一般基础课程是公民基本教育的主要内涵，旨在培养学生具备核心素养，扎根到幼儿教育阶段，成为公民教育的基础，并协助其成为终身学习者，重视各教育阶段课程的学习进程，将K–12年级基础教育的学习时程，依序规划为幼儿教育、初等教育、前期中等教育、后期中等教育四个关键教育阶段，包括幼儿园课程、小学课程、初中课程、高中共同核心课程，兼顾学生身心与认知发展的进程，依据知识领域的逻辑结构渐进开展教学，可适切达成各教育阶段领域/科目的连贯。另外，就核心素养的各教育阶段培养原则而言，需秉持渐进、加广加深、跨领域/科目等原则，可通过连贯各教育阶段的不同领域/科目的学习来达成，如图3–5 K–12年级四个关键教育阶段课程架构（修改自蔡清田，2014）所示。

本节核心素养连贯幼儿园到高中阶段的课程设计特色和重点，更进一步说明四个关键教育阶段核心素养的课程设计可通过个别部分间的联结组成一个有意义的整体。特别是核心素养连贯幼儿园、小学、初中到高中教育阶段的课程设计的特色和

<table>
<tr><td></td><td colspan="9">K-12年级一般基础教育课程（以领域/科目为例）</td></tr>
<tr><td rowspan="2">核心素养
教育阶段</td><td colspan="3">A自主行动</td><td colspan="3">B沟通互动</td><td colspan="3">C社会参与</td></tr>
<tr><td>A1
身心素质与自我精进</td><td>A2
系统思考与解决问题</td><td>A3
规划执行与创新应变</td><td>B1
符号运用与沟通表达</td><td>B2
科技信息与媒体素养</td><td>B3
艺术涵养与美感素养</td><td>C1
道德实践与公民意识</td><td>C2
人际关系与团队合作</td><td>C3
多元文化与国际理解</td></tr>
<tr><td>15~18岁
第四关键教育阶段
高中后期中等教育阶段</td><td colspan="9">语文、数学、社会、自然科学、艺术、生活、体育
分殊专精课程（不同进路发展）</td></tr>
<tr><td>12~15岁
第三关键教育阶段
初中前期中等教育阶段</td><td colspan="9">语文、数学、自然科学、社会、艺术、健康与体育、综合活动</td></tr>
<tr><td rowspan="2">6~12岁
第二关键教育阶段
小学初等教育阶段</td><td colspan="9">语文、数学、自然科学、社会、艺术、健康与体育、综合活动</td></tr>
<tr><td colspan="9">语文、数学、生活、健康与体育、综合活动</td></tr>
<tr><td>4~6岁
第一关键教育阶段
幼儿园幼儿教育阶段</td><td colspan="9">语文、认知、社会、情绪、身体动作与健康、美感</td></tr>
</table>

图3-5 K-12年级四个关键教育阶段课程架构

重点，不仅延续了本章第二节以核心素养为指引连贯各教育阶段课程设计的重要性，也呼应了本章第一节以核心素养为指引的学校课程发展与设计架构内涵，所指出的教育主管部门可通过制定教改的课程政策，研订课程纲要，明确界定核心素养的架构内涵，有助于推动以核心素养为指引的各教育阶段课程改革。

特别是，本节强调K-12各教育阶段核心素养的连贯性，可促成K-12年级四个关键阶段的教育课程垂直连贯，形成连贯的K-12年级基础教育课程体系，并确保核心素养的具体内涵与各教育阶段的各学习领域产生妥适的联结，展现出核心素养具有终身学习者的四个关键教育阶段连贯性的层次结构，充分彰显了核心素养具有跨越各种社会场域与学习领域的广度的多元性，以及牵涉反省思考的高阶心智及复杂行动。这呼应了第二章第三节核心素养的特质的“三多一高一长”，落实了第三章第一节以核心素养为指引的学校课程发展与设计的架构内涵，彰显了第三章第二节以核心素养为指引连贯各教育阶段课程设计的重要性。

表3-4　核心素养连贯幼儿园到高中教育阶段的课程设计之特色和重点

K-12年级四个关键教育阶段	关键教育阶段核心素养的课程设计之特色和重点
4～6岁幼儿期学前教育阶段的幼儿园是第一关键教育阶段	幼儿园是奠定核心素养的第一关键教育阶段，幼儿阶段具有主动探索、丰富想象与创造力的发展潜能；经由人与环境互动的体验与参与，涵养学习做人与学习生活的素养
6～12岁儿童期初等教育阶段的小学是第二关键教育阶段	小学阶段是奠定核心素养的第二关键教育阶段，是奠定学生各项素养基础的重要阶段，强调从生活情境及实作中，陶冶和培养学生在自主行动、沟通互动、社会参与方面应具备的最基本的核心素养
12～15岁青少年期前期中等教育阶段的初中是第三关键教育阶段	初中教育阶段是培养核心素养的第三关键教育阶段，初中学生正值青春期，处在身心发展、自我探索与人际互动面临转变与调适的阶段，因此需完整提升各维度的素养，以满足此阶段学生成长发展的需要
15～18岁青年期后期中等教育阶段的高中是第四关键教育阶段	高中教育阶段是培养核心素养的第四关键教育阶段，也是十二年基本教育的最后一个阶段，此阶段教育应着重提供学生学习衔接、身心发展及生涯定向所需具备的素养，同时让此阶段学生具备独立自主能力，满足终身学习者及世界公民所需的各项核心素养

经济合作与发展组织的“国际学生评价计划”所进行的研究发现，虽然在经济合作与发展组织与欧盟的大部分成员之中，青年人离开学校之后，几乎均已获得中等学校教育文凭，然而，他们在成年生活中所需具备的核心知识与能力却仍有待加强。在许多国家和地区中，至少有1/3的学生无法完成比较复杂的阅读任务，而这却是学生应具备的核心素养之一。可见，核心素养的确必须通过不同教育阶段的长期培育，因为核心素养是一种知识概念、方法技能与态度情意的综合表现，所以需要有机会让学生在各教育阶段情境下进行学习，而且掌握核心素养也是循序渐进、持续发展的过程，所以学习过程也需要通过不同基础教育阶段的课程设计来培养核心素养。（陈伯璋，张新仁，蔡清田，等，2007）特别是K-12年级基础教育依据学制可划分为四个关键教育阶段，分别为幼儿园教育两年、小学教育六年、初级中等学校教育三年、高级中等学校教育三年，可再依据各教育阶段学生的身心发展状况区分为五个学习阶段：小学一、二年级为第一学习阶段，小学三、四年级为第二学习阶段，小学五、六年级为第三学习阶段，初级中

等学校七、八、九年级为第四学习阶段，高级中等学校十、十一、十二年级为第五学习阶段。各级各类学校的领域/群科/学程/科目课程，应配合各学习阶段的重点，规划连贯且统整的课程内容，并以自主行动、沟通互动、社会参与三大维度衍生出来的身心素质与自我精进、系统思考与解决问题、规划执行与创新应变、符号运用与沟通表达、科技信息与媒体素养、艺术涵养与美感素养、道德实践与公民意识、人际关系与团队合作、多元文化与国际理解九项核心素养内涵作为课程规划的依归（蔡清田，2012）。

从核心素养的培养而言，核心素养的培养涉及各学校教育阶段、各学习领域的教育与人才培训的任务，包括课程目标的研拟、课程内容的规划、教学材料的设计、教学历程的实施、学习机会的安排以及素养评价指标的建立等实际运作的需求，都必须将各项核心素养加以分层、分类，加以规划、设计、实施、评价（蔡清田，2016），方能实践其理念。本节特别就幼儿园、小学、初中、高中四个关键教育阶段的基本理念与各教育阶段核心素养的特色加以阐述，四个关键教育阶段具有其课程设计的基本理念与特色，可为教科书出版社的教材设计者、学校课程规划者与教师设计教案的专业课程提供发展空间，并能适应学习者的需求。本节特别指出不同教育阶段的基本理念与核心素养的特色，并进一步说明四个不同关键教育阶段核心素养如何划分、彼此之间如何衔接，各个关键教育阶段核心素养的课程连贯合乎学生身心发展的阶段发展任务。（蔡清田，2014）以下分别论述说明四个关键教育阶段的课程设计的基本理念、教育阶段核心素养的课程设计的特色与重点，兹分项说明如下。

一、第一关键教育阶段的“幼儿园教育阶段核心素养”课程设计之特色和重点

4～6岁是奠定核心素养的第一关键教育阶段，幼儿学前教育阶段具有主动探索、丰富想象与创造力的发展潜能；经由人与环境互动的体验与参与，涵养学习做人与学习生活的素养。幼儿园学前教育阶段核心素养亦即4～6岁幼儿期第一关键教育阶段的幼儿园学前教育阶段核心素养，乃是以教育主管部门于2012年10月5日公布的《幼儿园教保活动课程暂行大纲》为基础，由本章第一节核心素养三面论架

构与九项主轴内涵加以检核，可提供未来研拟“K–12年级基础教育课程纲要”的参考，也可作为检视幼儿园各领域核心素养的连贯和统整的参考。（蔡清田，陈延兴，2013）

（一）第一关键教育阶段的幼儿园学前教育阶段核心素养课程设计之特色

4～6岁幼儿期第一关键教育阶段的幼儿园学前教育阶段核心素养是台湾地区幼儿可以运用于生活中的素养，而且是立足于华人文化的幼儿核心素养。因为课程设计无法脱离个人所存在的文化社会脉络，而课程实践也与文化社会的价值相融合。因此，幼儿教育阶段的基本理念以生命主体的全人发展为思维轴心，融合社会文化的素养，以培养幼儿面对未来多变社会的素养为目标。（卢美贵，王月美，陈玉芳，2013）

幼教课程理论的幼儿学习观，已从主张孩子为独立的学习个体转变为强调文化脉络的影响；并从独尊科学、数理逻辑的认知能力转变为发现多样化的认知途径和生活能力。因此，根据教育主管部门公布的《幼儿园教保活动课程暂行大纲》，以幼儿园学前教育阶段采用的新课纲的身体动作、认知、语言、社会、情绪和美感六大领域的领域目标对应检核核心素养后发现，现行的领域目标仍有欠缺不足的核心素养的内涵，特别是比较缺乏沟通互动的科技信息与媒体素养内涵，可就此充实弥补不足之处，作为未来研拟“K–12年级基础教育课程纲要”的参考。

4～6岁幼儿期第一关键教育阶段的幼儿园学前教育阶段核心素养的特色，包括重视以幼儿为主体的探索、觉察、理解与欣赏的历程，强调在华人文化脉络中生成的知识、能力、态度。首先，就以幼儿为主体的探索、觉察、理解与欣赏的历程而言，《幼儿园教保活动课程暂行大纲》中的幼教课程的理念，强调从人的陶冶和培养出发，将幼儿的总体课程分为身体动作、认知、语言、社会、情绪和美感六大领域，主张生命主体在与环境互动历程中成长，其成长的环境始终是持续变动的。教育的本质需以培养个人面对情境挑战的素养为主要目标，而课程实践需与社会文化的价值相融合，以适应多元社会的变迁与需求。因此，以幼儿为学习的主体，经由探索、体验、觉察、发现、理解与欣赏的历程，是幼儿教育阶段课程的基本理念。以符号运用与沟通表达为例，6岁幼儿的核心素养为具备体验与觉知肢体、口语、图像与文字的素养，并能运用简单的语文或数学符号绘图或记录。由于信息媒体的普及，如电视媒体、数字通信以及电器化的日常设备的普及，加上生活环境中随处可见图像、文字或符号，如商店、路标、指示牌、报纸杂志、书籍，幼儿可随时接触肢体、口语、图像与文字、符号等沟通媒介。此项核心素养强调在日常生活的脉络中体验与觉知生活中常见的肢体、口语、图像与文字的符号意义并应用于绘图或记录，幼儿在6岁时历经至少一年的幼儿园学习后，能具有此项核心素养并不会太难，尤其是落实于生活脉络的体验与运用中。（卢美贵，王月美，陈玉芳，2013）

其次，就在华人文化脉络中生成的知识、能力、态度而言，素养可以用来具体规划课程。通过整体教育的每个教育阶段的课程设计与实施，以培养公民具备素养，其内涵不只是知识，也不只是能力，更有态度的内涵。《台湾幼儿核心素养及其幼教课程形构研究》等文献发现华人文化的教养观影响幼儿的核心素养及其期待，台湾地区对幼儿核心素养的期待深受中华文化脉络的影响，除了个人基本能力、与社会互动能力、与自然互动能力之外，在个人特质和社会群体互动的态度方面也有如下的发现：个人特质方面包括乐观、劳动、主动求知的态度、自信、勤奋、积极的行动力与自我负责的态度；社会群体互动的关系包括热忱、诚恳、包容、同理、主动关怀别人、守信用、团队合作、珍惜与感恩的态度。

（二）第一关键教育阶段的幼儿园学前教育阶段核心素养课程设计之重点

台湾地区幼儿园学前教育阶段核心素养受到华人文化脉络影响，幼儿核心素养内涵除了必须符合社会与时代的脉动，还要让幼儿具有面对日新月异的信息社会、与异质团体互动频繁以及面对地球生态环境急剧变化所应具备的素养。

本文的幼儿核心素养可视为以经济合作与发展组织所进行的“素养的界定与选择”的核心素养三大维度为经，以华人文化为纬所架构而成，符合幼儿发展易于理解、可操作、可测量的沟通互动、社会参与、自主行动三个维度与身心素质与自我精进、系统思考与解决问题、规划执行与创新应变、符号运用与沟通表达、科技信息与媒体素养、艺术涵养与美感素养、道德实践与公民意识、人际关系与团队合作、多元文化与国际理解九项具体内涵，可确保K–12各教育阶段核心素养的延续发展。第一关键教育阶段的幼儿园学前教育阶段核心素养课程设计的重点和特色如表3–5所示。

表3-5　第一关键教育阶段的幼儿园学前教育阶段核心素养课程设计之特色和重点

第一关键教育阶段核心素养课程设计的特色	九项内涵	幼儿园学前教育阶段核心素养具体内涵的课程设计重点
4～6岁幼儿园是奠定核心素养的第一关键教育阶段，幼儿阶段具有主动探索、丰富想象与创造力的发展潜能；经由人与环境互动的体验与参与，涵养学习做人与学习生活的素养	A1身心素质与自我精进	K-A1具备良好的生活自理与习惯并能表达自我需求与选择
	A2系统思考与解决问题	K-A2具备探索环境的能力，并能尝试解决生活上的问题
	A3规划执行与创新应变	K-A3具备以图标或符号构思工作计划的能力，并能适应生活情境，调整活动的进行
	B1符号运用与沟通表达	K-B1具备运用肢体、口语与图像的素养，并能对日常生活进行绘图表达或记录
	B2科技信息与媒体素养	K-B2具备运用生活中基本的科技与信息操作素养，并能丰富生活与扩展经验
	B3艺术涵养与美感素养	K-B3具备感官探索、觉察与赏析生活中各种美好事物的素养，并能运用各种素材表现创作
	C1道德实践与公民意识	K-C1具备主动参与团体活动与遵守规范的素养，并在生活中展现尊重与关怀
	C2人际关系与团队合作	K-C2具备与人协商及关心他人的素养，同时会调整自己的态度与行为
	C3多元文化与国际理解	K-C3具备理解与欣赏人己之间差异的素养，并能接纳多元文化的态度

资料来源：修改自卢美贵，王月美，陈玉芳．幼儿教育阶段核心素养之研究．课程研究，2013，8(1).

二、第二关键教育阶段的“小学教育阶段核心素养”课程设计之特色和重点

6～12岁儿童期小学阶段是初等教育阶段，也是奠定学生的核心素养的第二关键教育阶段，是奠定学生各项素养基础的重要阶段，强调从生活情境及实作中陶冶和培养学生在自主行动、沟通互动、社会参与方面形成最基本的核心素养。就第二关键教育阶段的小学教育阶段核心素养而言，核心素养是发展于生活情境脉络中，通过知识、能力、态度等方面的整合而加以培养的。（蔡清田，陈延兴，2013）6岁到12岁的初等教育基本任务在于培养具备学科基础知能、社会互动力、身心健全成长与具备审美观念与道德实践的公民。（陈圣谟，2013）因此，要在沟通互动、社会参与、自主行动核心素养要求下，进一步设计适合小学教育阶段公民身心发展特质与学习任务需求的核心素养。

（一）第二关键教育阶段的小学教育阶段核心素养课程设计之特色

6岁到12岁的公民所接受的教育属于小学教育阶段，也是学校教育与未来成人学习的根基。（陈圣谟，2013）初等教育的总体课程目标，在于培养具备学科基础知能、社会互动力、身心健全成长、具备审美观念与道德实践的儿童。而核心素养是发展于生活情境脉络中，通过知识、能力、态度等方面的整合而加以发挥的。因此，核心素养与学校课程目标有着密切关系。通过小学核心素养的确立，可引领或增补小学课程目标的建构，通过课程目标的实践，可确保K–12各教育阶段核心素养的持续发展。

特别是，小学六年又可详细分为小学一、二年级为第一学习阶段，小学三、四年级为第二学习阶段，小学五、六年级为第三学习阶段。第一学习阶段系学生学习能力的奠基期，应着重生活习惯与品德的培养，协助学生在生活与实作中主动学习，并奠定语言与符号运用的基础；第二学习阶段持续充实学生学习能力，发展基本生活知能与社会能力，开发多元智能，培养多方兴趣，协助学生能够通过体验与实践适切处理生活问题；第三学习阶段应协助学生深化学习，鼓励自我探索，提高自信心，增强判断是非的能力，培养社区/部落意识，养成民主与法治观念，展现互助与合作精神。

核心素养涵盖公民对自我发展、生活适应与社会参与等维度的发展，学校课程目标的建构应周延关照，朝向整全个体的培养。（陈圣谟，2013）小学教育阶段核心素养具有基础性与衔接性等特性。就基础性而言，核心素养的养成要求必须在小学教育阶段的课程即开始规划，以期及早扎根，奠定未来持续发展的基础。就衔接性而言，核心素养需通过各教育阶段持续、无缝的关注，并落实于学校课程的设计与实施之中，方可确保K–12各教育阶段核心素养的延续发展。

（二）第二关键教育阶段的小学教育阶段核心素养课程设计之重点

6～12岁小学教育阶段核心素养的具体指标根据学生的身心发展特质及生活与学习需求，于沟通互动、社会参与与自主行动三项维度之下可再细分为九项具体内涵。以下将6～12岁第二关键教育阶段的小学教育阶段核心素养课程设计的特色和重点整理成表3–6。

表3-6 第二关键教育阶段的小学教育阶段核心素养课程设计的特色之重点

第二关键教育阶段核心素养课程设计的特色	九项内涵	小学教育阶段核心素养具体内涵的课程设计重点
小学教育阶段是奠定核心素养的第二关键教育阶段，是奠定学生各项素养基础的重要阶段，强调从生活情境及实作中陶冶和培养学生在自主行动、沟通互动、社会参与方面的应具备的最基本的核心素养	A1身心素质与自我精进	E-A1具备良好的生活习惯，促进身心健全发展，并认识个人特质及发展生命潜能
	A2系统思考与解决问题	E-A2具备探索问题的思考能力，并通过体验与实践处理日常生活问题
	A3规划执行与创新应变	E-A3具备拟订计划与实作的能力，并以创新思考方式适应日常生活情境
	B1符号运用与沟通表达	E-B1具备“听、说、读、写、作”的基本语文素养，并具有生活所需的基础数理、肢体及艺术等符号知能，能把同理心应用在生活与人际沟通上
	B2科技信息与媒体素养	E-B2具备科技与信息应用的基本素养，并理解各类媒体内容的意义与影响
	B3艺术涵养与美感素养	E-B3具备艺术创作与欣赏的基本素养，进行多元感官的开发，培养生活环境中的美感体验
	C1道德实践与公民意识	E-C1具备个人生活道德的知识与是非判断的能力，理解并遵守社会道德规范，培养公民意识，关怀生态环境
	C2人际关系与团队合作	E-C2具备理解他人感受，乐于与人互动，并与团队成员合作的素养
	C3多元文化与国际理解	E-C3具备理解与关心本土与世界事务的素养，并认识与包容文化的多元性

资料来源：修改自陈圣谟．核心素养与小学课程发展．课程研究，2013，8（1）．

三、第三关键教育阶段的“初中教育阶段核心素养”课程设计之特色和重点

12～15岁青少年期初中阶段是前期中等教育阶段，也是培养核心素养的第三关键教育阶段。初中学生正值青春期，处在身心发展、自我探索与人际互动面临转变与调适的阶段，因此需完整提升各维度的素养。就第三关键教育阶段的前期中等教育的初中教育阶段核心素养而言，适应地区发展与在社会期待之下进行教育改革，将中小学课程进行修订，因而有了新的教育思维与实践。依据《中小学九年一贯课程纲要》，九年一贯课程有五大理念，分别为培养学生具备人本情怀、统整能力、民主素养、本土与世界意识，以及培养能进行终身学习的健全公民。《中小学九年一贯课程纲要》亦确定了十大基本能力，强调课程设计应以学生为主体，以生活经验为重心，培养现代公民所需的基本能力，

包含：①了解自我与发展潜能，②欣赏、表现与创新，③生涯规划与终身学习，④表达、沟通与分享，⑤尊重、关怀与团队合作，⑥文化学习与国际了解，⑦规划、组织与实践，⑧运用科技与信息，⑨主动探索与研究，⑩独立思考与解决问题。简而言之，初中教育阶段亦紧密结合中小学九年一贯课程理念，以十大基本能力为导向，整合出初中教育阶段的核心素养主要维度，建构核心素养的具体内容。（方德隆，张宏育，2011）初中教育阶段核心素养进一步转化为十二年基础教育的九项核心素养内涵。

（一）第三关键教育阶段的初中教育阶段核心素养课程设计之特色

初中教育阶段是学生身心发展的快速期，也是自我探索与人际发展的关键期，应持续提升所有核心素养，以裨益全人发展。尤其着重协助学生建立适宜的自我观念、进行兴趣试探、精进社会生活所需知能，同时鼓励自主学习、同侪互学与团队合作，使学生能理解与关心社区、社会、全球议题。特别是，依据《中小学九年一贯课程纲要》，初中教育阶段课程设计基本理念包含五大理念：培养学生具备人本情怀、统整能力、民主素养、本土与世界意识，以及培养能进行终身学习的健全公民；并强调课程设计应以学生为主体，以生活经验为重心，培养现代公民所需的九项核心素养。

初中教育阶段核心素养的特色，即以《中小学九年一贯课程纲要》的理念与基本能力为导向，整合并建构核心素养各维度与具体内涵。初中教育阶段核心素养以终身学习为主轴，以期提升整体公民适应现代社会生活的素养，可确保K–12各教育阶段核心素养的延续发展。例如，具备应用语言文字表情达意和与人沟通互动的素养，并能理解数理概念与原理，应用于日常生活情境中；具备民主素养与法治观念，培养道德价值观与实践素养，并能主动参与团体事务；具备良好的沟通表达，并能相互合作及与人和谐互动；具备良好的身心健康习惯，并能展现自我潜能、肯定自我价值、积极实践。（方德隆，张宏育，2011）

（二）第三关键教育阶段的初中教育阶段核心素养课程设计之重点

第三关键教育阶段的前期中等教育的初中教育阶段核心素养的课程设计的特色和重点如表3–7所示，在幼儿至成人教育阶段衔接上达成纵向的连贯，即以《中小学九年一贯课程纲要》的规划，向下与向上连贯。另外，因不同教育阶段有不同学习重点，故建构初期特别将初中教育阶段学生普遍已发展、具备的素养水平纳入考虑，研拟12～15岁初中教育阶段核心素养的具体内涵。

表3-7　第三关键教育阶段前期中等教育的初中教育阶段核心素养课程设计之特色和重点

第三关键教育阶段核心素养课程设计的特色	九项内涵	初中教育阶段核心素养具体内涵的课程设计重点
12～15岁初中阶段是培养核心素养的第三关键教育阶段，初中学生正值青春期，是身心发展、自我探索与人际互动面临转变与调适阶段，因此需完整提升各维度的素养，以满足此阶段学生成长发展需要	A1身心素质与自我精进	J-A1具备良好的身心发展知能与态度，并展现自我潜能，探索人性、自我价值与生命意义，积极实践
	A2系统思考与解决问题	J-A2具备理解情境全貌，并做独立思考与分析的知能，运用适当的策略处理生活及生命议题
	A3规划执行与创新应变	J-A3善用资源以拟订计划，有效执行，并发挥主动学习与创新求变的素养
	B1符号运用与沟通表达	J-B1具备运用各类符号表情达意的素养，能以同理心与人沟通互动，并理解数理、美学等基本概念，应用于日常生活中
	B2科技信息与媒体素养	J-B2具备善用科技、信息与媒体以增进学习的素养，并察觉、思辨人与科技、信息、媒体的互动关系
	B3艺术涵养与美感素养	J-B3具备艺术展演的一般知能及表现能力，欣赏各种艺术的风格和价值，并了解美感的特质、认知与表现方式，增进生活的丰富性与美感体验
	C1道德实践与公民意识	J-C1培养道德思辨与实践能力，具备民主素养、法治观念与环境意识，并主动参与公益团体活动，关怀生命伦理议题与生态环境
	C2人际关系与团队合作	J-C2具备利他与合群的知能与态度，并培育相互合作及与人和谐互动的素养
	C3多元文化与国际理解	J-C3具备敏察和接纳多元文化的涵养，关心本土与世界事务，并尊重与欣赏差异

资料来源：修改自方德隆，张宏育．前期中等教育阶段核心素养之建构．研习信息，2011，28（4）．

四、第四关键教育阶段的“高中教育阶段核心素养”课程设计之特色和重点

15～18岁青年期高级中等教育阶段是后期中等教育阶段，是培养核心素养的第四关键教育阶段，也是十二年基础教育的最后一个阶段，此阶段教育应着重提供学

生学习衔接、身心发展及生涯定向所需具备的素养，同时让此阶段学生具备独立自主能力，提供终身学习者及世界公民所需的各项核心素养。就第四关键教育阶段核心素养而言，特别是就高级中等教育的后期中等教育阶段基本理念及教育阶段核心素养的特色而言，在K–12各教育阶段的学校制度架构中，后期中等教育乃是在K–12四个关键教育阶段课程设计的最后一个阶段，换言之，高中教育阶段的基本理念具有特色，而且高中教育阶段核心素养亦即K–12四个关键教育阶段的学校课程设计最终所要完成的核心素养。（蔡清田，陈延兴，2013）

（一）第四关键教育阶段的高中教育阶段核心素养课程设计之特色

十二年基础教育系指原属于后期中等教育的后三年教育，就课程的维度而言，最令人关心的问题乃是：将大多数学生受教育的年限加以延长，是否在课程规划上有所不同？将学前教育、初等教育到后期中等教育的教育内容进行整体的规划，能否提升核心素养？为了适应十二年基础教育的实施，十二年基础教育课程纲要及“K–12年级基础课程纲要”规划的重要议题之一乃是要兼顾学生的共同核心素养、提供发展专长，并能够有足够的课程弹性，使学生试探了解自己的兴趣、性向能力与素养。而不管是高中、高职或综合高中的课程规划都不应只是故步自封地从各自本位思考，而是应该先认识到：每一条进路都是整个后期中等教育课程的一部分，应思考并设计有足够的共同课程基础的核心素养，再鼓励学生学习试探。因此，高中教育阶段的基本理念具有三个特色：第一个特色是追求教育机会均等、平衡城乡差距及维护学生学习权，第二个特色是培养各类后期中等学校学生应具备的共同核心素养，第三个特色是提供各类后期中等学校课程设计的基础。（林永丰，郭俊生，2013）

高级中等学校教育阶段接续中小学九年教育，尤其着重学生的学习衔接、身心发展、生涯定向、生涯准备、独立自主等，精进所需的核心素养、专门知识或专业实践技能，以期培养五育均衡发展的优质公民。高级中等学校包括四种类型：①普通型高级中等学校：提供一般科目为主的课程，协助学生试探不同学科的性向，着重培养通识能力、人文关怀及社会参与，奠定学术预备基础。②技术型高级中等学校：提供一般科目、专业科目及实习科目课程，协助学生培养专业实践技能、陶冶职业道德、增进人文与科技素养、创新思考及适应社会变迁，奠定生涯发展基础，提升务实致用的就业力。③综合型高级中等学校：提供一般科目及专精科目的课程，协助学生发展学术预备或职业准备的兴趣与知能，使学生了解自我、生涯试探，以期适性发展。④单科型高级中等学校：提供以特定学科领域为主的课程，协助学习性向明显的学生持续开发潜能，奠定特定学科知能拓展与深化的基础。

后期中等教育因针对15～18岁的学生，在教育目标与核心素养规划上，也必须针对此一教育阶段的学生，尤其注意衔接前期中等教育目标，才能展现后期中等教育的特色，也才能顺利达到十二年基础教育中小学课程的整体教育目标，并确保K–12四个关键教育阶段核心素养的持续发展。

高中教育阶段核心素养，应以共同核心课程为主要架构，参照综合高中教育目标，并能结合普通高中与职业学校的教育目标。检视目前既有的《普通高级中学课程纲要》《职业学校群科课程纲要》及《综合高级中学课程纲要》与共同核心课程，可发现综合高中课程纲要明确列出的十项基本能力在性质上较接近核心素养的理念。高中教育阶段核心素养应把握阶段性、衔接性、完成性三个特性，就阶段性而言：高中教育阶段核心素养，应能针对15～18岁的学生，符合其身心发展与接受教育的特点；就衔接性而言：高中教育阶段核心素养应能衔接初中阶段所培养的素质，继而加广加深；就完成性而言：高中教育阶段核心素养应能展现十二年基础教育整体阶段对18岁学生所具备的核心素养的期待，具备该素养的完整内涵。（林永丰，郭俊生，2013）。

（二）第四关键教育阶段的高中教育阶段核心素养课程设计之重点

根据上述的规划理念与《普通高级中学课程纲要》《职业学校群科课程纲要》及《综合高级中学课程纲要》，高中教育阶段核心素养如表3–8所示。

综上所述，展望“K–12年级基础课程纲要”规划，必须参考过去课程设计的经验，培育以学习者为主体的核心素养，协助学生通过学习获得统整学科知识、基本能力及核心能力与态度情意的核心素养，而且核心素养的培养需通过不同教育阶段的终身学习、长期培育，特别是通过四个关键教育阶段的培养。

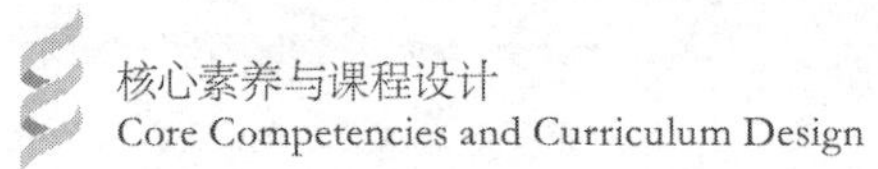

表3-8　第四关键教育阶段的后期中等教育的高中教育阶段核心素养的课程设计之特色和重点

第四关键教育阶段核心素养课程设计的特色	九项内涵	高中教育阶段核心素养具体内涵的课程设计重点
15~18岁高中教育阶段是培养核心素养的第四关键教育阶段，也是十二年基本教育的最后一个阶段，此阶段教育应着重提供学生学习衔接、身心发展及生涯定向所需具备的素养，同时让此阶段学生具备独立自主能力，满足终身学习者及世界公民所需的各项核心素养	A1身心素质与自我精进	U-A1提升各项身心健全发展素质，发展个人潜能，探索自我观，肯定自我价值，有效规划生涯，并通过自我精进与超越，追求至善与幸福人生
	A2系统思考与解决问题	U-A2具备系统思考、分析与探索的素养，深化元思考，并积极面对挑战以解决人生的各种问题
	A3规划执行与创新应变	U-A3具备规划、实践与检讨反省的素养，并以创新的态度与作为适应新的情境或问题
	B1符号运用与沟通表达	U-B1具备掌握各类符号表达的能力，以进行经验、思想、价值与情意的表达，能以同理心与他人沟通并解决问题
	B2科技信息与媒体素养	U-B2具备适当运用科技、信息与媒体的素养，进行各类媒体识读与批判，并能反思科技、信息与媒体伦理的议题
	B3艺术涵养与美感素养	U-B3具备艺术感知、欣赏、创作与鉴赏的能力，体会艺术创作与社会、历史、文化之间的互动关系，通过生活美学的涵养，对美、善的人、事物进行赏析、建构与分享
	C1道德实践与公民意识	U-C1具备对道德课题与公共议题的思考与对话素养，培养良好品德、公民意识与社会责任，主动参与环境保育与社会公益活动
	C2人际关系与团队合作	U-C2发展适切的人际互动关系，并展现包容异己、沟通协调及团队合作的精神与行动
	C3多元文化与国际理解	U-C3在坚定自我文化价值的同时，又能尊重、欣赏多元文化，拓展国际化视野，并主动关心全球议题或国际情势，具备国际移动力

资料来源：修改自林永丰，郭俊生. 核心素养与高中课程发展. 课程研究，2013，8(1).

本书以整合性的视野，综观K-12四个关键教育阶段课程体系，不仅关照各学制阶段教育的特性，亦思考其整体的十二年基础教育的目的、功能与各教育阶段核心素养的具体内涵重点，希望建构一个全方位而且前瞻的公民教育图像；不是技术性地讨论与调整各学制的科目与学分数，而是能深入探究“K-12年级基础教育课程纲要”各教育阶段课程纲要内部的垂直连贯，考虑素养、核心素养、教育阶段核心素养的三层次理念的内涵，达到幼儿教育、初等教育、前期中等教育、后期中等教育四个关键教育阶段的垂直连贯，归纳出学生在完成K-12年级基础教育的四个关键教育阶段时，所应该具备的各教育阶段核心素养及领域/科目核心素养与学习重点。

下一阶段的课程研究发展任务，宜将核心素养的“三维论”“九轴论”与“四阶论”等课程设计的DNA，加以转化统整并融入各教育阶段学习领域/科目，具体转化成为各学习领域/科目核心素养、学习重点的学习内容与学习表现，有利于台湾地区在未来实施“K–12年级基础教育改革”“建置中小学课程连贯与统整”“建置十二年基础教育课程体系方案”、十二年基础教育课程纲要及规划“K–12年级基础课程纲要”的垂直连贯与水平统整的课程设计。本部分内容一方面可作为提升核心素养的实践参考，有助于培育现代公民，使人们获得成功的个人生活与适应功能健全的社会；另一方面更可与世界接轨，并合乎联合国教科文组织、经济合作与发展组织及欧盟等国际组织及其成员所强调的核心素养课程改革趋势，提升竞争力。因此本书下一节将就各教育阶段核心素养的课程连贯与课程统整设计原则进行论述。

第四节　各教育阶段核心素养的课程连贯与课程统整之设计原则

本节各教育阶段核心素养的课程连贯与课程统整之设计原则，旨在探讨核心素养在各教育阶段课程设计（curriculum design）应用的重要性，强调各教育阶段核心素养的课程连贯（curriculum coherence）与课程统整（curriculum integration）之设计原则。如表3-9 K-12年级四个关键教育阶段核心素养的课程设计特色与原则所示，本书呼应了本章第三节核心素养连贯幼儿园到高中阶段的课程设计之特色和重点，彰显了K-12年级四个关键教育阶段核心素养的垂直连贯体系以及核心素养连贯幼儿园、小学、初中到高中阶段课程设计的特色和重点，并延续了本章第二节以核心素养为指引连贯各教育阶段课程设计的重要性（陈伯璋，2010），也呼应了本章第一节以核心素养为指引的学校课程发展与设计的架构内涵，指出的主管部门可通过制定教改的课程政策，研订课程纲要，明确界定核心素养的架构内涵，进而阐明各教育阶段核心素养的课程设计原则，特别是K-12年级四个关键教育阶段核心素养的课程连贯与课程统整之设计原则，以利于核心素养在K-12年级四个关键教育阶段进行课程统整设计（蔡清田，2016）。

就K-12年级四个关键教育阶段核心素养的课程连贯与课程统整之设计而言，除了本章第二节所论述的设计四个关键教育阶段的核心素养，以利于不同教育阶段衔接之外，宜更进一步重视课程统整的课程设计原则，将两个或两个以上的概念、事物、现象等学习内容或经验组织结合成为一个有意义的整体课程（黄光雄，蔡清田，2015）。因为课程如未经过统整设计，则内容可能是支离破碎的、凌乱不堪的、不易学习的，缺乏教育意义，而统整是指构成整体的不同部分之间有其关联性，个别部分之间可通过联结成为一个有意义的整体，因为统整之后，各部分个体组合成为

表3-9　K-12年级四个关键教育阶段核心素养的课程设计特色与原则

K-12年级四个关键教育阶段	教育阶段核心素养课程设计的特色和重点	教育阶段核心素养课程设计的原则
4～6岁幼儿期学前教育阶段的幼儿园是第一关键教育阶段	幼儿园是奠定核心素养的第一关键教育阶段，幼儿阶段具有主动探索、丰富想象与创造力的发展潜能；经由人与环境互动的体验与参与，涵养学习做人与学习生活的素养	课程设计必须掌握幼儿园学前教育阶段的学习者主体性、课程目标的连贯性、幼儿生活经验的统整性、幼儿园学前教育阶段各领域核心素养与幼儿生活经验进行课程统整设计的各领域课程内容的纵向连贯与横向统整性等原则
6～12岁儿童期初等教育阶段的小学是第二关键教育阶段	小学阶段是奠定核心素养的第二关键教育阶段，是奠定学生各项素养基础的重要阶段，强调从生活情境及实作中陶冶和培养学生在自主行动、沟通互动、社会参与方面的应具备的最基本的核心素养	课程设计必须掌握小学教育阶段的学习者主体性、课程目标的连贯性、儿童生活经验的统整性、小学教育阶段各领域核心素养与儿童生活经验进行课程统整设计的各领域课程内容的纵向连贯与横向统整性等原则
12～15岁青少年期前期中等教育阶段的初中是第三关键教育阶段	初中阶段是培养核心素养的第三关键教育阶段，初中学生正值青春期，处在身心发展、自我探索与人际互动面临转变与调适阶段，因此需完整提升各维度的素养，以满足此阶段学生成长发展需要	课程设计必须掌握初中教育阶段的学习者主体性、课程目标的连贯性、青少年生活经验的统整性、初中教育阶段各领域核心素养与青少年生活经验进行课程统整设计的各领域课程内容的纵向连贯与横向统整性等原则
15～18岁青年期后期中等教育阶段的高中是第四关键教育阶段	高级中等教育阶段是培养核心素养的第四关键教育阶段，也是十二年基本教育的最后一个阶段，此阶段教育应着重提供学生学习衔接、身心发展及生涯定向所需具备的素养，同时让此阶段学生具备独立自主能力，满足终身学习者及世界公民所需的各项核心素养	课程设计必须掌握高中教育阶段的学习者主体性、课程目标的连贯性、青年生活经验的统整性、高中教育阶段各领域核心素养与青年生活经验进行课程统整设计的各领域课程内容的纵向连贯与横向统整性等原则

新的整体，有其统一性与独特性，并非只是个别部分总和而已。（黄光雄，蔡清田，2015）

本节各教育阶段核心素养的课程连贯与课程统整的设计原则，乃以终身学习者为学习主体，培养应该具备的核心素养，以统整学科知识、基本能力、核心能力，并以生活经验为课程统整的基础，以生活情境中的人、事物为素材，规划多元的学习活动，提供学生学习当前及未来社会生活所需的核心素养。因此，本节指出K–12年级四个不同关键教育阶段可采用的课程设计原则，说明4～6岁幼儿期第一关键教育阶段的幼儿园学前教育阶段核心素养、6～12岁儿童期第二关键教育阶段的小学教育阶段核心素养、12～15岁青少年期第三关键教育阶段的前期中等教育的初中教育阶段核心素养、15～18岁青年期第四关键教育阶段的后期中等教育的高中教育阶段核心素养各个关键教育阶段核心素养的课程垂直连贯与横向统整设计，建立K–12年级课程的连贯性与统整性，合乎学生身心发展的阶段发展任务。(蔡清田，2014)主要的课程设计原则乃是依据各教育阶段学生的学习主体性，强调依据学习主体的兴趣与经验进行课程设计，并符合前后教育阶段连贯的衔接性，领域/科目课程目标、领域/科目核心素养与领域/科目学习重点的纵向连贯与横向统整的课程体系整合为表3–10 K–12年级四个关键教育阶段核心素养的课程连贯与课程统整设计原则，兹分述如下。

表3–10 K–12年级四个关键教育阶段核心素养的课程连贯与课程统整之设计原则

各教育阶段	幼儿园4～6岁 幼儿期 学前教育阶段	小学6～12岁 儿童期 初等教育阶段	初中12～15岁 青少年期 前期中等教育阶段	高中15～18岁 青年期 后期中等教育阶段
课程连贯与课程统整的课程设计原则	(一)强调以幼儿园的幼儿学习者为学习主体进行课程统整设计； (二)强调以幼儿园学前教育阶段核心素养与各领域基本理念进行课程统整，设计各领域课程目标； (三)强调以幼儿园学前教育阶段各领域课程目标与幼儿生活经验进行课程统整，设计各领域核心素养； (四)强调以幼儿园学前教育阶段各领域核心素养与幼儿生活经验进行课程统整，设计各领域学习重点，并统整幼儿生活经验与各领域学习指标为学习内涵	(一)强调以小学的少年儿童学习者为主体进行课程统整设计； (二)强调以小学教育阶段核心素养与各领域/科目基本理念进行课程统整，设计各领域/科目课程目标； (三)强调以小学教育阶段各领域/科目课程目标与少年儿童生活经验进行课程统整，设计各领域/科目核心素养； (四)强调以小学教育阶段各领域/科目核心素养与少年儿童生活经验进行课程统整，设计各领域/科目学习重点	(一)强调以初中的青少年学习者为主体进行课程统整设计； (二)强调以初中教育阶段核心素养与各领域/科目基本理念进行课程统整，设计各领域/科目课程目标； (三)强调以初中阶段各领域/科目课程目标与青少年学习者生活经验进行课程统整，设计各领域/科目核心素养； (四)强调以初中阶段各领域/科目核心素养与青少年学习者生活经验进行课程统整，设计各领域/科目学习重点	(一)强调以高中的青年学习者为主体进行课程统整设计； (二)强调以高中教育阶段核心素养与各领域/科目基本理念进行课程统整，设计各领域/科目课程目标； (三)强调以高中阶段各领域/科目课程目标与高中青年学习者生活经验进行课程统整，设计各领域/科目核心素养； (四)强调以高中阶段各领域/科目核心素养与高中青年学习者生活经验进行课程统整，设计各领域/科目学习重点

表3–10指出K–12年级四组关键教育阶段核心素养的课程设计，宜符合前后教育阶段的垂直连贯的衔接，必须符合学习者的主体性、课程目标的连贯性、生活经验的统整性、课程内容的纵向连贯与横向统整性等课程设计原则。在这些课程设计

原则指导下，各教育阶段核心素养可以作为各领域/科目垂直连贯与水平统整课程的组织核心。特别是各教育阶段核心素养，可统整语文、英文、自然科学、社会、艺术、健体、综合等领域/科目的课程内涵，并据此设计各领域/科目的核心素养与学习重点，兹论述如下。

一、第一关键教育阶段幼儿园学前教育阶段核心素养的课程连贯与课程统整之设计原则

4～6岁幼儿园学前教育阶段是幼儿教育阶段，也是奠定核心素养的第一关键教育阶段，关注幼儿生活经验，着重亲身参与、体验各式社区活动，强调经验的活动课程，而非科目本位课程，以协助幼儿发展成健康的个体，奠定生活与学习的基础，强调从生活情境及实作中陶冶和培养学生在沟通互动、社会参与及自主行动中形成核心素养。（蔡清田，陈延兴，2013）幼儿具有主动探索、丰富想象与创造力的发展潜能；经由幼儿与环境互动的体验与参与，涵养学习做人与学习生活的素养。以幼儿学习者为学习主体的论述可以作为课程统整的蓝图。（卢美贵，2011）幼儿教育阶段的学科界限并不明显，幼儿教育重视生活经验学习及活动课程以及与小学教育阶段的衔接，具有由整体而逐渐分化的特性。幼儿园需要与小学采取转衔的各项措施，培养幼儿在进入小学前的学习准备度。

就幼儿园学前教育阶段核心素养的课程设计原则而言，除了重视知识、能力与态度统整的重要性，更重视与学习者的生活情境进行统整的重要性，特别强调以幼儿学习者为学习主体，强调以幼儿园学前教育阶段核心素养与各领域基本理念进行课程统整，设计各领域课程目标，强调以幼儿园学前教育阶段各领域课程目标与幼儿生活经验进行课程统整，设计各领域核心素养，强调以幼儿园学前教育阶段各领域核心素养与幼儿生活经验进行课程统整，设计各领域学习重点。这乃是依据三面九项核心素养，以及教育主管部门于2012年10月5日公布的《幼儿园教保活动课程暂行大纲》加以统整与检核修订而成的。幼儿园学前教育阶段核心素养的课程统整的设计原则如下：

（一）强调以幼儿园的幼儿学习者为学习主体进行课程统整设计

幼儿园学前教育阶段核心素养的课程统整设计原则，强调以幼儿园的幼儿学习者为学习主体进行课程统整设计，以生活情境中的人、事物为素材。强调以幼儿学习者为学习主体，特别以幼儿园的幼儿学习者为学习主体的论述，体现了一种跨领域的思维，可以作为发展课程统整的蓝图，通过幼儿教育课程来启发幼儿，要提供支持的环境、重视幼儿主体对世界的理解并丰富幼儿的文化经验，因此课程设计重视幼儿的主体性，须重视幼儿需求与兴趣。（卢美贵，王月美，陈玉芳，2013）这呼应了学生个人经验的统整可以定义在幼儿个体的内部发生的经验层面，其所关心的是幼儿个人的统整历程，使原本不相关的知识与经验成为相关而有意义的学习经验，兼顾幼儿个体间与个体内不同结构维度与功能的个别差异，重视其兴趣、动机、态度与目的，协助幼儿获得统整的学习经验。（黄光雄，蔡清田，2015）

幼儿园课程设计，重视以幼儿问题解决或主题探索为导向，视幼儿为主动探索者与知识建构者，强调教学与真实世界的联结，运用多元化的学习资源，以时事、实际生活为题材，不局限于课程领域，而是提供给幼儿综合运用各种经验和知识的机会，并且将知识转化为能力，从实作中拓展其经验。以幼儿园的幼儿为学习主体的课程设计原则，宜采用螺旋方式的组织形态，以幼儿为学习的主体，重视新旧经验的衔接与幼儿特殊性的展现；由近到远、由简到繁、由具体到抽象，通过统整课程的理念，达成跨领域的课程设计，顾及幼儿在发展和经验上的差异性，并从学科导向转为以幼儿园的幼儿学习者为学习主体的课程设计，以衔接小学教育课程，以培养核心素养。

（二）强调以幼儿园学前教育阶段核心素养与各领域基本理念进行课程统整，设计各领域课程目标

幼儿园学前教育阶段领域课程目标的课程统整设计原则，强调以幼儿园学前教育阶段核心素养与各领域基本理念进行课程统整，设计领域课程目标，特别是幼儿园领域课程规划，宜合乎领域课程目标，由简单到复杂、由具体到抽象、由近到远，通过统整课程理念、规划动态的学习情境，促使幼儿获得学习经验。幼儿园领域课程目标可统整现行幼儿园学前教育阶段基本理念与幼儿园学前教育阶段核心素

养，从幼儿园的九项教育阶段核心素养中选择一至两项来统整幼儿园基本理念，设计成为幼儿园领域课程目标，这是幼儿园学前教育阶段各领域课程设计的重要依据。

就幼儿园的领域课程目标课程统整设计过程而言，乃是根据某项幼儿园学前教育阶段核心素养统整某领域的基本理念，设立领域课程目标。简言之，幼儿园领域课程目标，是在幼儿园领域范畴之内，统整核心素养与基本理念，亦即统整了某项核心素养与基本理念，设计而成的领域课程目标。

（三）强调以幼儿园学前教育阶段各领域课程目标与幼儿生活经验进行课程统整，设计各领域核心素养

幼儿园是奠定核心素养的第一关键教育阶段，幼儿学前教育阶段具有主动探索、丰富想象与创造力的发展潜能；经由人与环境互动的体验与参与，涵养学习做人与学习生活的素养。因此，幼儿教育阶段领域核心素养的课程统整设计，原则强调以幼儿园学前教育阶段各领域课程目标与幼儿生活经验进行课程统整，设计各领域核心素养。幼儿园领域核心素养是把领域课程目标，转化为幼儿园学前教育阶段的该领域所欲培养的知识、能力及态度等重要概念内涵。就核心素养与幼儿园领域的课程统整设计过程而言，人们根据某项幼儿园学前教育阶段核心素养，结合某领域课程目标，结合领域的认知、技能、情意等领域核心概念，以确立领域核心素养。

幼儿教育阶段领域核心素养的课程统整设计原则，强调以幼儿园学前阶段领域课程目标与幼儿生活经验进行课程统整，设计领域核心素养，特别强调以幼儿生活经验为基础，建立幼儿园、家庭与社区的联结网络，通过社会文化活动课程，以培养幼儿对本土文化的参与认同，能面对多元文化的社会，能具有尊重、接纳和欣赏不同文化的态度。幼儿园教师应发展以幼儿生活经验为基础的活动课程，让所设计的课程内容更贴近幼儿的生活经验。亦即，幼儿园学前教育阶段核心素养的课程统整的设计原则，应强调在真实的生活脉络中选择、创造与组织幼儿的学习经验，贴近幼儿的生活经验，激发学习兴趣，让幼儿的经验主动地往具有教育意义的方向不断地重组与改造，有助于幼儿在生活情境中进行学习迁移。

幼儿园领域核心素养的课程统整要素，包括幼儿园学前教育阶段核心素养关键内涵，幼儿园某领域课程目标，以及幼儿园某领域的认知、技能、情意等重要概念

要素，并强调以幼儿生活经验为基础，发展以幼儿生活经验为基础的活动课程。特别是可以强调校内与校外领域的统整，将学校课程与校外社会生活加以统整。例如，安排学生到校外参观访问或表演，因为学校课程只提供学生整体学习经验的一部分，如果幼儿要获得兴趣、态度、知识、技能、习惯，要使幼儿能够参与社会生活，从家庭、学校、社会活动、社区、家事、工作、阅读、听广播、看电视中获得学习经验，这些都被包括在整体教育系统之内，幼儿个人经此而获得知识、能力、态度、兴趣和价值。（黄光雄，蔡清田，2015）

（四）强调以幼儿园学前教育阶段各领域核心素养与幼儿生活经验进行课程统整，设计各领域学习重点，并统整幼儿生活经验与各领域学习指标为学习内涵

幼儿教育阶段领域学习重点的课程统整的设计原则，强调以幼儿园学前阶段各领域核心素养与幼儿生活经验进行课程统整，设计各领域学习重点，并统整幼儿生活经验与各领域学习指标为学习内涵。幼儿园领域学习重点，是依据幼儿园领域核心素养进一步发展而来的，亦即幼儿园领域学习重点，则以领域核心素养为指引，统整和精简现行幼儿园学前教育阶段各领域的多项学习指标而来。幼儿园领域学习重点，可用来说明幼儿园学前教育阶段学生经过幼儿园学前教育阶段学习之后，在幼儿园学前教育阶段应展现的关键学习成果表现及其相对应的表现程度水平，并据此发展出来的可教、可学、可评价的指针系统。

幼儿教育阶段领域学习重点的课程统整设计原则，强调以幼儿园学前阶段各领域核心素养与幼儿生活经验进行课程统整，设计各领域学习重点，特别是教材的设计以能经由探索、体验、觉察、操作、赏析和发现方式为原则，借以丰富幼儿的生活以及扩展其经验，统整幼儿生活经验与各领域学习指标为学习内涵，并强调以幼儿生活情境中的人、事物为素材。因为幼儿的学习特质为从做中学，生活周围的各种素材皆能引起幼儿探索的兴趣，引导幼儿敏于观察周围世界的丰富特质，进而主动探索环境、发现问题、搜集信息、整理信息以解决生活中的问题。

幼儿教育阶段领域学习重点的课程设计原则，需基于幼儿阶段的学习特质。幼儿具有主动探索、喜欢操作的特质，因此在课程统整设计上，有必要提供给幼儿较长时间进行探索活动，幼儿在主动探索的时段，可以尝试运用旧经验探索新事物，并获得新的发现和经验。幼儿教育阶段的课程统整设计，需规划个别、分组、团体

等多元化的活动形态，以利于幼儿在不同的团体型态中运用其经验，提供幼儿展现其所习得的知识、能力、态度的机会。其教材资源选编与设计，适应幼儿发展与需求，以及地区文化脉络特色，发展幼儿园学前课程，以探索、体验、觉察、操作、赏析和发现方式为原则，借以丰富幼儿的生活以及扩展其经验。

二、第二关键教育阶段小学教育阶段核心素养的课程连贯与课程统整之设计原则

小学教育阶段是奠定学生的核心素养的第二关键教育阶段，强调从生活情境及实作中陶冶和培养学生应具备的核心素养；就小学教育阶段核心素养的课程统整的设计原则而言，除了重视知识、能力与态度统整的重要性，更重视与学习者的生活情境进行统整的重要性，特别强调以小学的少年儿童学习者为主体进行课程统整设计，强调以小学教育阶段核心素养与各领域/科目基本理念进行课程统整，设计各领域/科目课程目标，强调以小学教育阶段各领域/科目课程目标与少年儿童生活经验进行课程统整，设计各领域/科目核心素养，强调以小学教育阶段各领域/科目核心素养与少年儿童生活经验进行课程统整，设计各领域/科目学习重点，兹分述如下。

（一）强调以小学的少年儿童学习者为主体进行课程统整设计

小学教育阶段核心素养的课程统整的设计原则，强调以小学的少年儿童学习者为主体。在6～12岁小学教育阶段，为培养共同的核心素养，达成此一阶段的教育目标，小学教育阶段核心素养的课程统整的设计原则，应达到以小学的少年儿童学习者为主体，以学习者为中心进行规划。因此，小学教育阶段的课程设计，应掌握小学的学生身心发展的特质，适切考虑小学的少年儿童教育的各种需求、背景、兴趣与学习形态，审慎进行规划。小学教育阶段的学校课程设计，应深切理解核心素养的理念与功能，并将之转化为各领域/科目课程目标，并促进课程、教学与评价的连贯。这呼应了学生个人经验的统整，可定义在小学的少年儿童个体之内所发生的经验层面，其所关心的亦是小学的少年儿童个人的统整历程，可使原本不相关的知识与经验成为相关而有意义的学习经验。换言之，兼顾小学的少年儿童个体间与个体内不同结构维度与功能的个别差异，重视其兴趣、

动机、态度与目的，协助学生获得统整的学习经验。（黄光雄，蔡清田，2015）而且小学教育阶段核心素养的养成，需经过长期系统的教育始能达成目标。因此，小学教育阶段的学校课程设计，应注重与幼儿教育阶段的接续，并考虑未来与前期中等教育接轨之所需。

（二）强调以小学教育阶段核心素养与各领域/科目基本理念进行课程统整，设计各领域/科目课程目标

小学教育阶段领域/科目课程目标的课程统整的设计原则，强调以小学教育阶段核心素养与各领域/科目基本理念进行课程统整，设计各领域/科目课程目标。小学领域/科目课程目标，可统整核心素养与领域/科目基本理念，调整现行小学教育阶段各领域课程目标，结合小学教育阶段核心素养理念，设计成为小学领域/科目课程目标。

小学教育阶段领域/科目课程目标的课程统整的设计原则，注重核心素养的养成，需经过长期系统的教育始能达成目标。因此，小学教育阶段的学校课程设计，应注重与幼儿教育阶段的接续，并考虑未来与前期中等教育接轨的所需，联结生活经验与核心素养，并将之转化为课程目标。小学领域/科目课程目标是小学教育阶段内所要达成的重要且关键必要的目标，也是各领域/科目课程设计的重要依据，更是学生通过小学教育阶段的领域/科目课程教学之后，所应展现内涵与水平的依据。这是统整现行小学教育阶段各领域/科目基本理念与某项小学教育阶段核心素养而来，从核心素养九项中选择一至两项能统整小学领域/科目课程目标，并考虑该领域/科目内部与各教育阶段之间的衔接。

就小学领域/科目课程目标的课程统整设计过程而言，乃是根据某一项小学教育阶段核心素养，统整某领域/科目基本理念，设计成为某一条领域/科目课程目标。小学领域/科目课程目标，可统整小学教育阶段核心素养与领域/科目基本理念，调整现行小学教育阶段该领域/科目课程目标，结合小学教育阶段核心素养，从九项核心素养中选择一至两项能统整小学的某领域/科目基本理念，并顾及该领域/科目内部要素与各教育阶段之间的衔接。简言之，小学领域/科目课程目标，是在小学领域/科目架构范畴内，统整了某项核心素养与某领域/科目基本理念，设计成为领域/科目课程目标的。

（三）强调以小学教育阶段各领域/科目课程目标与少年儿童生活经验进行课程统整，设计各领域/科目核心素养

6～12岁儿童期小学阶段是初等教育阶段，也是奠定学生的核心素养的第二关键教育阶段，是奠定学生各项素养基础的重要阶段，强调从生活情境及实作中陶冶和培养学生在自主行动、沟通互动、社会参与方面的应具备的最基本的核心素养。因此，小学教育阶段领域/科目核心素养的课程统整的设计原则，强调以小学教育阶段各领域/科目课程目标与小学的少年儿童生活经验进行课程统整，设计领域/科目核心素养。小学领域/科目核心素养，可根据领域/科目课程目标，转化为小学教育阶段该领域/科目所欲培养的知识、能力及态度等核心理念内涵。就领域/科目核心素养的课程统整设计过程而言，乃是根据小学教育阶段核心素养结合某领域/科目基本理念成为领域/科目课程目标，另外，结合某领域/科目的认知（知识）、技能（能力）、情意（态度）等重要概念，以设计领域/科目核心素养。换言之，小学领域/科目核心素养的课程统整要素，包括某项小学教育阶段核心素养关键内涵，某项领域/科目课程目标，以及某领域/科目的认知（知识）、技能（能力）、情意（态度）等核心理念要素。

小学教育阶段领域/科目核心素养的课程统整的设计原则，强调以小学各领域/科目课程目标与小学的少年儿童生活经验进行课程统整，设计领域/科目核心素养，并重视与少年儿童生活世界相联结，应通过适宜的学校课程统整设计，注重各领域/科目横向联系与纵向接续，与生活环境做结合，以促进学习目标的深化与迁移。（陈圣谟，2011）这也呼应了校内与校外领域的统整将学校课程与校外社会生活加以统整。例如，应安排小学的少年儿童到校外参观访问或表演，因为学校课程只提供少年儿童整体学习经验的一部分，如果要求少年儿童通过学习获得兴趣、态度、知识、技能、习惯，能够建设性地参与社会生活，以贡献社会并达成自我精进与社会发展，则今日教育系统需要的是比学校范围更宽广的参与。小学的少年儿童从家庭、学校、社会活动、社区、家事、工作、阅读、听广播、看电视中获得学习经验，这些都被包括在教育系统之内，学生可经此学习而获得知识、能力、态度、习惯和价值。（黄光雄，蔡清田，2015）

（四）强调以小学教育阶段各领域/科目核心素养与少年儿童生活经验进行课程统整，设计各领域/科目学习重点

小学教育阶段领域/科目学习重点的课程统整设计原则，强调以小学阶段各领域/科目核心素养与少年儿童生活经验进行课程统整，设计各领域/科目学习重点。小学领域/科目学习重点，可以领域/科目核心素养为指引，统整和精简现行小学教育阶段各领域/科目的能力指标与基本学习内容而来。为了培养6～12岁小学教育阶段核心素养，达成此一阶段的教育目标，课程设计应掌握以各领域/科目进行课程统整、联结生活经验与各领域/科目能力指标为学习内涵等原则，小学教育阶段的学校课程设计，应建立规划、实施与评鉴的循环程序，对课程实施成效发展适切的监控与评估机制，使学校课程设计质量持续精进。（陈圣谟，2013）因此，小学领域/科目学习重点，可用来描述并评估小学教育阶段学生经过小学教育阶段各领域/科目课程学习之后，在小学教育阶段应展现的关键学习成果表现及其相对应的表现程度水平。

三、第三关键教育阶段初中教育阶段核心素养的课程连贯与课程统整之设计原则

初中教育阶段是培养核心素养的第三关键教育阶段，初中生正值青春期阶段，无论在身心发展、自我探索与人际互动上都面临极大的转变与调适问题，因此，需协助此初中阶段学生进一步提升其教育阶段核心素养。（蔡清田，陈延兴，2013）初中教育阶段核心素养的课程设计原则，除了重视知识、能力与态度统整的重要性，更重视与学习者的生活情境进行统整的重要性，特别强调以初中的青少年学习者为主体进行课程统整设计，强调以初中教育阶段核心素养与各领域/科目基本理念进行课程统整，设计各领域/科目课程目标，强调以初中阶段各领域/科目课程目标与青少年学习者生活经验进行课程统整，设计各领域/科目核心素养，并以初中阶段各领域/科目核心素养与青少年学习者生活经验进行课程统整，设计各领域/科目学习重点，兹分述如下：

（一）强调以初中的青少年学习者为主体进行课程统整设计

初中教育阶段核心素养的课程统整的设计原则强调以初中的青少年学习者为主体进行课程统整设计。在12～15岁初中教育阶段，为培养其核心素养，达成此一阶段的教育目标，课程设计应以初中的青少年学习者为主体，规划核心素养的养成。初中教育阶段的学校课程设计，应掌握初中的青少年身心发展的特质，适切考虑初中的青少年学习者教育的各种需求、背景、兴趣与学习形态，审慎进行规划。核心素养的培养需经过长期、系统性的教育活动始能达成目标。因此，初中教育阶段核心素养的课程统整的设计，应强调以青少年学习者为主体的教育理念，延续小学教育阶段的基础，并考虑未来与高中教育接轨的所需。（方德隆，张宏育，2011）

（二）强调以初中教育阶段核心素养与各领域/科目基本理念进行课程统整，设计各领域/科目课程目标

初中教育阶段领域/科目课程目标的课程统整设计原则，强调以初中教育阶段核心素养与各领域/科目基本理念进行课程统整，设计各领域/科目课程目标。初中领域/科目课程目标可统整核心素养与领域/科目基本理念，也可调整现行初中教育阶段各领域/科目课程目标，结合初中教育阶段核心素养的理念，设计而成，这是初中教育阶段所要达成的重要且关键必要的目标，也是各领域/科目课程设计的重要依据，更是学生通过初中教育阶段的领域/科目课程教学之后，所应学习获得的具体展现。

初中领域/科目课程目标，可统整初中教育阶段核心素养与领域/科目基本理念，或调整现行初中教育阶段领域/科目课程目标，结合初中教育阶段核心素养，从九项核心素养中选择一至两项能统整初中教育阶段的某领域/科目基本理念，并顾及该领域/科目内部要素与各教育阶段之间的衔接性。简言之，初中领域/科目课程目标，是在初中领域/科目架构之内，统整了某项的教育阶段核心素养与某领域/科目基本理念而成为领域/科目课程目标的。

为规划培育核心素养的课程，学校课程发展组织应依据各领域/科目课程目标等，考虑学校条件、社会资源、家长期望、学生需求等因素，研订学年课程实施计划，注重横向联系与统整，以促进学习结果的深化与迁移，以有助于核心素养与各

领域/科目课程的统整。(方德隆，张宏育，2011)特别是可以通过学校科目与活动的统整，依据青少年学生的兴趣将校内正式课程的科目课程与联课活动、社团活动、分组活动加以统整，并将课程与教学实践加以统整。(黄光雄，蔡清田，2015)

(三)强调以初中阶段各领域/科目课程目标与青少年学习者生活经验进行课程统整，设计各领域/科目核心素养

12～15岁青少年期初中阶段是前期中等教育阶段，也是培养核心素养的第三关键教育阶段，初中学生正值青春期，处在身心发展、自我探索与人际互动面临转变与调适阶段，因此，需完整提升各维度的素养，以满足此阶段学生成长发展需要。因此，初中教育阶段领域/科目核心素养的课程统整的设计原则，强调以初中阶段各领域/科目课程目标与青少年生活经验进行课程统整，设计各领域/科目核心素养，重视青少年学习者生活经验。初中领域/科目核心素养是根据领域/科目课程目标，转化为初中教育阶段的该领域/科目所欲培养的知识、能力及态度等核心理念内涵。

就初中领域/科目核心素养的课程统整的设计过程而言，乃是首先根据初中教育阶段核心素养结合某领域/科目基本理念，统整成为领域/科目课程目标，另外，领域/科目课程目标结合某领域/科目的认知(知识)、技能(能力)、情意(态度)等领域重要概念，以设计领域/科目核心素养。

(四)强调以初中阶段各领域/科目核心素养与青少年学习者生活经验进行课程统整，设计各领域/科目学习重点

初中教育阶段领域/科目学习重点的课程统整设计原则，强调以初中阶段各领域/科目核心素养与青少年学习者生活经验进行课程统整，设计各领域/科目学习重点，呼应了内容标准、表现标准、终身学习标准。初中领域/科目学习重点是依据领域/科目核心素养进一步设计而来的，初中领域/科目学习重点可用来描述初中教育阶段学生经过初中教育阶段学习之后，在初中教育阶段应展现的关键学习成果表现及其相对应的表现水平，并据此设计出可教、可学、可评价的指针系统。初中领域/科目学习重点则根据领域/科目核心素养的指引，可统整和精简现行初中教育阶段各领域/科目能力指标与基本学习内容而来。

初中教育阶段领域/科目学习重点的课程统整设计，强调以初中阶段各领域/科目核心素养与青少年生活经验进行课程统整，设计各领域/科目学习重点，重视青少年学习者生活经验。初中教育阶段核心素养的课程统整设计，应有效联结青少年日常生活经验，并以各领域/科目的认知（知识）、技能（能力）、情意（态度）等领域核心理念作为具体的学习内涵；可运用相关的概念、主题、运作历程、目的、互补的关系、阶段性过程等方式进行，链接成有结构组织和意义的学习单元，以有助于核心素养与各领域/科目的课程统整。（方德隆，张宏育，2011）

四、第四关键教育阶段高中教育阶段核心素养的课程连贯与课程统整之设计原则

高中教育阶段是培养核心素养的第四关键教育阶段，高中生也是十二年基础教育的最后一个阶段，此阶段教育除应提供高中生配合其学习衔接、身心发展及生涯定向等所需具备的素养外，并需完成高中生成为具备独立自主的终身学习者及世界公民所需的核心素养的准备。（蔡清田，陈延兴，2013）就高中教育阶段核心素养的课程统整设计原则而言，除了重视知识、能力与态度统整的重要性，更重视与高中学生的生活情境进行统整的重要性，特别强调以高中的青年学习者为主体进行课程统整设计，强调以高中教育阶段核心素养与各领域/科目基本理念进行课程统整，设计各领域/科目课程目标，强调以高中阶段各领域/科目课程目标与高中青年学习者生活经验进行课程统整，设计各领域/科目核心素养，强调以高中阶段各领域/科目核心素养与高中青年学习者生活经验进行课程统整，设计各领域/科目学习重点，分述如下。

（一）强调以高中的青年学习者为主体进行课程统整设计

高中教育阶段核心素养的课程统整的设计原则，强调以高中青年学习者为主体。在15～18岁高中教育阶段，为培养核心素养，达成此一阶段的教育目标，课程设计应掌握以高中青年学习者为主体进行规划。因此，高中教育阶段的学校课程设计，应掌握高中学生身心发展的特质，适切考虑高中青年学习者教育的各种需求、背景、兴趣与学习形态，审慎进行规划。高中教育阶段需充分发挥试探及分化的功

能，以适应高中学习者的发展与需求。高中课程应具有弹性，以提供教科书发展者、学校、教师及学生适切的空间，以适应高中学生的个别需求。（林永丰，郭俊生，2013）

核心素养的培养需经过长期、系统性的教育活动始能达成目标。高中课程设计应衔接中小学九年一贯课程与大学通识教育课程，高中课程设计要能展现对核心素养的关照，善用选修课的开设，以充分落实核心素养与高中领域/科目的结合。如此可使高中教育阶段核心素养衔接初中阶段所培养的核心素养，更有加广加深的成效。因此，高中教育阶段核心素养课程统整的设计，应强调以高中青年学生为主体的教育理念，延续初中教育阶段的基础，并考虑未来与大学通识教育接轨的所需。因此，高中课程可研订课程分版与进阶的方式，实施多元选修制度，并安排分级课程，使高中学生能依据兴趣、能力选读，在各项领域的探索中学习，而能适时地分化，强调因材施教，提供不同程度的教育，使高中学生得以依其能力适性发展，其关键在于学生的差异性导致需要不同程度的教育。

（二）强调以高中教育阶段核心素养与各领域/科目基本理念进行课程统整，设计各领域/科目课程目标

高中教育阶段领域/科目课程目标的课程统整设计原则，强调以高中教育阶段核心素养与各领域/科目基本理念进行课程统整，设计各领域/科目课程目标。高中教育阶段核心素养的课程统整设计，应针对15～18岁高中青年学生的身心发展与接受教育的特征，统整各领域/科目课程纲要的基本理念与核心能力，除规划各学科知识养成，更应兼具核心素养的培育。

高中领域/科目课程目标，可统整核心素养与领域/科目基本理念，调整现行高中教育阶段各领域/科目课程目标，结合某项高中教育阶段核心素养的理念，从九项核心素养中选择一至两项能统整高中教育阶段领域/科目基本理念，并考虑该领域/科目内部各教育阶段之间的衔接性，成为高中领域/科目课程目标，这是高中教育阶段内所要达成的关键的课程目标，也是各领域/科目课程设计的重要依据，更是学生通过高中教育阶段的领域/科目课程教学之后，所应学习获得的展现内涵与表现水平的依据。

就高中领域/科目课程目标的课程统整的设计过程而言，高中领域/科目课程目

标，可统整高中教育阶段核心素养与领域/科目基本理念，调整现行高中教育阶段该领域/科目课程目标，结合某项高中教育阶段核心素养，从九项核心素养中选择一至两项能统整高中教育阶段的某领域/科目基本理念，并顾及该领域/科目内部要素与各教育阶段间的衔接性，成为高中领域/科目课程目标。

高中教育阶段领域/科目课程目标的课程统整设计原则，强调以高中教育阶段核心素养与各领域/科目基本理念进行课程统整，设计各领域/科目课程目标，因为核心素养的内涵，难以单独通过单一领域/科目加以培育，因此，除需考虑各领域/科目知识内涵的差异性，更应考虑通过各领域/科目课程统整，经由多样领域/科目加以培养。因此，高中各领域/科目课程设计，应规划领域内不同科目之间、不同领域之间相互检视及对话的机制，落实领域内科目之间、领域之间进行领域/科目课程纲要内容的相互统整。高中各领域/科目课程的设计，宜本着弹性自主的原则，并注意相关科目间的统整，以期达到课程设计的多元化，与各科间的互补与相互支持。（林永丰，郭俊生，2013）这也呼应了学科关系的统整，可以强调课程中不同学科领域之间水平关系的学科联络或科际整合，以消除学科分立的界限。例如，数学与科学的逻辑关系统整，数学观念与历史时期的科际关联统整，历史因果与社区动态生活的乡土课程统整，或人文学科与社会学科的统整。（黄光雄，蔡清田，2015）

（三）强调以高中阶段各领域/科目课程目标与高中青年学习者生活经验进行课程统整，设计各领域/科目核心素养

15～18岁青年期高级中等教育阶段是后期中等教育阶段，是培养核心素养的第四关键教育阶段，也是十二年基础教育的最后一个阶段，此高中阶段教育应着重提供学生学习衔接、身心发展及生涯定向所需具备的素养，同时让此阶段学生具备自主行动能力，满足终身学习者及世界公民所需的各项核心素养。因此，高中教育阶段领域/科目核心素养的课程统整设计原则，强调以高中阶段各领域/科目课程目标与高中青年学习者生活经验进行课程统整，设计各领域/科目核心素养。高中领域/科目核心素养可根据领域/科目课程目标，转化为高中教育阶段该领域/科目所欲培养的知识、能力及态度等核心素养内涵。

就高中领域/科目核心素养的课程统整设计过程而言，乃是根据某项高中教育

阶段核心素养结合某项领域/科目基本理念，统整设计成为某项领域/科目课程目标，另外，某项领域/科目课程目标结合某领域/科目的认知（知识）、技能（能力）、情意（态度）等领域重要概念，以设计某项领域/科目核心素养。换言之，高中领域/科目核心素养的课程统整要素，包括某项高中教育阶段核心素养关键内涵，某项领域/科目课程目标，以及某领域/科目的认知（知识）、技能（能力）、情意（态度）等重要概念要素。而且培养高中领域/科目核心素养的教材，宜强调基本概念与原理原则的习得，并提供高层次认知思考能力的学习素材，让高中学生习得运用知识解决问题的能力，避免零碎的知识材料。这呼应了学科内容的统整，是指科目内部的微观统整，提纲挈领并将孤立的相关课程要素加以统整，例如，将事实、概念、通则等教材要素进行垂直的连贯与水平的统整设计。（蔡清田，2016）

值得注意的是，高中部分领域/科目核心素养，具备领域/科目的差异性，需特定领域/科目加以强调培养。例如，自然科学领域与下列三项核心素养高度相关，包括“U-C1具备对道德课题与公共议题的思考与对话素养，培养良好品德、公民意识与社会责任，主动参与环境保育与社会公益活动”“U-A2具备系统思考、分析与探索的素养，深化元思考，并积极面对挑战以解决人生的各种问题”“U-A3具备规划、实践与检讨反省的素养，并以创新的态度与作为适应新的情境或问题”等。部分核心素养具备领域的普遍性，几乎可被纳为各领域/科目的核心素养，可经由多样领域/科目加以培养，包括“U-B3具备艺术感知、欣赏、创作与鉴赏的能力，体会艺术创作与社会、历史、文化之间的互动关系，通过生活美学的涵养，对美、善的人、事物进行赏析、建构与分享”“U-C3在坚定自我文化价值的同时，又能尊重、欣赏多元文化，拓展国际化视野，并主动关心全球议题或国际情势，具备国际移动力”，是最具有跨越领域/科目性质的核心素养，可通过各领域/科目的学习来加以培养。（林永丰，郭俊生，2013）

（四）强调以高中阶段各领域/科目核心素养与高中青年学习者生活经验进行课程统整，设计各领域/科目学习重点

高中教育阶段领域/科目学习重点的课程统整设计原则，强调以高中阶段领域/科目核心素养与高中青年学习者生活经验进行课程统整，设计领域/科目学习重

点。高中领域/科目学习重点，可以领域/科目核心素养为指引进一步设计，统整和精简现行高中教育阶段各领域/科目的核心能力与教材大纲而来。高中领域/科目学习重点可用来描述高中教育阶段学生经过高中教育阶段学习之后，在高中教育阶段应展现的关键学习成果表现及其相对应的表现程度水平，并据此所发展出来的可教、可学、可评价的指针系统。例如，发展适当的教材，在学科教学的基础上，兼顾核心素养的培养，各科的教材内容宜强调相互关联性与应用性，以期高中学生能习得统整性的知识、能力；教学与学习评价的内涵与方法应能兼顾专业学科知能与核心素养养成。如此，可使高中青年学生获得各学科的知识内涵，进而培育高中教育阶段核心素养。

高中教育阶段领域/科目学习重点的课程统整设计原则，强调以高中阶段各领域/科目核心素养与高中青年生活经验进行课程统整，设计各领域/科目学习重点，并重视联结生活经验，教材内容宜与高中学生的生活经验进行统整与适度的联结，并善用网络资源，以提高学习兴趣及知识的可应用性，并拓展国际视野，兼顾专业养成与核心素养的培育。高中各领域/科目虽然强调专业的养成，但仍与核心素养高度相关，而高中教育阶段核心素养的理念，在于所培育的素养能适应学习者未来生活的需要。因此，核心素养的培育，除需兼顾各领域/科目专业知能的养成，若能再与高中学习者生活经验加以统整，将可具体展现18岁学生所具备的高中教育阶段核心素养。

更进一步地，K–12年级四个关键教育阶段核心素养的课程连贯与课程统整的课程设计原则与实践，需要有相关的配套措施，例如，多元学习评价工具的使用、教科用书发展及审定方式的配合调整等，因此，需要通过培养学生主动学习的态度，调整教师的教学策略，发展兼顾学习内容与历程的教材，运用真实有效的评价工具，制定和颁布并推动相关政策及配合措施，鼓励家长参与教育主管部门及学校的活动，善用社会资源与进行沟通及传播等措施，以达成其定位与目标。特别是，各教育阶段核心素养要在学生的学习及生活上加以体现，需要教育行政部门、地方主管部门及学校与师资培育机构依其权责制定和颁布及推动各领域/科目核心素养所需要的各项相关政策及配合措施，以支持各项核心素养与学习重点的落实。教育行政上需要配合的事项至少包括：课程教材的实验或试行、教科书的发展及审定、学生的编班级分组、学习成效检测机制的调整、升学及进路的辅导、师资的培育与检定、教师的专业发展与评鉴、教学资源与设备的调整、学校本位课程发展机制的运作、课程与教学领导、学校课程计划的备查与公布、课程研究与管理系统的建置及学校评鉴与立案的调整以及核心素养转化的后续评估、检核及改善等，这些配套措施仍有待继续努力达成。(陈伯璋，2010；蔡清田，陈延兴，2013；蔡清田，2016）特别是，有关如何促进各“K–12年级基础教育课程纲要”的核心素养课程连贯与统整、跨领域/科目学习内容的相互衔接，改进领域/科目间课程统整的策略与方法，作者未来将另文更进一步地深入探讨其课程发展与设计。

参考文献

张民选. 国际组织与教育发展. 上海：上海教育出版社，2010.

张咏梅. 大规模学业成就调查的开发：理论、方法与应用. 北京：北京师范大学出版社，2015.

张春兴. 现代心理学. 台北：东华书局，1991.

冯朝霖. 乘风寻度——教育美学论辑. 新竹：道禾书院，2016.

黄光雄，蔡清田. 课程发展与设计新论. 台北：五南图书出版公司，2015.

黄昆岩. 黄昆岩谈有品社会. 台北：联经出版事业公司，2009.

蔡清田. 学校整体课程经营：学校课程发展的永续经营. 台北：五南图书出版公司，2002.

蔡清田. 课程政策决定. 台北：五南图书出版公司，2003.

蔡清田. 课程统整与行动研究. 台北：五南图书出版公司，2004.

蔡清田. 课程领导与学校本位课程发展. 台北：五南图书出版公司，2005.

蔡清田. 课程创新. 台北：五南图书出版公司，2006.

蔡清田，等. 学校本位课程发展的新猷与教务课程领导. 台北：五南图书出版公司，2007.

蔡清田. 课程学. 台北：五南图书出版公司，2008.

蔡清田. 课程发展与设计的关键DNA：核心素养. 台北：五南图书出版公司，2012.

蔡清田. 核心素养：十二年课程改革的DNA. 台北：高等教育出版公司，2014.

蔡清田. 50则非知不可的课程学概念. 台北：五南图书出版公司，2016.

蔡清田. 课程实验：课纲争议的出路. 台北：五南图书出版公司，2017.

蔡清田. 素养：课程改革的DNA. 台北：高等教育出版公司，2011. [书中注释标为（蔡清田，2011a）]

陈伯璋. 台湾核心素养与中小学课程发展之关系. 课程研究，2010，5（2）.

蔡清田. 课程改革中的“核心素养”之理论基础. 中正教育研究，2011，10（1）.［书中注释标为（蔡清田，2011b）］

蔡清田. 台湾十二年基本教育课程改革的核心素养. 上海教育科研，2015（4）.

蔡清田. 教育素养与课程改革. 教育研究月刊，2009，188（12）.

卢美贵，王月美，陈玉芳. 幼儿教育阶段核心素养之研究. 课程研究，2013，8（1）.

方德隆，张宏育. 前期中等教育阶段核心素养之建构. 研习信息，2011，28（4）.

蔡清田. 从课程学理论公民核心素养与教师专业发展的重要性. 澳门：“培育澳门廿一世纪公民——核心素养”研讨会，2010.

欧阳教. 谈合情理的德育. 嘉义县：The Seventh Annual Conference of Asia-Pacific Network for Moral Education，2012.

张茂桂，董秀兰，王业立，等. 台湾政治、经济、社会、文化与科技变迁趋势对K-12课程的影响及启示. 台北：研究院，2011.

冯朝霖，范信贤，白亦方. 中小学课程纲要系统图像之研究. 台北：政治大学教育研究所，2011.

谢清俊，尹建中，李英明，等. 信息科技对人文、社会的冲击与影响期末研究报告. 台北：研究院信息科学研究所，1997.

陈伯璋，张新仁，蔡清田，等. 全方位的核心素养之教育研究. 台南：致远管理学院，2007.

陈圣谟. 核心素养与小学课程发展. 课程研究，2013，8（1）.

彭小妍，王瑷玲，戴景贤. 人文素养研究. 台北：研究院，2008.

林永丰，郭俊生. 核心素养与高中课程发展. 课程研究，2013，8（1）.

林焕祥，刘盛忠，林素微，等. 台湾参加PISA2006成果报告. 花莲：花莲教育大学，高雄：高雄师范大学，2008.

柯华葳，刘子键，刘旨峯. 18岁学生应具备基本能力研究. 桃园县：学习与教学研究所，2005.

柯华葳，戴浩一，曾玉村，等. 公民语文素养指标架构研究. 桃园县：学习与教学研究所，2010.

洪裕宏. 界定与选择核心素养:概念参考架构与理论基础研究. 台北：阳明大学，2008.

胡志伟，郭建志，程景琳，等. 能教学之适文化核心素养研究. 台北：台湾大学，2008.

高涌泉，陈竹亭，翁秉仁，等. 自然科学素养研究. 台北：台湾大学，2008.

王俊斌. 世界主义与共同责任意识——全球化状况下的公民教育议题. 民主深化过程中的教育发展学术研讨会，2009.

蔡清田，陈延兴. 核心素养之课程转化. 课程与教学季刊，2013，16（3）：59–78.

顾忠华，吴密察，黄东益. 历史、文化及社会核心素养之研究. 台北：政治大学，2008.

人民教育. 定了!《中国学生发展核心素养》总体框架正式发布. 2016. [2016–10–21].http://www.weibo.com/ttarticle/p/show?id=2309404019344085525474.

中国教育报. 核心素养为学生幸福成长固本强基. 2016. [2016–1–20]. http://gaokao.chsi.com.cn/gkxx/zc/moe/201512/20151231/1515389148–4.html.［书中注释标为（中国教育报，2016a）］

中国教育报. 中国学生发展核心素养（征求意见稿）. 2016. [2016–5–18]. http://www.jyb.cn/Theory/jyfz/201605/t20160518_659920.html.［书中注释标为（中国教育报，2016b）］

Bourdieu, P. Forms of capital. In J. G. Richardson (Ed.).*Handbook of theory and research for the sociology of education*(pp.241–258). New York: Greenwood, 1983.

Callieri, C. The knowledge economy: A business perspective. In Rychen, D. S. & Salganik, L. H. (Eds.). *Defining and selecting key competencies* (pp.228–231). Göttingen, Germany: Hogrefe & Huber Publishers, 2001.

Canto–Sperber, M. & Dupuy, J. P. Competencies for the good life and the good society. In Rychen, D. S. & Salganik, L. H. (Eds.). *Defining and selecting key competencies* (pp.67–92). Göttingen, Germany: Hogrefe & Huber Publishers, 2001.

Carson, J. Definiting and selecting competencies: Historical reflections on the case of IQ. In Rychen, D. S. & Salganik, L. H. (Eds.). *Defining and selecting key competencies* (pp.33–44). Göttingen, Germany: Hogrefe & Huber Publishers, 2001.

Finn, B. *Young people's participation in post-compulsory education and training*. Canberra: Australian Government Publishing Service, 1991.

Giddens, A. *The constitution of society*. Cambridge: Polity Press, 1984.

Gilomen, H. Concluding remarks. In Rychen, D. S. & Salganik, L. H. (Eds.). *Key competencies for a successful life and a well-functioning society* (pp. 181–186). Göttingen, Germany: Hogrefe & Huber Publishers, 2003.

Goody, J. Education and competence: Contextual diversity. In Rychen, D. S. & Salganik, L. H. (Eds.).

Defining and selecting key competencies (pp. 175–189) .Göttingen, Germany: Hogrefe & Huber Publishers, 2001.

Haste, H. Ambiguity, autonomy, and agency: Psychological challenges to new competence. In Rychen, D. S. & Salganik, L. H. (Eds.). *Defining and selecting key competencies*(pp.93–120). Göttingen, Germany: Hogrefe & Huber Publishers, 2001.

Keen, K. Competence: What is it and how can it be developed? In J. Lowyck, P. de Potter & J. Elen (Eds.). *Instructional design: Implementation issues* (pp. 111–122). Brussels, Belgium: IBM Education Center, 1992.

Kegan. Competencies as working epistemologies: ways we want adults to know. In Rychen, D. S. & Salganik, L. H. (Eds.). *Defining and selecting key competencies* (pp.192–204). Göttingen, Germany: Hogrefe & Huber Publishers, 2001.

Lave, J. & Wenger, E. *Situated Learning: Legitimate Peripheral Participation*. Cambridge: Cambridge University Press, 1990.

Levy, F. & Murnane, R. Key competencies critical to economic success. In Rychen, D. S. & Salganik, L. H. (Eds.). *Defining and selecting key competencies* (pp.151–173). Göttingen, Germany: Hogrefe & Huber Publishers, 2001.

Mansfield, B. Competence and standards. In J. W. Burke (Ed.).*Competency based education and training*(pp. 26–38). London: Falmer Press, 1989.

Nussbaum, Martha C. *Cultivating Humanity: A Classical Defense of Reform in Liberal Education*. Cambridge, Massachusetts / London, England : The Belknap Press of Harvard University Press, 1997.

Owen, E. H. Afterwords. In Rychen, D. S. & Salganik, L. H. (Eds.). *Key competencies for a successful life and a well-functioning society* (pp.187–190). Göttingen, Germany: Hogrefe & Huber Publishers, 2003.

Perrenoud, P. The key to social fields: Competencies of an autonomous actor. In Rychen, D. S. & Salganik, L. H. (Eds.). *Defining and selecting key competencies*(pp. 121–149). Göttingen, Germany: Hogrefe & Huber Publishers, 2001.

Pinar, W. F. Understanding Curriculum: An Introduction. In Pinar, W. F., Reynold, W. M., Slattery, P. & Taubman, P. M.(Eds.). *Understanding curriculum: an introduction to the study of historical and contemporary curriculum discourses*(pp. 3–65). New York: Peter Lang, 1995.

Rychen, D. S. & Salganik, L. H. (Eds.). *Key competencies for a successful life and a well-functioning society*.

Göttingen, Germany: Hogrefe & Huber Publishers, 2003.

Schon, D. A. *The reflective practitioner: how professionals think in action*. New York: Basic Books, 1983.

Sen, Amartya, K. *Commodities and capability*. Oxford: Elsevier Science Publishers, 1985.

Spencer, L.M. & Spencer, S.M. *Competence at Work : Models for Superior Performance*. New York: John Wiley & Sons, Inc., 1993.

Trilling, B. & Fadel, C. *21st Century Skills: Learning for Life in Our Times* . San Francisco, CA, USA: John Wiley & Sons, Inc., 2009.

Weinert, F.E. Concepts of competence: A conceptual clarification. In D.S. Rychen & L. H. Salganik (Eds.). *Defining and selecting key competencies* (pp.45–65). Göttingen, Germany: Hogrefe & Huber, 2001.

Wolf, A. Can competence and knowledge mix? In J. W. Burke (Ed.). *Competency based education and training* (pp. 39–53). London: Falmer Press, 1989.

Sawardekar, N. *Assessment centres: Identifying potential and developing competency*. Thousand Oaks, California: Sage Publication, 2002.

Salganik,L. H. & Stephens, M. Competence priorities in policy and practice. In Rychen, D. S. & Salganik, L. H. (Eds.) *Key competencies for a successful life and a well-functioning society*(pp.13–40). Göttingen, Germany: Hogrefe & Huber Publishers, 2003.

Adler, M.J. *The Paideia Proposal.* New York: MacMillan, 1982.

Adler, M.J. *The Paideia Program: An educational syllabus*. New York: MacMillan, 1984.

Potter, W.J. *Media literacy*. Thousand Oaks, California: Sage Publication, 1990.

Delamare–Le Deist, F. & Winterton, J. What is competence? *Human Resource Development International,* 2005, 8(1) .

Herling, R. W. Operational definitions of expertise and competence. *Advances in Developing Human Resources*, 2000(5).

Hoffmann, T. The meanings of competency. *Journal of European Industrial Training,* 1999, 23(6).

Kim, M., Youn, S., Shin, et al. A review of human competence in educational research: Levels of K–12, college, adult, and business education. *Asia Pacific Education Review*, 2007, 8(3).

McClelland, D. C. Identifying competencies with behavioral–event interviews. *Psychological Science*, 1998, 9(5).

Parry, S. B. Just what is a competency? And should you care?. *Training,* 1998(6).

Stoof, A., Martens, R. L., van Mrriënboer, J. J. G., et al. The boundary approach of competence: A constructivist aid for understanding and using the concept of competence. *Human Resource Development Review*, 2002, 1(3).

Department for Education and Skills. Further Education: Raising Skills: improving life chance (White Paper). London: TSO, 2006.

Oates, T. Key skills/key competencies: Avoiding the pitfalls of current initiatives. In D. S. Rychen, L. H. Salganik & M. E. McLaughlin (Eds.). Contributions to the 2nd DeSeCo Symposium (pp. 133–142). Neuchâtel: Swiss Federal Statistical Office, 2003.

Quane, A. Defining and Selection Key Competencies in Lifelong Learning. In D. S. Rychen, L. H. Salganik & M. E. McLaughlin(Eds.). Selected contributions to the 2nd DeSeCo Symposium (pp. 133–142). Neuchâtel: Swiss Federal Statistical Office, 2003.

SCANS.What work requires of schools: A SCANS report for America 2000.Washington DC: US Department of Labor, 1991.

Stein, S. Equipped for the future content standards: What adults need to Know and be able to do in the 21st century. Washington, DC: National Institute for Literacy, 2000.

Stein B. Jensen, George McHenry, Jørn Lunde, et al. Which key characteristics of graduates will a technology company look for? Paper presented at International Conference on Engineering Education. Oslo, Norway, August 6–10, 2001.

Trier, U. P. Twelve countries contributing to DeSeCo: A summary report. In D. S. Rychen, L. H. Salganik & M. E. McLaughlin(Eds.). Selected contributions to the 2nd DeSeCo Symposium (pp.133–142). Neuchâtel: Swiss Federal Statistical Office, 2003.

Winterton, J., Delamare Le Deist, F. & Stringfellow, E. Typology of Knowledge, Skills and Competences: clarification of the concept and prototype. Thessaloniki: CEDEFOP, 2005.

Commission of the European Communities. Recommendation of the European Parliament and of the Council on key competences for lifelong learning. Brussels: Author, 2005.

Commission of the European Communities. A coherent framework of indicators and benchmarks for monitoring progress towards the Lisbon objectives in education and training. Brussels: Author, 2007.

Gouvernement du Québec Ministère de l'Éducation. Competence levels by cycle. Legal deposit – Bibliothèque nationale du Québec, 2002.

Ministry of Education. The Whàriki Màtauranga mò ngà Mokopuna oAotearoa: Early childhood curriculum. Wellington, New Zealand: Author, 1996.

Ministry of Education. The New Zealand Curriculum. Wellington, New Zealand: Learning Media Limited, 2007.

Organisation for Economic Cooperation and Development (OECD). Measuring student knowledge and skills: The PISA 2000 assessment of reading, mathematical, and scientific literacy. Paris: Author, 2000.

Organisation for Economic Cooperation and Development (OECD). Education Policy Analysis 2001. Paris: Author, 2001.

Organisation for Economic Cooperation and Development (OECD). Qualifications Systems: Bridges to Lifelong Learning. Paris: Author, 2007.

Qualification and Curriculum Authority. Curriculum guidance for 2000. London: QCA, 1999.

Qualifications and Curriculum Development Agency. The National Curriculum: Level descriptions for subjects. London: QCDA, 2010.

United Nations Educational, Scientific and Cultural Organization (UNESCO) Institute for Education. Nurturing the Treasure: Vision and Strategy 2002 – 2007. Hamburg: Author, 2003.

European Commission. Lifelong Learning and Key Competences for All: Vital Contribution to Prosperity and Social Cohesion. 2005. Retrieved January 16, 2008, from http://europa.eu.int/comm/education/policies/2010et_2010_fr.html.

European Union. Key competences for lifelong learning: European reference framework. *Official Journal of the European Union*, 2007, L394. http://ec.europa.eu/education/index_en.htlm.

Mayer Committee. Key Competencies. 1992. Retrieved March 29, 2006, from http://www.dest.gov.au/NR/rdonlyres/F1C64501-44DF-42C6-9D3C-A61321A63875/3831/92_36.pdf.

Ministerial Council for Education, Early Childhood Development and Youth Affairs(MCEECDYA). Foundation to Year 10 Australian Curriculum in Seventh MCEECDYA meeting COMMUNIQUE. Canberra, December 8, 2010. Retrieve July 19, 2012, from http://www.mceecdya.edu.au/ verve/_resources/c07_Communique_8_Dec_2010.pdf.

Ministerial Council on Education, Employment, Training and Youth Affairs. The Adelaide Declaration on National Goals for Schooling in the Twenty–First Century. 1999. Retrieved March 10, 2006, from http://www.mceetya.edu.au/ mceetya/nationalgoals/index.htm.

Ministry of Education. Tertiary Education Strategy2002–2007. 2002. Retrieved May 20, 2006, from http://www.minedu.govt.nz/web/downloadable/dl7128_v1/tes.pdf.

Ministry of Education. KEY COMPETENCIES IN TERTIARY EDUCATION. 2005. Retrieved May 10, 2006, from http://www.minedu.govt.nz/web/downloadable//dl10354_v1/key–competencies.pdf.

Ministry of Education. Singapore MOE to enhance learning of 21st Century competencies and strengt hen Art, Music and Physical Education. 2010. Retrieved 07/21, 2010, from http://www.moe.gov.sg/media/press/2010/03/moe - to - enhance - learning - of - 21s.php.

Organisation for Economic Cooperation and Development (OECD). Definition and Selection of Competencies (DeSeCo): Theoretical and conceptual foundations. 2002. Retrieved from http://www.deseco.admin.ch/bfs/deseco/en/index/02.parsys.34116.downloadList.87902.DownloadFile.tmp/oecddesecostrategypaperdeelsaedcericd20029.pdf.

Organisation for Economic Cooperation and Development (OECD). The Definition and Selection of Key Competencies: Executive Summary. 2005. Retrieved June 12, 2010, from http://www.deseco.admin.ch/bfs/deseco/en/index/02.parsys.43469.downloadList.2296.DownloadFile.tmp/2005.dskcexecutivesummary.en.pdf.

Organisation for Economic Cooperation and Development (OECD). PIAAC (Programme for the International Assessment of Adult Competencies). 2010. Retrieved February 22, 2011, from http://www.oecd.org/documentprint.

PIAAC Literacy Expert Group. PIAAC literacy: A conceptual framework. OECD Education Working Papers. 2009. http://www.oecd.org/edu/workingpapers.

Qualifications and Curriculum Authority. Curriculum 2000: What Has Changed? 2000. http://www.qca.org.uk/changes–to–the–nc/.

Rychen, D.S. & Salganik, L. H. A Contribution of the OECD Program Definition and Selection of Competencies: Theoretical and Conceptual Foundations. Definition and Selection of Key Competencies. INES GENERAL ASSEMBLY 2000. 2000. Retrieved June 12, 2010, from http://www.deseco.admin.ch/bfs/deseco/en/index/02.parsys.69356.downloadList.26477.DownloadFile.tmp/2000.desecocontrib.inesg.a.pdf.

Stahl, C. & Wild, F. *Automated Competence Assessment.* 2006. Retrieved May 07, 2009, from http://ieeeltsc.files.wordpress.com/2009/03/2006_stahl-wild_automated-competence-assessment_8000.pdf.

The European Association for University Lifelong Learning. The Recommendation on Key Competences for Lifelong Learning. 2009. Retrieved August 18, 2008, from http://einsteini.boumort.cesca.es/index.php?option=com_content&task=view&id=73&Itemid=35.

The Partnership for 21st Century Skills. 21st century leaning environments (white paper). 2009. Retrieved on March 29, 2010, from http://www.p21.org/ documents/le_white_paper-1.pdf.

Trier, U. P. & Miller, D. CCP/DeSeCo – USA. 2001. Retrieved December 9, 2008, from http://www.deseco.admin.ch/bfs/deseco/en/index/05.parsys.6214.downloadList.67552.Download File.tmp/sfsodesecoccpus19122001.pdf.

United Nations Educational, Scientific and Cultural Organization (UNESCO). The United Nations Literacy Decade: Getting started, 2003–2012. 2004. http://unesdoc.unesco.org/images/0013/001354/135400e.pdf.